普通高等教育新形态教材

GUANLI KUAIJI

管理会计
第二版

王　静　骆笑红 ◎主　编

郭海清　李德铭　王　阳 ◎副主编
陈久会　罗莉苹　刘奇航

清华大学出版社
北京

内容简介

本书以现代企业所处的社会经济环境为背景，密切联系现代企业会计的预测、决策、规划、控制、考核、评价等职能，系统地介绍了现代管理会计的基本理论、基本方法和实用操作技术。全书共分十二章，内容包括总论、成本性态分析、本量利分析、变动成本法、预测分析、决策分析、短期经营决策分析、存货决策分析、长期投资决策分析、全面预算、成本控制、责任会计。

本书可作为本科院校会计学、财务管理等专业的教材，也可作为企业会计人员的管理会计培训教材以及会计从业资格考试的参考教材。

本书封面贴有清华大学出版社防伪标签，无标签者不得销售。
版权所有，侵权必究。举报：010-62782989，beiqinquan@tup.tsinghua.edu.cn。

图书在版编目(CIP)数据

管理会计／王静，骆笑红主编．—2版．—北京：清华大学出版社，2023.6（2024.4重印）
普通高等教育新形态教材
ISBN 978-7-302-63565-9

Ⅰ.①管… Ⅱ.①王… ②骆… Ⅲ.①管理会计-高等学校-教材 Ⅳ.①F234.3

中国国家版本馆 CIP 数据核字(2023)第 088492 号

责任编辑：刘志彬
封面设计：汉风唐韵
责任校对：王凤芝
责任印制：杨 艳

出版发行：清华大学出版社
    网 址：https://www.tup.com.cn，https://www.wqxuetang.com
    地 址：北京清华大学学研大厦 A 座 邮 编：100084
    社 总 机：010-83470000 邮 购：010-62786544
    投稿与读者服务：010-62776969，c-service@tup.tsinghua.edu.cn
    质量反馈：010-62772015，zhiliang@tup.tsinghua.edu.cn
印 装 者：北京同文印刷有限责任公司
经 销：全国新华书店
开 本：185mm×260mm 印 张：13.5 字 数：320 千字
版 次：2016 年 8 月第 1 版 2023 年 7 月第 2 版 印 次：2024 年 4 月第 2 次印刷
定 价：42.00 元

产品编号：100263-02

前　言

中国社会进入新时代，管理会计的功能作用变得尤其重要。根据2014年10月财政部在《关于全面推进管理会计体系建设的指导意见》（简称《意见》）中的构想，中国特色管理会计体系建设将分两步展开，具体的时间安排是：第一步，从2014年起，争取用3~5年的时间，形成一套符合中国情境特征的管理会计制度规范系统；第二步，再用5~10年的时间，努力使管理会计指引系列深入中国大地，进一步优化中国的管理会计理论与方法体系，从中提炼出具有中国情境的管理会计经验成果，贡献于全球的管理会计知识界，进而跻身全球管理会计的先进行列。以该《意见》为指导，2016年财政部制定并发布了《管理会计基本指引》，将管理会计普遍规律上升到标准，同时，财政部开始建设管理会计案例库并积极推动管理会计咨询专家机制的建立。2017年以来，财政部分批发布系列《管理会计应用指引》。2021年底，财政部印发《会计改革与发展"十四五"规划纲要》（简称《纲要》），《纲要》指出推动会计职能对内拓展要加强对企业管理会计应用的政策指导、经验总结和应用推广，推进管理会计在加速完善中国特色现代企业制度、促进企业有效实施经营战略、提高管理水平和经济效益等方面发挥积极作用。2022年，财政部发布《全面深化管理会计应用　积极推动会计职能拓展》，进一步强调要聚焦管理会计应用，深入推进管理会计理论创新，加强管理会计人才队伍建设，全面提高我国管理会计体系建设质量。

虽然财政部已经明确了全面推进管理会计体系建设的路线图，即沿着"基本指引—应用指引—案例指南—咨询服务"的目标向前发展，但管理会计教学体系的内容安排仍然是见仁见智。

理论指导实践，实践反作用于理论。在经济进入新常态，"互联网＋"和"智能＋"成为新风口的情境下，企业组织活动已由原来粗放型经营向集约精细化方向转变，而未来会计从业人员也将面临由原来的事后报账型会计人员向事前预算型会计人员、事中控制型会计人员等转型。因此提高管理会计理论与方法的有效性与可操作性变得十分重要，迫切需要将新问题或新现象体现于管理会计的教学实践之中，而本次修订自然成为题中之义。

《管理会计》(第二版)延续了第一版教材的编写思想，在第一版理论适切、实务操作、知识系统、方法简捷的基础上，又有所创新和发展。第二版遵循简单、明晰、实用的原则，对各章内容进行了补充和完善，修订情况如下：

（1）适应中国特色管理会计理论与方法体系建设的需要，增加了管理会计指引体系的内容，介绍了我国相关政府部门（包括财政部和国资委等）出台的关于管理会计的指引及相关制度规范，让读者切实感受到我国管理会计制度的不断优化和持续改进，体会管理会计的中国智慧，对于树立"四个自信"具有重要意义。

（2）基于完善管理会计教材的理论支撑以及增加知识容量的需求，对相关章节内容进行补充和优化，突出价值理念，强调业财融合。其中，第七章在产品生产决策与定价决策的基础上，增加了生产组织决策的内容，使得短期经营决策分析内容更加合理、完善；增加一章"存货决策分析"，强调存货规划与存货周转期控制；第十章"全面预算"对预算编制程序及方法进行了修订和完善。

（3）为增强实用性和操作性，提升教学效率，对第一版的个别公式推导、内容顺序及展开做了调整，对部分内容进行了增减；并对全书各章节的课后习题进行了补充和修正，以新颖且与时俱进的课后习题调动学生学习的主动性和积极性。

（4）采用"互联网＋"新形态模式，强调线下学习与线上学习的融合，以嵌入二维码的形式提供丰富的学习资源，并可随时更新，与时俱进。为适应不同层次读者的学习需求，第二版各章重难点详解、拓展知识、背景资料等方面的内容，以数字化的形式展现，提供了丰富的学习资源，更利于学生理解。

本书由兰州文理学院王静、广西医科大学骆笑红任主编；内蒙古农业大学职业技术学院郭海清、甘肃省教育考试院李德铭、黄冈师范学院王阳、成都锦城学院陈久会和罗莉苹、河南嘉鸿会计事务所刘奇航任副主编。具体分工如下：王静编写第一～二章；李德铭编写第三章；王阳编写第四章；骆笑红编写第五章、第八章、第九章、第十二章和附录；郭海清编写第六～七章；陈久会编写第十章；罗莉苹编写第十一章；刘奇航负责企业数据收集和整理工作。全书由王静负责统稿。

本书在修订过程中，参阅了大量的国内外相关文献，引用了相关的论点及资料，由于篇幅所限，不能逐一罗列，在此一并向有关人士致以诚挚的歉意和谢意！

本书的编写得到甘肃省教育厅一流课程建设项目支持；同时也得到教育部供需对接就业育人项目支持（项目编号：20220105895）。

由于编者理论知识水平有限，书中定有不当、偏颇之处，诚恳期待同行专家、教师、学生和广大社会读者多提宝贵意见。

编　者

目 录

第一章	总论	1
	第一节 管理会计概述	1
	第二节 管理会计的概念、职能、内容和任务	4
	第三节 管理会计与财务会计的关系	7
	第四节 管理会计目标与管理会计师职业道德	9
	本章小结	11
	思考与练习	11
	在线自测	11

第二章	成本性态分析	12
	第一节 成本及其分类	12
	第二节 成本性态与相关范围	15
	第三节 成本性态分析的程序与方法	23
	本章小结	29
	思考与练习	30
	在线自测	30

第三章	本量利分析	31
	第一节 本量利分析概述	31
	第二节 保本分析	33
	第三节 保利分析	38
	第四节 本量利分析的其他问题	40
	本章小结	45
	思考与练习	46
	在线自测	47

第四章	变动成本法	48
	第一节 变动成本法概述	48

第二节　变动成本法与全部成本法的区别 ·· 50
　　第三节　两种方法计算的税前净利产生差异的原因及相互转换 ·········· 56
　　第四节　两种方法的优缺点及结合运用 ·· 61
　　本章小结 ··· 66
　　思考与练习 ··· 66
　　在线自测 ··· 67

第五章　预测分析 ··· 68
　　第一节　预测分析概述 ·· 68
　　第二节　销售预测分析 ·· 70
　　第三节　利润预测分析 ·· 74
　　第四节　成本预测分析 ·· 79
　　第五节　资金预测分析 ·· 82
　　本章小结 ··· 84
　　思考与练习 ··· 84
　　在线自测 ··· 85

第六章　决策分析 ··· 86
　　第一节　决策分析概述 ·· 86
　　第二节　投资决策的基本方法 ·· 90
　　本章小结 ··· 93
　　思考与练习 ··· 94
　　在线自测 ··· 94

第七章　短期经营决策分析 ··· 95
　　第一节　短期经营决策分析的相关概念 ··· 95
　　第二节　短期经营决策分析的基本方法 ··· 99
　　第三节　产品生产决策分析 ·· 102
　　第四节　产品定价决策分析 ·· 114
　　本章小结 ··· 117
　　思考与练习 ··· 118
　　在线自测 ··· 119

第八章　存货决策分析 ··· 120
　　第一节　经济订购批量模型 ·· 120
　　第二节　经济订购批量模型的扩展应用 ··· 124

第三节　再订购点及储存期控制 ·················· 129
　　第四节　零存货管理 ······························· 132
　　本章小结 ··· 137
　　思考与练习 ··· 137
　　在线自测 ··· 138

第九章　长期投资决策分析 ····························· 139
　　第一节　长期投资决策分析概述 ··············· 139
　　第二节　货币的时间价值 ························ 141
　　第三节　现金流量 ································· 147
　　第四节　长期投资决策分析方法 ··············· 150
　　第五节　长期投资决策分析的综合应用 ······ 154
　　本章小结 ··· 156
　　思考与练习 ··· 156
　　在线自测 ··· 157

第十章　全面预算 ·· 158
　　第一节　全面预算概述 ··························· 158
　　第二节　全面预算的编制 ························ 160
　　第三节　全面预算的编制方法 ·················· 170
　　本章小结 ··· 175
　　思考与练习 ··· 175
　　在线自测 ··· 176

第十一章　成本控制 ······································· 177
　　第一节　成本控制概述 ··························· 177
　　第二节　标准成本控制 ··························· 178
　　本章小结 ··· 185
　　思考与练习 ··· 186
　　在线自测 ··· 186

第十二章　责任会计 ······································· 187
　　第一节　责任会计概述 ··························· 187
　　第二节　责任中心 ································· 189
　　第三节　责任中心的评价与考核 ··············· 192
　　第四节　内部转移价格 ··························· 197

本章小结 ··· 199
　　思考与练习 ··· 200
　　在线自测 ·· 201

附　录 ··· 202
　　附录一　复利终值系数表 ··· 202
　　附录二　复利现值系数表 ··· 204
　　附录三　年金终值系数表 ··· 205
　　附录四　年金现值系数表 ··· 206

参考文献 ··· 207

第一章 总 论

> **学习目标**
> 1. 了解管理会计产生与发展的过程，了解管理会计各阶段的特征及发展趋势。
> 2. 掌握管理会计的基本概念，掌握管理会计的职能、内容和任务。
> 3. 掌握管理会计与财务会计的区别与联系。
> 4. 了解管理会计的目标与管理会计师职业道德。

管理会计是为了适应社会经济发展和现代管理的客观要求，从传统会计系统中分离出来而形成的一门新兴的会计学科。它经历了由简单到复杂、由低级到高级的各个阶段，并随着经济发展，还在继续完善和发展。

第一节 管理会计概述

现代企业会计有两个重要分支：财务会计和管理会计。管理会计是管理学科与会计学科相互渗透的一门边缘学科，是从传统会计中逐步派生出来的一门独立的新兴学科。

一、管理会计的产生与发展

管理会计是应科学管理的要求而产生的，是在管理的实践中产生的。虽然管理实践历史悠久，但管理形成一门学科，至今仅有100多年的时间。18世纪的古典经济学揭示了资本主义经营管理的核心是片面追求利润，当时的资本家一般是凭自己的经验和惯例进行管理工作。1911年，西方管理理论中古典学派的代表人物泰勒（西方称其为科学管理之父）发表了著名的《科学管理原理》，开辟了企业管理的新纪元。泰勒的科学管理，着重从工人工作的时间、动作的合理配合上进行研究，核心是要提高劳动效率。他要求对产品的制造过程进行缜密的观察、计量、分析和评价，同时为生产劳动制定各种标准，要求每个工人使用标准的工具和标准的动作，耗用不超过标准的时间和原材料，制造出符合质量要求的标准产品。伴随着泰勒科学管理理论在实践中的广泛应用，"标准成本""预算控制"和"差异分析"等这些与泰勒的科学管理理论直接相关的技术方法开始出现在美国的会计实务中，成为管理会计的萌芽。1922年，美国会计学者奎因坦斯出版著作《管理的会计：财务管理入门》，书中第一次提出了"管理会计"这一名词。

20世纪40年代，各国市场竞争激烈，失业率增加，经济危机频繁。在这种形势下，企业管理领导层为了提高产品质量、降低产品成本、扩大企业利润、增加竞争能力，十分重视提高内部效率,职能管理和行为管理在实践中得以广泛应用。"职能管理"学派创建于20世纪20年代,创始人是法国的冶矿工程师法约尔。职能管理理论的指导方针是"管理的重心在经营,经营的重心在决策",认为管理是主管人员为完成既定目标,在生产、销售、财会、人事及研究开发等经营职能内,运用计划、组织、指挥、协调及控制等管理职能,对资源的运用进行决策的各种活动。20世纪40年代,斯特德赖将行为科学应用到企业管理,形成"行为管理"学派,为管理会计开辟了更广阔的探索领域。"行为管理"学派重视应用社会学、心理学的原理和方法,强调调整和改善人与人之间的关系,激励人们在生产经营中的主观能动性,通过行为管理提高企业效率。为配合职能管理和行为管理,会计实务中又增加了"责任会计""本量利分析"等内容,管理会计已具备雏形。

20世纪50年代形成"数量管理"学派。他们应用运筹学和数量统计的原理和方法,针对复杂的经济现象建立数学模型,进行最优化的预测、决策、组织和控制,会计实务中又增加了预测和决策的内容,并运用数学方法对经济活动加强事前规划与日常控制。1952年,在伦敦举行的世界会计师联合会上,正式通过了"管理会计"这一专用名词。自此,会计分为两大分支,传统会计中的记账、算账、报账的事后核算部分称为"财务会计",涉及企业内部管理的预测、决策、计划、控制、考核等事前、事中和事后的核算部分称为"管理会计"。

20世纪60年代,西方出现了系统管理理论,形成了以系统原理为依据的"系统管理"学派,他们把企业看成是由各个部分组成的复杂系统,认为管理人员在从事各项经营管理工作,提供各种会计信息时,应该从企业领导层和经营管理的各个组成要素的总体出发,顾全大局,从而实现经济活动规划与控制的最优化。

20世纪70年代,西方国家开始出现"权变管理"学派,他们认为经济活动变化多端,不确定因素很多,仅靠一套固定的数学模型不能适应瞬息万变的市场经济形势,应当集各种管理理论于一体,因时、因地、因事制宜,灵活处理。受此学派影响,管理会计在方式、方法上更加灵活多样,管理会计的内容也更加丰富,没有固定的统一模式。

20世纪80年代,西方国家改变了原来管理会计重视各种专门技术应用的倾向,而开始转向管理会计理论的研究,美国对此做出了突出贡献。美国会计协会(AAA)所属的管理会计实务委员会自1980年以来系统地发布了《管理会计公告》(SMA)。《管理会计公告》是管理会计实务委员会解决管理会计问题的指导原则。截至1988年,管理会计实务委员会发布了14个《管理会计公告》,管理会计开始朝着规范化、准确化和理论化方向迈进。

20世纪90年代,西方管理会计学术界出现了一场否定管理会计、认为其已经过时了的理论危机。这场危机的起因缘于一些学者对现代管理会计中数学模型的应用提出了严厉的批评,认为模型严重脱离实际,管理会计体系所产生的信息与企业决策越来越失去相关性。我们认为,进入信息社会后,管理会计的传统研究内容与方法没能同步发展,这只是管理会计所研究的内容与研究方法出现了问题,而不是管理会计本身出现了危机。因此,"管理会计已经过时了"是一种极端的看法。

进入21世纪以来,随着经济全球化的推进,各国继续深入开展有关管理会计的理论与实务研究工作,国际会计准则委员会和国际会计师联合会等国际性会计组织成立了专门机构,制定国际化的管理会计准则,管理会计呈现国际化发展趋势。未来,在会计学者、管理学者及科技工作者的共同努力之下,管理会计的新兴领域,如质量成本管理会计、资本成本管理会计、生产系统与存货管理、人力资源管理会计、产品生命周期成本管理会计都将有所突破和发展。

二、管理会计的发展阶段

从管理会计的发展过程看，可以将其划分为传统管理会计和现代管理会计两个阶段。

（一）传统管理会计阶段

在管理会计发展史上，20世纪初至20世纪50年代被称为传统管理会计阶段。传统管理会计的内容主要包括预算和控制，尽管后来又充实了成本性态分析、本量利分析及变动成本法等管理会计的基础理论和方法，但是在实践中，管理会计的行为还始终停留在个别和分散的水平上，着眼点仅限于既定决策方案的落实和经营计划的执行上，其职能集中体现在"控制"方面。因此，传统管理会计阶段的特征可以概括为：以控制会计为核心。

（二）现代管理会计阶段

20世纪50年代至今被称为现代管理会计阶段。这一阶段，管理会计的特征是：以预测决策会计为主，以规划控制会计和责任会计为辅。

三、管理会计的发展趋势

近几十年来，越来越多的国家加大了应用和推广管理会计的力度，越来越多的最新研究成果被迅速应用到企业的管理实践中，一些国家成立了管理会计师职业管理机构，相继颁布了管理会计工作规范和执业标准。国际会计准则委员会和国际会计师联合会等国际性组织也成立了专门的机构，尝试制定国际管理会计准则，颁布了有关管理会计师的职业道德规范等文件。现在，人们将研究的热点集中在管理会计工作系统化和规范化、管理会计职业化和社会化，以及国际管理会计和战略管理会计等课题上。管理会计在未来具有系统化、规范化、职业化、社会化和国际化的发展趋势。

知识链接1-1
管理会计的
指引体系

四、现阶段我国管理会计的改革与发展

近几年来，我国全面推进管理会计体系建设，全面深化管理会计应用，积极推动会计职能拓展。管理会计工作是会计工作的重要组成部分。推进管理会计工作是建立现代财政制度、推进国家治理体系和治理能力现代化的重要举措；是推动企业建立完善现代企业制度、增强企业价值创造力的制度安排；是推进行政事业单位加强预算绩效管理、降低行政成本的重要抓手；是财政部门进一步深化会计改革、推动会计升级转型的重要方向。"十三五"期间，财政部立足国情，创新机制，以发展

知识链接1-2
全面深化管理会计应用，积极推动会计职能拓展

与我国社会主义市场经济体制相适应的管理会计为目标，积极提升会计工作管理效能。在管理会计建设方面，形成以1项管理会计基本指引为统领、以34项管理会计应用指引为具体指导、以50余项案例示范为补充的管理会计指引体系。与此同时，财政部在会计人才培养框架下，实施一系列管理会计人才培养项目，加强对企业总会计师、行政事业单位财务负责人的培养，发挥高端会计人才的引领辐射作用。

"十四五"时期是我国由全面建成小康社会向基本实现社会主义现代化迈进的关键时期，《中共中央关于制定国民经济和社会发展第十四个五年规划和二〇三五年远景目标的

建议》明确要求，把新发展理念贯穿发展全过程和各领域，构建新发展格局，切实转变发展方式，推动质量变革、效率变革、动力变革，实现更高质量、更有效率、更加公平、更可持续、更为安全的发展。在这样的形势下，大力加强管理会计应用和实践，对于推进国家治理体系和治理能力现代化，建立完善现代企业制度、增强核心竞争力和价值创造力，为财政部门深化会计改革，推动会计职能对内对外双向拓展，推进会计行业提质增效都有着十分重要的意义。此外，数字化时代对会计工作也产生了深远影响。习近平总书记指出"数字技术正以新理念、新业态、新模式全面融入人类经济、政治、文化、社会、生态文明建设各领域和全过程，给人类生产生活带来广泛而深刻的影响。"数字化时代越来越依据分析结果做决策，需要通过管理会计梳理、过滤、捕捉有价值的信息，并将其转化为生产力。管理会计逐步走到了业务前端，发挥其在战略制定、事前预测、事中管控中的重要角色。

相较于国内外经济形势的变化、数字经济的发展和推动贯彻落实新发展理念的要求，整体而言，目前管理会计在企事业单位的应用还存在着思想认识不到位、发展不平衡、应用落地难、人才支撑不匹配、工具方法的理论与实践应用仍存在脱节等诸多问题。从某种意义上说，化解挑战就是机遇，因此，"十四五"时期，要以全面深化管理会计应用为着力点，积极推动会计职能拓展。2021年11月，财政部印发《会计改革与发展"十四五"规划纲要》，提出了"推动会计职能对内拓展"的主要任务，而全面深化管理会计应用，即是推动会计职能对内拓展的重要任务之一。"十四五"期间，财政部将出台进一步深化管理会计应用的指导意见，作为继《财政部关于全面推进管理会计体系建设的指导意见》之后的又一基础性政策安排，其主要目标是聚焦管理会计应用，深入推进管理会计理论创新，推广管理会计应用方法，加强管理会计人才队伍建设，提升面向管理会计的信息系统建设水平，全面提高我国管理会计体系建设质量，解决制约管理会计发展的重点难点问题，增强企事业单位的内生动力，实现我国管理会计跨越式发展。

第二节 管理会计的概念、职能、内容和任务

一、管理会计的概念

管理会计是指在当代市场经济条件下，以现代管理科学为理论基础，以强化企业内部经营管理、实现最佳经济效益为最终目的，以现代企业经营活动及其价值表现为对象，通过广泛利用财务会计信息实现对经济过程的预测、决策、规划、控制和责任考核评价。它是企业管理的重要组成部分。

通过上述管理会计的定义可见，管理会计的理论基础是现代管理科学；工作环境是在市场经济条件下的现代企业；其最终目的是在有限的资源上尽可能地提高经济效益；其对象是企业的经营活动及其价值表现；其手段是对财务等信息进行深加工和再利用；其本质既是一种侧重于在现代企业内部经营管理中直接发挥作用的会计，也是企业管理的重要组成部分。同时，管理会计也是一个以提供经济管理信息为主的会计信息系统。管理会计所提供的信息不仅能对一个企业过去的活动进行反映和监督，而且还应能对其现在及未来的

经营活动进行预测、决策、规划，以及对其经营过程进行控制和考核评价。

二、管理会计的职能

管理会计的职能，是指管理会计实践本身客观存在的必然性所决定的内在功能。现代管理会计较之财务会计，可以履行更为广泛的职能。从前述管理会计概念中可知，管理会计主要有预测、决策、规划、控制和考评五大职能。

（一）预测职能

预测是根据过去的资料和现在的条件，按照事物的发展规律，有目的地预计和推测未来。管理会计发挥预测职能，就是按照企业未来的总目标和经营方针，以及经济规律的客观作用和约束，借助于历史数据，并对其加工和整理，正确选择数学模型，有目的地预计和推测企业计划期间的各项主要经济指标的变化趋势和水平，帮助管理者在经营管理决策中做出正确的判断和选择。

（二）决策职能

决策是以预测为基础，对为实现一定目标可供选择的各有关方案进行分析、比较，权衡利弊并从中选出最优方案。决策职能是管理会计的一项重要职能。管理会计发挥经济决策职能主要体现在：根据企业的决策目标以及经营管理决策的特定要求，收集和整理相关信息资料，选择科学的方法计算有关长、短期决策方案的评价指标，帮助企业管理当局筛选出最优的行动方案。

（三）规划职能

规划是以预测、决策为基础，借助一定的形式（预算）使决策方案及其目标具体化、数量化，并以此作为未来行动的依据。管理会计的规划职能，主要是通过编制各种计划和预算实现的。管理会计在对企业有关项目进行预测和决策后，主要的工作就是编制各项计划，即实行全面预算，并将预算指标层层分解，落实到各部门，形成责任预算体系，用来指导和监督企业未来的经济活动，也便于有效的控制和考核评价。

（四）控制职能

控制职能是管理会计的重要职能之一。控制是指对企业正在发生或即将发生的经营活动施加影响和监控，使之能达到或符合预定的目标或标准。在具体实施过程中，要及时将实际执行结果与预算数或标准数进行比较，计算和分析差异，并及时采取措施进行调整，改进工作，以保证企业各种预算目标或标准的顺利实施和实现。

（五）考评职能

考评职能主要是指在各部门、各单位及各人员明确各自责任的前提下，逐级考核责任指标的执行情况，将实际数与预算数进行对比、分析，用来考核和评价各个责任单位履行经济责任的情况，以便奖勤罚懒、奖优罚劣制度的实施和为未来工作改进措施的形成提供必要的依据。

三、管理会计的内容

管理会计的基本内容与其基本职能相对应，包括规划会计和控制会计两大部分。

（一）规划会计

规划会计就是提供有用信息，协助企业管理当局确定企业生产经营规划的会计。规划会计也称为规划与决策会计或决策与计划会计，其基本内容包括以下三部分。

▶ 1. 预测分析

预测分析就是要利用财务会计信息和其他有关信息，运用一系列专门方法，对企业未来一定期间的销售、利润、成本和资金需要量等进行科学的估计和推断。预测是决策的基础和依据。

▶ 2. 短期经营决策和长期投资决策

短期经营决策是指决策方案对企业经济效益的影响在一年以内的经济业务的决策；长期投资决策是指决策方案对企业经济效益的影响超过一年，并在较长时间内对企业的收支盈亏产生影响的决策。在预测的基础上，要对日常的生产经营活动和长期投资项目进行决策。

▶ 3. 全面预算

企业做出决策后，将其具体化，形成企业的全面预算，然后按照责、权、利相结合的原则，把全面预算进行分解，形成各个责任中心的责任预算。

(二) 控制会计

控制会计，也称为控制与业绩评价会计，就是提供有用信息，协助企业管理当局实现既定目标的会计。其基本内容包括以下四部分。

▶ 1. 全面预算控制

全面预算控制是以全面预算所确定的目标为依据，对企业生产经营活动进行计量、考核和评价，及时发现差异并采取有效措施进行调整，确保企业预算目标的实现。

▶ 2. 成本控制

通过标准成本制度、质量成本控制方法、作业成本计算法等实现成本控制。

▶ 3. 存货控制

存货控制主要是对生产过程中占用的在制品和库存的存货数量进行控制，以确保存货的总成本最低。

▶ 4. 责任会计

责任会计是通过对责任预算的执行情况进行系统的记录、计量、分析，对比实际完成情况与预算目标，考核和评价各责任中心及有关人员的工作业绩，并通过信息反馈对企业生产经营发挥制约和促进作用。

规划会计和控制会计两者相互联系不可分割，构成了管理会计的统一整体。管理会计除以上基本内容外，还包括成本性态分析、变动成本法和本量利分析等基本理论和基础知识。

四、管理会计的任务

管理会计的任务是人们对管理会计工作提出的客观要求。从管理会计的基本内容考虑，其任务可概括为以下几个方面。

(一) 进行经济预测，参与经济决策，确定各项经济目标

管理会计应利用财务会计提供的会计信息及与生产经营管理有关的其他信息，及时进行科学的预测分析，提供适用于企业内部管理的各种管理信息，以有效地帮助各级管理者进行正确的经营决策，确定各项经济目标，即目标利润、目标销售额、目标成本和目标资金需要量等。

（二）编制全面预算和责任预算，合理、节约地使用经济资源

在经营决策的前提下，按照经营目标，通过编制全面预算和责任预算来反映企业生产经营的全部计划，其目的是为了充分调动企业全体职工的主观能动性，最佳地配置人、财、物等各项经济资源，合理、节约地使用各项经济资源，争取以最少的资金占用完成预算所规定的各项目标。

（三）控制和调节经济活动，保证经营目标的实现

在预算的执行中，管理会计应对企业内部各责任单位的经济活动进行监督、评定，记录实际执行结果，编制业绩报告，并将实际执行结果与预算对比，进行差异分析，并对差异实行控制和调节，以此保证经营目标的实现。

（四）考核与评价经营业绩，为改进与提高经营管理服务

管理会计应利用标准成本制度，结合变动成本法，对日常发生的经济活动进行追踪、收集和计算，定期根据各类责任单位编送的业绩报告进行评价与考核，确定其履行经济责任的优劣和应受的奖惩。通过考评业绩、总结经营管理工作中的经验，发现并揭露矛盾，挖掘增产节约、增收节支的潜力，提出合理化建议，以便改进和提高企业经营管理水平，提高企业经济效益，促进企业生产发展。

第三节 管理会计与财务会计的关系

管理会计与财务会计是现代会计的两大分支，分别服务于企业内部管理和外部决策，两者之间既有联系又有区别。

一、管理会计与财务会计的区别

（一）职能目标不同

管理会计是规划未来的会计，其职能侧重于对未来的预测、决策和规划，对现在的控制、考核和评价，属于经营管理型会计；而财务会计是反映过去的会计事项，其职能侧重于核算和监督，属于报账型会计。

（二）服务对象不同

管理会计主要为企业内部各管理层提供经营和决策所需的信息，是对内报告会计；财务会计主要向企业外部各利益相关人提供信息，是对外报告会计。

（三）资料时效不同

管理会计预计将要发生或者评价应当发生的经济活动；而财务会计则反映已经发生的会计事项。

（四）信息特征不同

管理会计提供的经济信息是特定的、部分的和有选择性的；财务会计提供的经济信息是全面的、连续的、系统的和综合的。

（五）约束条件不同

管理会计不受会计准则、会计制度的制约，其处理方法可以根据企业管理的实际情况

和需要确定，具有很大的灵活性；财务会计必须按照会计准则、会计制度及其他法规的规范进行会计核算、财务监督，其处理方法只能在允许的范围内选用，灵活性较小。

（六）报告期间不同

管理会计面向未来进行预测、决策，因此其报告的编制不受固定会计期间的限制，而是根据管理的需要编制反映不同影响期间经济活动的各种报告，只要需要，它可以按天、月、年甚至若干年编制报告；财务会计面向过去进行核算和监督，反映一定期间内的财务状况、经营成果和现金流量情况，应按规定的会计期间编制报告。

（七）会计主体不同

为适应管理的需要，管理会计既要提供反映企业整体情况的资料，又要提供反映企业内部各责任单位经营活动情况的资料，其会计主体是多层次的；财务会计以企业为会计主体，提供反映整个企业财务状况、经营成果和现金流量的会计资料，通常不以企业内部各部门、各单位为主体提供相关资料。

（八）计算方法不同

由于未来经济活动的复杂性和不确定性，管理会计在进行预测、决策时，要大量应用现代数学方法和计算机技术；而财务会计则多采用一般的数学方法和相对固定的程序进行会计核算。

（九）信息精确程度不同

由于管理会计的工作重点面向未来，未来期间影响经济活动的不确定因素比较多，加之管理会计对信息及时性的要求，决定了管理会计所提供的信息不可能绝对精确，一般只能相对精确；财务会计反映已发生或已经完成的经济活动，因此提供的信息应力求精确，数字必须确切。

（十）计量尺度不同

为适应不同管理活动的需要，管理会计虽然主要使用货币量度，但也大量采用非货币量度，如实物量度、劳动量度、关系量度（如市场占有率、销售增长率）等；为了综合反映企业的全部经济活动，财务会计几乎全部使用货币量度。

二、管理会计与财务会计的联系

知识链接1-3 管理会计与财务会计在管理中可以结合应用

从结构关系来看，管理会计与财务会计都属于现代企业会计的有机组成部分，两者密不可分。在实践中，管理会计所需的许多会计资料都来源于财务会计系统，并对财务会计信息进行深加工和再利用。所以，管理会计不能离开财务会计而独立存在，两者源于同一母体，相互依存，相互制约，相互补充。同时，两者都处于市场经济条件下的现代企业环境中，共同为企业内部经营管理服务。

（一）起源相同

管理会计与财务会计都是在传统会计中孕育、发展和分离出来的，作为会计的重要组成部分，标志着会计学的发展和完善。

（二）目标相同

管理会计和财务会计共同服务于企业管理，其最终目标都是为了提高企业的经济效益，实现企业价值最大化。财务会计具有核算和监督的职能，会计的基本方法同时也是内部控制的方法；管理会计直接为企业的经营管理服务。

（三）基本信息同源

管理会计所使用的信息尽管广泛多样，但基本信息来源于财务会计，有时是直接运用财务会计资料，有时则是对财务会计资料的加工和延伸。

（四）服务对象交叉

虽然管理会计与财务会计的服务对象有内、外之分，但在许多情况下，管理会计的信息可为外部利益集团所利用，财务会计信息对企业内部决策也至关重要。

总之，管理会计与财务会计是现代会计密不可分的两个子系统，只有两者有机结合，才能充分发挥现代会计的应有作用。

第四节 管理会计目标与管理会计师职业道德

一、管理会计的目标

管理会计的目标是在一定的经营环境下，通过管理会计实践活动所达到的预期结果。这是管理会计工作的定向机制，也是事后评价管理会计工作绩效的判断标准，以此为基础才能建立起管理会计的原则和方法体系。

管理会计目标的确定需要同时考虑以下两个主要因素：一是社会需要，即需要管理会计干什么；二是实现的可能，即管理会计能够干什么。

知识链接 1-4
管理会计的价值理念

任何人类活动的目标实际上都是由"需要"转化而来的，管理会计的目标也不例外，它是企业及其管理者做出正确决策、加强内部管理、提高经济效益这些需要在管理会计实践活动中的具体体现。但是，这些需要并不一定都转化为管理会计的目标，或者说全部由管理会计来满足，而是应经过管理会计基本特征的"过滤"，或者说能够由管理会计来满足的，才能转化为管理会计目标。因此，管理会计目标是由需要和可能这两个因素共同决定的。

（一）管理会计的辅助目标

美国会计协会（AAA）下设的管理会计学科委员会认为，管理会计的基本目标是向企业管理人员提供经营决策所需要的会计信息。具体包括以下辅助目标。

▶ 1. 协助企业管理人员履行计划管理职能

计划管理职能就是在决策的基础上，将决策目标分解，然后纳入企业一定期间的经营计划。企业经营计划按时间的长短可分为长期计划和短期计划两类，但无论是长期计划还是短期计划，均需要管理会计人员的参与，也就是通过编制长期财务预算、短期财务预算与经营计划进行配合。

▶ 2. 协助企业管理人员履行控制职能

这一管理职能就是接受企业内外部有关信息，按既定目标和控制标准对企业经营活动进行有效控制，促使企业完成经营计划。管理会计协助履行这一职能，正确反映企业各项业务活动的执行信息，及时掌握偏离计划的程度，并对差异产生的原因和责任进行分析。

3. 协助企业管理人员履行组织职能

组织职能是企业管理人员根据环境的变化，按照企业目标的要求，在企业内部进行合理的分工与协作，设置适当机构、配备适当人员、授予适当权力，以有效地进行组织配置和合理利用人、财、物等资源。管理会计主要通过建立一套有效的信息传递和报告制度、工作业绩考评制度，来提高企业的组织效率。

4. 协助企业管理人员履行经营管理职能

经营管理的核心在于决策，管理会计则需向决策者提供决策相关的会计信息，以利于决策者做出正确的判断。

（二）管理会计的总目标

我国学者认为，管理会计的总目标是协助企业管理者做出有关改善企业经营管理、提高经济效益和满足社会需要的决策。具体目标包括四个方面：确定各项经济目标、合理使用经济资源、调节控制经济活动和考核评价经济业绩。

二、管理会计师职业道德

管理会计师在为企业管理者提供经营决策信息实现企业价值最大化的同时，必须遵守法律和职业道德规范。

2017年，美国管理会计师协会(IMA)发布最新版《管理会计师职业道德守则公告》(SEPP)，要求管理会计师遵守如下职业道德标准。

知识链接1-5
管理会计师的职业组织和职业证书

（1）能力。管理会计师有义务通过不断提高自身的知识和技能，保持适当的专业技术水平及职业竞争力；按照各有关法律、法规和技术标准，履行其职责；提供准确、清晰、简明和及时的决策支持信息和建议；识别有可能影响职业判断或职能履行的职业局限或限制。

（2）保密。管理会计师有义务除法律规定外，非经授权，不得泄露工作过程中所获得的机密信息；告诉相关各方如何正确使用工作过程中获得的机密信息，监督其行为，以确保严守机密；禁止违反职业道德或者法律使用机密信息谋取不道德或非法利益。

（3）正直。管理会计师有义务避免介入实际的或明显的利益冲突并向任何可能的利害冲突方提出忠告；避免从事任何有害于其正确履行职责的活动；禁止从事或支持任何有损职业声誉的活动；禁止从事任何不利于履行道德职责的活动；将职业操守置于个人利益之上，为积极的道德文化做出贡献。

（4）可信。管理会计师有义务公正而客观地传送信息；充分披露预期会影响目标使用者理解财务报告、分析和建议的所有相关信息；依据企业政策或适用法律，披露关于信息内容、及时性、流程或者内部控制上的延误或不足。

我国在管理会计师职业道德方面不断推进和完善。为推进会计诚信体系建设、提高会计人员职业道德水平，财政部于2023年1月制定印发了《会计人员职业道德规范》。这是我国首次制定全国性的会计人员职业道德规范。规范中将新时代会计人员职业道德要求总结提炼为三条核心表述，即"坚持诚信，守法奉公""坚持准则，守责敬业""坚持学习，守正创新"。

1. 坚持诚信，守法奉公

牢固树立诚信理念，以诚立身、以信立业，严于律己、心存敬畏。学法知法守法，公私分明，克己奉公，树立良好职业形象，维护会计行业声誉。

2. 坚持准则，守责敬业

严格执行准则制度，保证会计信息真实完整。勤勉尽责、爱岗敬业、忠于职守、敢于斗争，自觉抵制会计造假行为，维护国家财经纪律和经济秩序。

3. 坚持学习，守正创新

始终秉持专业精神，勤于学习，锐意进取，持续提升会计专业能力；不断适应新形势新要求，与时俱进，开拓创新，努力推动会计事业高质量发展。

在应用职业道德规范时，管理会计师会遇到如何识别违反职业道德的行为以及怎样解决违反职业道德的问题。如果面临这些问题，管理会计师应遵循其组织制定的有关解决这些问题的各种政策。如果这些政策不能解决职业道德问题，管理会计师应考虑采取如下措施：与直接上级商讨这些问题，除非直接上级与这些问题有牵涉。在此情况下，应在一开始就把问题提交更高一层主管。如果直接上级是首席执行官或同级别管理层，则可以接受的评估方可能是一个团体，如审计委员会、执行委员会、董事会、理事会或业主。假定直接上级与该问题无牵涉，则应在直接上级知情下，越级上告。除非该问题明显违反法律，否则，就这些问题与组织之外(非服务于组织)的权威人士或个人进行沟通被认为是不合适的。

本章小结

本章主要介绍了管理会计的形成和发展过程，管理会计与财务会计的关系，管理会计的定义和职能、内容和任务，管理会计目标与管理会计师职业道德。

管理会计是多种学科相互渗透的结合体，具有很大的综合性。与财务会计相比，管理会计具有侧重于为企业内部管理服务、重点在于规划未来、兼顾企业生产经营的全部和局部、不受会计准则的制约、更多地运用现代管理决策与数学方法等特点。管理会计的发展，促进了管理会计职业化的发展。

思考与练习

简答题

1. 如何理解管理会计？简述管理会计的形成与发展。
2. 简述管理会计与财务会计的联系与区别。
3. 管理会计的职能与内容是什么？
4. 简述管理会计师的职业道德。

在线自测

扫描封底刮刮卡　获取答题权限

第二章 成本性态分析

> **学习目标**
> 1. 了解管理会计中成本的概念,掌握成本的分类,重点掌握成本按性态分类。
> 2. 掌握固定成本、变动成本和混合成本的概念、内容、特征及其分类。
> 3. 掌握成本性态和相关范围的概念,了解成本性态的特点。
> 4. 了解成本性态分析的概念和程序,掌握成本性态分析的方法。
> 5. 重点掌握高低点法的应用。

第一节 成本及其分类

一、管理会计中的成本概念

成本是反映企业生产经营管理水平高低和经济效益好坏的一个综合性指标。不同的理论和学科对成本概念的理解不尽相同。在传统的财务会计学中,从正确核算企业的财务状况和准确计量企业的经营成果的要求出发,通常把成本概括为:在一定条件下,企业为生产一定种类、一定数量的产品所发生的可以用货币表现的各种耗费。

现代管理会计是以企业内部经营管理为服务对象,充分发挥其预测、决策、控制、规划和考核评价等职能,这就需要根据各种职能分别核算和提供满足管理会计不同要求的各种成本信息,因此在现代管理会计中,成本是指企业在生产经营活动中对象化的、以货币表现的、为达到一定目的而应当或可能发生的各种经济资源的价值牺牲或付出的代价。

很显然,现代管理会计中成本概念的内涵和外延比财务会计要广得多,成本不仅仅是一种物化劳动和活劳动的耗费,也可以是一种因放弃某个机会而未能获得的收益;成本记录、计量的内容,不仅仅包括过去已经发生的,也可以是将来应当或可能发生的;成本归集的对象不仅仅是产品,也可以是生产经营过程中的其他客体,如企业的某个责任单位等。

知识链接 2-1
成本与管理会计

二、成本的分类

简单来说,成本是指为了生产一定种类和一定数量的产品所发生的费用。在实际工作中,为了适应经营管理上的不同需要,成本可以从不同角度按不同的标准进行分类,以下介绍两种主要的成本分类方法：按经济用途分类和按性态分类。

（一）按经济用途分类

成本按经济用途分类是财务会计学的传统分类方法。成本按经济用途可分为生产成本和非生产成本两大类。

知识链接 2-2
成本的其他分类

▶ 1. 生产成本

生产成本又称为制造成本或产品成本，是指产品生产制造过程中所发生的各项耗费，包括直接材料、直接人工和制造费用三个成本项目。

（1）直接材料是指在产品生产过程中直接用于产品生产，形成产品实体或构成产品主要部分的材料成本。

（2）直接人工是指产品生产过程中用以直接改变原材料形态，使之成为产成品而耗用的人工成本。

（3）制造费用是指产品生产过程中发生的除直接材料和直接人工以外的其他全部耗费。制造费用可进一步划分为间接材料、间接人工和其他制造费用三部分。间接材料是指产品生产过程中耗用，但不属于某一特定产品的材料成本，如各类机物料用品的消耗；间接人工是指为生产过程服务而不直接参与产品生产所发生的人工，如维修人员工资；其他制造费用是指在产品生产过程中发生除间接材料、间接人工以外的其他费用，如固定资产的折旧、设备保险费、设备维修费、不动产税金等。

▶ 2. 非生产成本

非生产成本又称为非制造成本、期间成本或期间费用，是指企业在销售商品、行政管理和资金筹集过程中发生的各种耗费，包括销售费用、管理费用和财务费用。

（1）销售费用是指企业在销售商品过程中发生的各项费用，如广告费、专设销售机构的人员工资、销售佣金、送货费用等。

（2）管理费用是指企业为组织和管理生产经营活动而发生的各项费用，如办公费用、行政管理人员工资等。

（3）财务费用是指企业为了筹集生产经营所需资金而发生的费用，如短期借款利息、金融机构手续费以及为筹集生产经营资金发生的其他费用等。

按经济用途分类的方法是财务会计按完全成本法进行成本核算的基础。按经济用途划分成本的类型如图 2-1 所示。

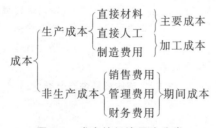

图 2-1 成本按经济用途分类

▶ 3. 成本按经济用途分类的优点和缺点

成本按经济用途分类，其优点在于：①能够清晰地反映生产成本、非生产成本的构成，有助于企业进行经济活动分析，便于考核成本计划的完成情况，分析成本升降的原因和寻求降低成本的途径；②这种分类方式充分贯彻了配比原则，因为生产成本是在产品生产过程中发生却不一定在本期全部转为费用，只有当产品销售实现时才能转为费用，而非生产成本则是特定会计期间的成本，应当在当期全部转为费用作为销售毛利的扣减项，与当期的收入相配合；③这种划分有利于区分直接成本与间接成本，以便依据"谁受益，谁承担"的原则进行分配。

但是，这种分类方式也有其不足的一面：①这种分类不能从数量上揭示成本与产销量等业务量之间的内在联系，不能有效地将成本信息应用于经营决策过程，也不利于成本控制和进一步发掘企业的生产经营潜力；②这种分类方式无法合理解释业务量与成本之间的关系；③这种分类方法下的各种间接成本需要经过多次分配才能归属到各产品中，这会使产品产量与成本之间的关系模糊。

因此，在管理会计中就有必要按照另外一种分类标准，即成本性态来研究、分析成本。

（二）按性态分类

成本按性态分类，是管理会计特有的、根据该学科研究的需要而确定的一种成本分类的方法。这种分类从本质上区别于其他的成本分类，有其鲜明的管理会计成本概念的特征。

成本性态又称为成本习性，是指成本总额与业务量之间的依存关系。其中，成本总额主要是指为取得经营成果所发生的全部成本费用总额，即全部生产成本和非生产成本；业务量表示为产量、销量、直接人工工时、机器小时等工作量单位。按成本性态来研究和分析成本，其目的是要揭示成本与产销量等业务量之间的内在联系。因此，成本按其性态分类有助于从数量上研究产品成本与生产能力之间的规律性联系，有利于充分挖掘企业降低成本的潜力和进行准确的成本控制，以实现提高经济效益的目的。

成本按照性态可划分为三类：固定成本、变动成本和混合成本，如图2-2所示。

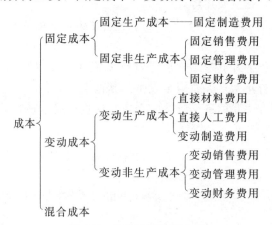

图2-2 成本按照性态分类

▶ 1. 固定成本

固定成本是指在一定时期和一定业务量范围内，成本总额不受业务量变动的影响而保持固定不变的成本。由于固定成本总额不受业务量变动影响而保持不变，因此单位固定成本会随着业务量的增加或减少而呈反比例变动。

▶ 2. 变动成本

变动成本是指在一定时期和一定业务量范围内,成本总额随着业务量的变动而发生正比例变动的成本。变动成本总额将随着产量或销量的变动而成正比例变动。但从单位业务量来观察,单位产品的直接材料、直接人工等却是不变的,即单位变动成本不受业务量变动的影响而保持不变。

▶ 3. 混合成本

混合成本是指总成本虽受产量变动的影响,但其变动的幅度并不同产量的变化保持严格的正比例关系的成本。这类成本由于同时包括固定成本和变动成本两种因素,所以实际上是属于混合成本。

第二节　成本性态与相关范围

一、成本性态

上文已经讲过,成本性态是指成本总额与业务量总数之间的依存关系。这里所说的成本总额,一般是对成本或费用的统称,在管理会计的教学中,固定成本和变动成本也称为固定费用和变动费用。这里所说的业务量,一般是指企业在一定的生产经营期内投入或完成的经营工作量的统称,既可以用产品的生产量或销售量来表示,也可以用直接人工小时或机器工作小时来表示。为了简化管理会计的定量分析过程,避免出现多元模型,人们通常总是假定业务量(大多指生产量或销售量)是唯一的。

二、固定成本、变动成本和混合成本分析

(一)固定成本分析

固定成本,是指在一定时期和一定业务量范围内,成本总额不受业务量变动的影响而保持固定不变的成本。例如,企业以直线法计提的固定资产折旧、财产保险费、管理人员的工资等。

【例2-1】某企业用于生产的一台专用设备的年最大生产能力为10 000件甲产品,按直线法计提折旧,每年折旧费为10 000元。生产量与折旧费之间的关系如表2-1所示。

【解析】从表2-1中看出,当甲产品的年生产量从2 000件增加到10 000件,每年的折旧费总额始终不变,均为10 000元,但单位产品分摊的年折旧费却随着生产量的增加而逐步从5元下降到2元、1.25元和1元。根据上述资料,固定成本的成本性态模型如图2-3、图2-4所示。

表2-1　生产量与折旧费之间的关系

年生产量/件	年折旧费/元	单位产品的年折旧费/元
2 000	10 000	5
5 000	10 000	2
8 000	10 000	1.25
10 000	10 000	1

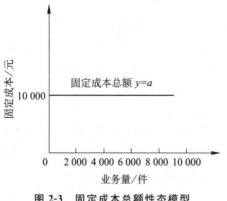

图 2-3 固定成本总额性态模型　　　图 2-4 单位固定成本性态模型

由表 2-1 可知，固定成本总额不受业务量变动影响而保持不变，但从单位业务量来观察，单位固定成本会随着业务量的增加或减少而呈反方向增减变动。因此，固定成本具有以下两个特点。

▶ 1. 固定成本总额的不变性

将其反映在平面直角坐标系上，固定成本总额线是一条平行于横轴的直线，其总成本模型为 $y=a$，如图 2-3 所示。从中可以清楚地看出，产量在 10 000 件的范围内，折旧费稳定在 10 000 元的水平上，不随产量的变动而变动。

▶ 2. 单位固定成本的反比例变动性

将其反映在平面直角坐标系上，单位固定成本随产量的变动而变动，不同产量下的单位产品分摊的固定成本额是不同的，单位固定成本与业务量成反比，单位固定成本线是一条反比例曲线，其单位成本模型为 $y=a/x$，如图 2-4 所示。从中可以清楚地看出，年产量在不超过 10 000 件的范围内，当产量为 2 000 件时，单位固定成本为 5 元；当产量为 5 000 件时，单位固定成本为 2 元；当产量为 8 000 件时，单位固定成本为 1.25 元。

企业在一定时期内发生的固定成本按其是否受企业管理者短期决策行为的影响，可进一步细分为约束性固定成本和酌量性固定成本两类。

约束性固定成本，也称为经营能力成本，是指不受企业管理者短期决策行为影响的固定成本，如厂房、机器设备的折旧费、保险费、财产税、管理人员工资等。这类成本是形成和维持企业正常生产经营能力的成本，也是企业经营活动中必须负担的最低成本。这类固定成本在短时间内不能轻易改变，并在较长时间内对企业的生产经营活动产生影响。因此，要降低约束性固定成本，只能从合理利用生产经营能力入手，提高产品的产量，相对降低其单位成本。

酌量性固定成本，也称为可调整的固定成本或抉择性固定成本，是指通过企业管理者的决策行动能够改变其数额的固定成本。如企业的新产品研发费用、职工的培训费、技术开发费等。这类固定成本的数额会因为企业的实际需要、经营方针、财务状况等的改变而发生变化。此类固定成本只是在一个会计期间保持不变，对一个会计期间产生作用，因此通常是根据企业在一年内的生产经营目标，用年度预算的形式来确定和反映的。这类固定成本的数额在预算执行的某个会计期间保持固定不变，与当期业务量无关。因此，要降低酌量性固定成本，就要在预算时精打细算，在执行中厉行节约，在保证不影响生产经营的前提下尽量减少其支出总额。通常，我们讲的降低固定成本总额就是指降低酌量性固定成本。

（二）变动成本分析

变动成本，是指在一定时期和一定业务量范围内，成本总额随着业务量的变动而发生正比例变动的成本。企业生产过程中发生的直接材料、直接人工、制造费用中随产量成正比例变动的物料用品费、燃料费、动力费、按工作量法计算的固定资产折旧费、按销售量支付的销售佣金、运输费、包装费等都属于变动成本。

【例 2-2】 某企业生产 A 产品需用甲材料，每件产品需要甲材料 1 kg，每千克甲材料的外购价格为 50 元，20×1 年上半年该企业 A 产品产量与甲材料之间的消耗数据如表 2-2 所示。

【解析】 从表 2-2 中可看出，当 A 产品的产量发生变化时，甲材料的外购总成本也随着生产量成正比例变动。而每件 A 产品的甲材料外购成本均为 50 元，则保持不变。根据上述资料，可将变动成本的成本性态模型用图 2-5 和图 2-6 表示。

表 2-2　A 产品产量与甲材料外购成本关系

月份	A 产品生产量/件	每件 A 产品的甲材料外购成本/元	甲材料外购总成本/元
1	200	50	10 000
2	180	50	9 000
3	300	50	15 000
4	260	50	13 000
5	320	50	16 000
6	220	50	11 000

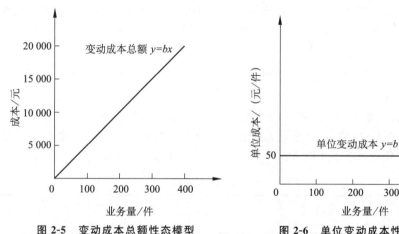

图 2-5　变动成本总额性态模型　　　图 2-6　单位变动成本性态模型

由表 2-2 可知，变动成本总额将随着产量或销量的变动而成正比例变动。但从单位业务量来观察，单位产品的直接材料、直接人工等却是等量的，即单位变动成本不受业务量变动的影响而保持不变。因此，变动成本具有以下两个特点。

▶ 1. 变动成本总额的正比例变动性

将其反映在平面直角坐标系上，变动成本线是一条以单位变动成本为斜率的直线，其总成本模型为 $y=bx$，如图 2-5 所示。

▶ 2. 单位变动成本的不变性

将其反映在平面直角坐标系上，单位变动成本线是一条与横轴平行的直线，单位变动成本模型为 $y=b$，如图 2-6 所示。

通过变动成本的特点可以看出，降低变动成本的途径是降低单位变动成本。

变动成本可以进一步划分为技术性变动成本与酌量性变动成本两类。

技术性变动成本，是指其单位成本受客观因素决定，消耗量由技术因素决定的那部分变动成本。如生产成本中主要受到设计法案影响的、单耗相对稳定的外购零部件成本，以及流水作业的生产工人工资等，都属于这类成本。这类成本只能通过技术革新或提高劳动生产率等来降低其单位产品成本。

酌量性变动成本，是指单位成本不受客观因素决定，企业管理者的决策可以改变其数额的那部分变动成本。如在保证质量符合要求的前提下，企业可以从不同的供货渠道购买到不同价格的某种材料，消耗该材料的成本就属于酌量性变动成本。这类成本可以通过合理决策、控制开支、降低材料采购成本和优化劳动组合来降低。

（三）混合成本分析

在现实中，有一些成本项目的成本总额会随业务量变动而成非正比例的变动。我们把这种介于固定成本和变动成本之间，既随业务量变动而变动，但不成正比例变动的那部分成本称为混合成本。因此，混合成本具有变动成本与固定成本双重性质。

混合成本与业务量之间的关系比较复杂，按其变动趋势的不同，又可分为半变动成本、半固定成本、延期变动成本和曲线变动成本四类。

▶ 1. 半变动成本分析

半变动成本也称标准式混合成本，其总额由两部分组成：一部分为固定成本部分，这部分成本是不受业务量变动影响的基数成本；另一部分为变动成本部分，这部分成本则是在基数成本的基础上随业务量的变动成正比例变动的成本。机器设备的维修保养费、销售人员的薪金等均属于半变动成本。

这种混合成本的基数固定不变，总额与业务量之间并不具有同等变动比例的关系，其成本函数模型可以直接写成：$y=a+bx$。

【例 2-3】 某公司租赁一台设备用于季节性生产。根据合同规定，该设备应付租金如下：月基本租赁费用 2 000 元，用此设备每生产一件产品收取 1 元租金。则该设备在本年第二季度中发生的租金如表 2-3 所示。

表 2-3 生产量与租金资料

月份	月生产量/件	月租金总额/元
4	10 000	12 000
5	20 000	22 000
6	30 000	32 000

【解析】 根据资料，可以得到租金总额 y 和所生产产品产量 x 之间的代数关系式为：$y=2\,000+x$，变动成本的成本性态模型如图 2-7 所示。

▶ 2. 半固定成本分析

半固定成本是在一定业务量范围内成本总额保持固定不变，当业务量增长超过该范围，成本就会突然跳跃上升，并在新的业务量范围内固定不变，直到业务量范围再被突破，成本总额出现新的跳跃为止。这类混合成本的特点是它在每一个业务量范围内保持固定成本的特性，将其反映在坐标系上，其成本总额随业务量的增长呈一种阶梯状增长趋势，故又被称为

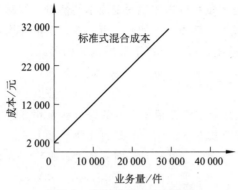

图 2-7 半变动成本性态模型

阶梯式混合成本。例如，企业的检验员、化验员等人员的工资均属于阶梯式混合成本。

阶梯式混合成本的数学模型可以写成以下分段函数的形式：

$$y=f(x)=\begin{cases} a_1, & (0<x\leqslant x_1) \\ a_2, & (x_1<x\leqslant x_2) \\ a_3, & (x_2<x\leqslant x_3) \end{cases} \quad (2-1)$$

【例 2-4】 某公司生产的 A 产品产量在 1 000 件以内时，需要一名检验员，所支付的月工资为 1 000 元。以后产量每增加 1 000 件，就需在原有基础上增加一名检验员，该公司本年第四季度三个月支付给检验员的工资如表 2-4 所示。

表 2-4 产量与检验员工资资料

月份	产量/件	产量范围/件	检验员人数	检验员工资/元
10	900	0～1 000	1	1 000
11	1 400	1 000～2 000	2	2 000
12	2 500	2 000～3 000	3	3 000

【解析】 阶梯式混合成本的成本性态模型如图 2-8 所示。

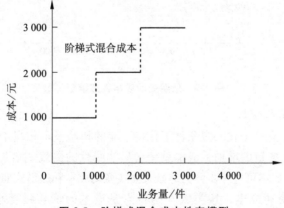

图 2-8 阶梯式混合成本性态模型

▶ 3. 延期变动成本分析

延期变动成本也称低坡式混合成本，是指在一定的业务量范围内成本总额保持固定不变，但超过该一定业务量范围后，其超额部分的成本则随业务量成正比例变动的一类混合成本。这类混合成本在一定业务量范围内体现固定成本的性质,但超过一定业务量范围后,超额部分的成本则体现变动成本的性质。如加班工资、浮动工资等均属于这类混合成本。

延期变动成本的数学模型可以写成以下分段函数的形式:

$$y=f(x)=\begin{cases}a_0,&(0\leqslant x\leqslant x_0)\\a_0+b_0(x-x_0),&(x>x_0)\end{cases} \quad (2-2)$$

【例 2-5】 某公司规定所聘甲产品销售人员的每月薪金由底薪和奖金两部分组成。每月销量不超过 1 000 件的,支付底薪 500 元;每超过 1 件奖励 0.1 元。该公司本月所聘 5 名销售人员的销售情况如表 2-5 所示,可以得到延期变动成本的数学模型为

$$销售人员工资=\begin{cases}500,&(0\leqslant x\leqslant 1\ 000)\\500+0.1(1-x),&(x>1\ 000)\end{cases}$$

表 2-5 销售量与销售人员月薪金资料

项 目	销售人员 1	销售人员 2	销售人员 3	销售人员 4	销售人员 5
甲产品的销售量/件	2 000	3 000	4 000	5 000	6 000
销售人员的月薪金/(元/人)	600	700	800	900	1 000

【解析】 延期变动成本的成本性态模型如图 2-9 所示。

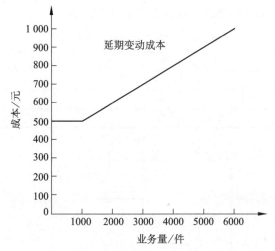

图 2-9 延期变动成本性态模型

▶ 4. 曲线变动成本分析

曲线变动成本通常有一个在一定条件下保持不变的初始量,相当于固定成本。在这个初始量的基础上,随着业务量的增加,成本总额会呈非线性的曲线式增加。按照曲线斜率的不同变动趋势,曲线变动成本可进一步分为递减式曲线变动成本和递增式曲线变动成本两种类型。

(1) 递减式曲线变动成本。这类成本的特点是成本的增长幅度小于业务量的增长幅度,成本线的斜率会随着业务量的增加而递减,反映在坐标图上是一条凸形的曲线。例如,热处理使用的电炉设备,生产中每班都需要预热,因预热而耗用的成本属于固定成本性质;而预热后进行热处理的耗用成本,则会随着业务量的增加逐步上升,但上升率是递减的。这类混合成本的成本性态模型如图 2-10 所示。

(2) 递增式曲线变动成本。这类成本的特点是成本的增长幅度大于业务量的增长幅度，成本线的斜率会随着业务量的增加而递增，反映在坐标图上是一条凹形的曲线，如各种违约金、罚金和累进计件工资等均属于递增式曲线变动成本。这类混合成本的成本性态模型如图 2-11 所示。

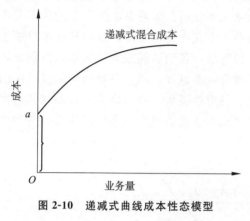

图 2-10　递减式曲线成本性态模型

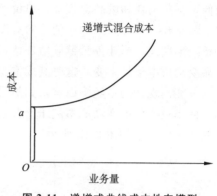

图 2-11　递增式曲线成本性态模型

三、相关范围对成本性态的影响

研究成本性态必须充分考虑相关范围的影响。前面在介绍变动成本和固定成本的定义时，总要加上"在一定时期和一定业务量范围内"这个前提条件来说明变动成本总额的正比例变动性和固定成本总额的不变性。我们把成本按性态确定为变动成本和固定成本的这个前提条件称为成本性态的"相关范围"。

（一）固定成本的相关范围

固定成本总额保持不变也是就一定时期和一定业务量而言的，超出其相关范围，固定成本总额将会发生变化。

【例 2-6】　仍以例 2-1 为例，生产量在 10 000 件以内，年折旧费为 10 000 元。如果生产量超过 10 000 件，则必须再添置一台专用设备，这样按直线法计提的年折旧费增加到了 20 000 元，当然在年产量 10 000～20 000 件范围内，年折旧费则保持不变，不受产量变化的影响。

【解析】　固定成本与相关范围的关系如图 2-12 所示。

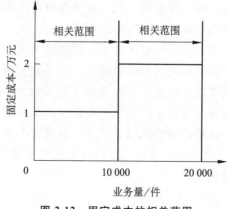

图 2-12　固定成本的相关范围

(二)变动成本的相关范围

只有在相关范围内,变动成本总额才能够与业务量呈正比例的变动关系,而单位变动成本不受业务量变动的影响而保持不变。超出其相关范围,变动成本不再表现为完全的线性关系,而是非线性关系。如某些行业在产品投产初期或投产批量较小时,劳动生产率可能较低,材料消耗和废品也较多,单位产品变动成本较高。随着劳动生产率的提高和业务量的不断增长,单位产品中所消耗的直接材料和人工成本逐渐下降,这时其成本总额表现为一条凸形曲线。当业务量继续增加达到一定程度后,各项消耗及人工效率相对稳定,单位产品变动成本保持不变,这时其成本总额表现为一条直线。当业务量增长超过一定的限度,则可能出现新的不经济因素,如加班加点、供应商提价、废品增多、设备维修费用上升等,使单位产品的变动成本趋于上升,此时其成本总额表现为一条凹形曲线。变动成本与相关范围的关系如图 2-13 所示。

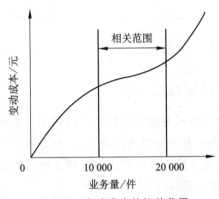

图 2-13 变动成本的相关范围

(三)相关范围的意义

变动成本和固定成本相关范围的存在,说明成本性态并非成本自身固有的特性,它受到时间和空间的限制,使得各项成本的性态具有暂时性、相对性和可转化性的特点。因此不应该对成本性态作绝对的理解。

成本性态的暂时性是指就同一企业而言,同一成本项目在不同时期可能有不同的性态。因此,企业必须根据变化情况,经常进行成本性态分析,不能机械地把过去的分析结论看成是一成不变的。

成本性态的相对性是指在同一时期内,同一成本项目在不同企业之间可能具有不同的性态。因而不能盲目照抄别人现成的成本性态分析结论。

成本性态的可转化性是指在同一时空条件下,某些成本项目可以在固定成本和变动成本之间实现互相转化。如空运公司支付的空运租金,在长期包租飞机时便是固定成本,而临时租用货位时则是变动成本。了解这一特性有助于灵活地分析成本性态。

通过以上对图示的观察和分析,不难发现,如果超出相关范围,所有的成本都会变成混合成本,固定成本总额变成类似阶梯式混合成本,变动成本总额变成了分段曲线式混合成本。所以如果没有"相关范围"这一概念,我们就无法界定变动成本和固定成本的概念,管理会计的研究也将缺乏理论基础。

第三节 成本性态分析的程序与方法

一、成本性态分析的概念

管理会计为了进一步规划、控制企业的生产经营活动，必须按照成本性态，将企业所发生的全部成本分解成为变动成本和固定成本两部分。在实际分解过程中，有相当部分的成本很容易被看出特性。例如，用于产品生产的直接材料是变动成本，固定资产以直线法所计提的折旧是固定成本。但是，对于特别的一类"混合成本"，由于其同时具有变动和固定成本双重性质，因此必须采用一定的方法将其中的变动成本部分和固定成本部分区分开来，并分别归入固定成本和变动成本中去。

成本性态分析是指在成本性态分类的基础上，按照一定的原则、程序和方法，最终将全部成本分解为固定成本和变动成本两部分，并建立相应的成本函数模型的过程。

成本性态分析是管理会计的一项最基本的工作。通过成本性态分析，可以从定性和定量两方面把握成本的各个组成部分与业务量之间的依存关系和变动规律，从而为应用变动成本法，开展本量利分析，进行短期决策、预测分析、全面预算、标准成本法的操作和落实责任会计奠定基础。

二、成本性态分析的原则

企业管理会计工作者在进行成本性态分析时，必须遵循以下原则。

（一）相关范围原则

由于相关范围的存在，使得成本性态具有暂时性，因此在进行成本性态分析时，必须假定变动成本和固定成本总是处在相关范围之中，即假定时间和业务量因素总是在不改变成本性态的范围内变动。在对各类成本进行分解时必须遵循相关范围原则，即遵循各类成本在其相关范围的这个约束条件。

（二）一元线性原则

建立反映成本与业务量之间关系的数学函数是进行成本性态分析的关键。一个简便易行的办法是假定总成本是一种业务量的函数。同时，为简化分析，假定总成本可以近似用一元线性方程 $y=a+bx$ 来描述。这里 y 代表成本总额；a 代表成本中的固定成本部分；b 代表成本中的单位变动成本；x 代表业务量；bx 代表成本中的变动成本部分。

三、成本性态分析的程序

成本性态分析的程序是指完成成本性态分析任务所经过的步骤。

（一）单步骤分析程序

单步骤分析程序是指在进行成本性态分析时，将全部成本直接一次性地分解为固定成本总额和变动成本总额两部分，并建立有关成本模型。

（二）多步骤分析程序

在该程序下，首先对总成本按性态进行分类，将其分为固定成本、变动成本和混合成本三个部分；其次进行混合成本分解，即按照一定技术方法将混合成本分解为固定部分和变动部分，然后再分别归入原固定成本和变动成本之中，最后建立有关成本模型。

多步骤分析程序大致经过以下几个步骤。

（1）将总成本分为固定成本、变动成本和混合成本三个部分。

（2）对总成本中的混合成本进行分解，建立混合成本性态模型。

（3）将混合成本分解出来的固定成本、变动成本汇集于原固定成本部分和变动成本部分，建立总成本性态模型。

四、成本性态分析的方法

常用的成本性态分析方法有技术测定法、直接分析法、合同确定法和历史资料分析法。这些方法往往既可以应用于单步骤分析程序，又可以应用于多步骤分析程序。

（一）技术测定法

技术测定法又称技术分析法、工程技术法，是指根据产品生产中的各种材料成本和人工成本的投入与产出之间的关系来合理区分变动成本和固定成本的一种定量分析方法。这种方法直接以工程技术的特点来确定变动成本和固定成本，其基本做法是把材料、工时的投入量与产品产量进行对比分析，把与产量有关的部分归集为变动成本，与产量无关的部分归集为固定成本。

在企业建设投产之前，必须进行项目的可行性研究。可行性研究报告中包括有关的工程设计说明书和成本费用估算表，规定了在一定生产量条件下应耗用的材料、燃料、动力、工时及机器小时等消耗标准，这些数据通常可较为准确地反映出在一定生产技术和管理水平条件下的投入产出规律。在企业投产初期，可以参照这种关系来进行成本性态分析，并可获得较为精确的结果。

这种方法的优点是划分比较准确，缺点是工作量较大。但由于这种方法以建设前期的设计资料为依据，故只适用于投入量与产出量关系比较稳定的新企业或新产品的成本性态分析。

（二）直接分析法

直接分析法又称账户分析法、经验判断法或个别确认法。直接分析法是指在掌握有关项目成本性态的基础上，在成本发生的当时，对每项成本的具体内容进行直接分析，使其分别归属于变动成本或固定成本的一种方法。此方法在很大程度上属于定性分析，需要逐一对成本明细项目加以鉴定。掌握所有项目的成本性态是该方法的关键。这要求事先已经了解决定成本性态构成的成本开支标准，或进行过本企业的成本性态分析以及可以借鉴其他同类企业成本性态分析的结论。

这种方法简便易行，凡具有一定的会计知识和业务能力的人都能掌握，属于典型的单步骤分析程序，适用于管理会计基础工作开展较好的企业。但由于此方法要求掌握大量第一手资料，实际分析的工作量太大，因此不适于规模较大企业的成本性态分析。

（三）合同确定法

合同确定法又称合同确认法、合同规定法，是指根据企业与交易对方签订的合同上所规定的计价方法与合同提供的业务量的关系分析成本性态，将不论业务量多少均需支付的部分即基数部分，划入固定成本，凡按业务量计价的部分划入变动成本的一种定量分析方法。

这种方法的优点是成本性态分析比较准确,但其应用范围较小,只限于签有合同的成本性态分析。

(四) 历史资料分析法

历史资料分析法又称数学分析法,是指根据过去一定时期实际发生的业务量和其相关的成本数据资料,运用数学方法进行计算分析,从而确定固定成本和变动成本的数值,并建立成本函数方程,从而完成成本性态分析的一种定量分析方法。该种方法既可以应用于单步骤分析程序,又可以应用于多步骤分析程序。

这种方法要求企业资料齐全,成本数据与业务量的资料要同期配套,具备相关性,并以企业的历史成本与未来成本具有相似性为前提。因此,此方法适用于生产条件较为稳定、成本水平波动不大以及有关历史资料比较完备的企业。

历史资料分析法是成本性态分析中最常见的一种方法。按照资料利用的具体形式不同,历史资料分析法又可分为高低点法、散布图法和回归直线法三种具体方法。

▶ 1. 高低点法

高低点法又叫两点法,是指以过去一定时期内的最高业务量与最低业务量的成本之差除以最高业务量与最低业务量之差,计算出单位变动成本 b,然后据以计算出成本中的固定成本 a 的一种定量分析方法。

高低点法的具体步骤如下。

(1) 确定高低点。根据过去一定时期的业务量和成本资料,找出最高业务量及其相应成本的高点坐标 (x_1,y_1) 和最低业务量及其相应成本的低点坐标 (x_2,y_2)。

(2) 计算单位变动成本 b 和固定成本 a。

$$单位变动成本\ b = \frac{高点成本-低点成本}{高点业务量-低点业务量} = \frac{\Delta y}{\Delta x} = \frac{y_1-y_2}{x_1-x_2} \quad (2-3)$$

$$固定成本\ a = 高点成本 - 高点变动成本 = y_1 - bx_1 \quad (2-4)$$

或

$$固定成本\ a = 低点成本 - 低点变动成本 = y_2 - bx_2 \quad (2-5)$$

(3) 将固定成本 a 及单位变动成本 b 的值代入式 $y=a+bx$,建立一般成本性态分析模型。

【例 2-7】 某公司 20×2 年上半年动力制造费用资料如表 2-6 所示。

表 2-6 生产量与动力制造费用资料

项目	月份					
	1	2	3	4	5	6
生产量/件	100	120	130	200	160	180
制造费用/元	1 800	2 000	1 900	3 200	3 000	3 600

【解析】 根据以上资料,试用高低点法对该公司的动力制造费用进行成本性态分析。

首先,确定高低点。根据上述资料可确定,4月份为高点坐标(200,3 200);1月份为低点坐标(100,1 800)。

其次，计算单位变动成本和固定成本。

单位变动成本 $b=(3\ 200-1\ 800)/(200-100)=14(元/件)$

固定成本 $a=1\ 800-100\times14=400(元)$

或

固定成本 $a=3\ 200-200\times14=400(元)$

最后，写出动力制造费用的成本性态分析模型：$y=400+14x$。

值得注意的是，确定高低点时，应以自变量业务量的高低为标准，而不是按因变量成本的高低来确定。因此，本例中第 6 期的成本虽然最高，但该期数据不能作为最高点坐标。

高低点法的优点在于简便易行、便于理解。其缺点是由于它只选择了诸多历史资料中的两组数据作为计算依据，使得建立起来的成本性态分析模型很可能不具有代表性，导致较大的技术误差。因此，这种方法只适于成本变化趋势比较稳定的企业。

▶ 2. 散布图法

散布图法又称为布点图法，是指在以横轴代表业务量、纵轴代表总成本的坐标系中，将过去一定时期的各期业务量及成本数据分别标注于坐标系上，形成散布图；然后根据目测在各点之间画一条通过或最接近于坐标点的直线，以反映成本随业务量的变动趋势，据此确定成本中的固定成本和变动成本的一种定量分析方法。

散布图法的具体步骤如下。

(1) 画出散布图。以业务量为横轴，以成本为纵轴，建立平面直角坐标系；将过去一定时期的各组业务量及相应成本数据在坐标系上分别标出，形成散布图。

(2) 画出趋势直线。用目测法在散布图上各点之间画出一条能代表所有各点、能反映成本变动趋势的直线，在此直线两边的散步点应大致相等。

(3) 确定固定成本 a 和单位变动成本 b。成本变动趋势直线对纵轴的截距即为固定成本 a；在直线上任取一点 p，假设其坐标为 (x_1, y_1)，代入 $b=(y_1-a)/x_1$，即可计算确定单位变动成本 b。

(4) 将 a、b 值代入式 $y=a+bx$，建立一般成本性态分析模型。

【例 2-8】 某公司 20×2 年 1—8 月份实际发生的机器工作小时和维修成本资料如表 2-7 所示。

表 2-7 机器工作小时和维修成本资料

项 目	月 份								合 计
	1	2	3	4	5	6	7	8	
机器工作小时/千小时	12	15	10	9	11	13	8	14	92
维修成本/元	260	270	230	220	250	240	220	260	1 950

【解析】 根据以上资料，试用散布图法对该公司的维修成本进行成本性态分析。

首先，画出散布图。以机器工作小时为横轴 x，以维修成本为纵轴 y，建立平面直角坐标系；将该公司20×2年1—8月份的各月维修成本、机器工作小时资料在坐标上分别标出，形成散布图，如图2-14所示。

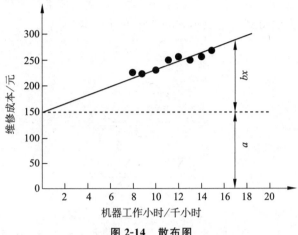

图2-14 散布图

其次，画出趋势直线。用目测法画出一条趋势直线并与纵轴相交，使散布图上各点均匀分布在直线的上、下方。

再次，确定固定成本a和单位变动成本b。从图2-14可以确定趋势直线与y轴的交点为$(0, 150)$，即直线对y轴的截距为150，即固定成本$a=150$元；将$a=150$代入任一观测点数值，例如$(15, 270)$，有$270=150+15b$，得$b=8$，即单位变动成本为8元。

最后，根据a、b的数值，该项混合成本性态分析模型为$y=150+8x$。

散布图法能够考虑所提供的全部历史资料，其图像可反映成本的变动趋势，比较形象直观，易于理解，较高低点法更为科学。但由于靠目测决定直线，因此容易造成人为的误差，不同的人会得出不同的结论，从而影响计算的客观性。

▶ **3. 回归直线法**

回归直线法是指根据过去一定时期的业务量和成本的资料，运用最小平方法的原理推算出成本与业务量间关系的回归直线方程，并据此确定成本中的固定成本和变动成本的一种定量分析方法。

回归直线法的基本原理是：从散布图中可以找到一条与全部观测值误差的平方和最小的直线，这条直线在数学上称为回归直线。其回归方程为$y=a+bx$，按照数理统计的回归分析法可直接套公式计算出回归系数a、b。这种方法又称最小平方法。

回归直线法的具体步骤如下。

(1) 对已知资料进行加工，计算$\sum x$、$\sum y$、$\sum xy$、$\sum x^2$和$\sum y^2$的值。

(2) 计算相关系数r，并据此判断业务量x与成本y之间是否存在线性关系。

$$r=\frac{n\sum xy-\sum x\sum y}{\sqrt{\left[n\sum x^2-(\sum x)^2\right]\left[n\sum y^2-(\sum y)^2\right]}}$$

相关系数r的取值范围一般在$[-1,1]$之间，用来说明业务量与成本之间的相关程度。当$r=-1$时，说明业务量与成本之间完全负相关；当$r=0$时，说明业务量与成本之间零相关,或者说业务量与成本之间不存在线性关系;当 $r=1$ 时,说明业务量与成本之间完全正相关。一般来说,只要当 r 趋近于 1 时,就说明业务量与成本之间基本正相关。只有当业务量与成本之间完全或基本正相关时,才可以运用回归直线法建立成本性态模型 $y=a+bx$。

(3) 根据最小平方法得到固定成本 a 和单位变动成本 b。

$$a = \frac{\sum y - b\sum x}{n} \tag{2-6}$$

或

$$a = \frac{\sum x^2 \sum y - \sum x \sum xy}{n\sum x^2 - (\sum x)^2} \tag{2-7}$$

$$b = \frac{n\sum xy - \sum x \sum y}{n\sum x^2 - (\sum x)^2} \tag{2-8}$$

(4) 将 a、b 值代入 $y=a+bx$,建立成本性态分析模型。

【例 2-9】 某公司 20×2 年 1—6 月份产量及总成本资料如表 2-8 所示。

表 2-8 产量及混合成本

项 目	月 份					
	1	2	3	4	5	6
生产量/件	400	300	500	400	800	600
总成本/元	3 300	2 700	4 500	3 700	5 200	4 600

【解析】 根据以上资料,试用回归直线法对该公司的总成本进行成本性态分析。

首先,根据表 2-8 的资料进行加工整理,计算结果如表 2-9 所示。

表 2-9 有关数据计算

月份	产量 x	总成本 y	xy	x^2	y^2
1	400	3 300	1 320 000	160 000	10 890 000
2	300	2 700	810 000	90 000	7 290 000
3	500	4 500	2 250 000	250 000	20 250 000
4	400	3 700	1 480 000	160 000	13 690 000
5	800	5 200	4 160 000	640 000	27 040 000
6	600	4 600	2 760 000	360 000	21 160 000
$n=6$	$\sum x=3\,000$	$\sum y=24\,000$	$\sum xy=12\,780\,000$	$\sum x^2=1\,660\,000$	$\sum y^2=100\,320\,000$

$$r = \frac{n\sum xy - \sum x \sum y}{\sqrt{[n\sum x^2 - (\sum x)^2][n\sum y^2 - (\sum y)^2]}}$$

$$= \frac{6\times 12\,780\,000 - 3\,000\times 24\,000}{\sqrt{(6\times 1\,660\,000 - 3\,000^2)(6\times 100\,320\,000 - 24\,000^2)}} \approx 0.938\,2$$

由于 r 的值接近于 1,说明 x 与 y 之间基本正相关,存在着密切的线性关系,可用 $y=a+bx$ 的直线来描述。

其次,计算 a 和 b 的值。

$$b = \frac{n\sum xy - \sum x \sum y}{n\sum x^2 - (\sum x)^2} = \frac{6 \times 12\ 780\ 000 - 3\ 000 \times 24\ 000}{6 \times 1\ 660\ 000 - 30\ 000^2} = 4.875$$

$$a = \frac{\sum y - b\sum x}{n} = \frac{24\ 000 - 4.875 \times 3\ 000}{6} = 1\ 562.5$$

最后,根据 a、b 的数值,建立总成本的性态分析模型:$y = 1\ 562.5 + 4.875x$。

回归直线法利用了微分极值原理,因此计算结果比前两种更为准确,但计算工作量较大,也比较复杂。如果能使用电子计算机计算,这种方法将会得到广泛应用。

五、成本性态模型在企业内部管理中的应用

将企业的全部成本按性态划分为固定成本和变动成本两部分,并建立 $y=a+bx$ 的成本性态模型,在企业的内部经营管理中具有十分重要的作用。

(一) 可用于经营预测

经营预测是企业内部事前管理的重要内容,它同企业经营目标的确定和经营决策的制定关系极大。只要正确测定企业计划期的经营业务量 x,代入成本性态模型,就能直接测定计划期的成本预测值,从而为企业确定正确的经营目标和经营决策提供有用的资料。

(二) 可用于经营决策

经营决策是企业内部事前管理的核心内容,其目的在于通过一定的分析、评价,为企业未来的经营活动选择最优的行动方案。在选择最优行动方案的过程中,成本是必须考虑的客观因素之一。运用成本性态模型,可以测定不同决策方案的相关成本水平,结合考虑其他相关因素,通过分析、比较,选择最优决策行动方案。

(三) 用于内部控制

内部控制是顺利实现各项经营目标和计划的重要保证。其中,成本控制是涉及经营目标,特别是利润目标能否实现的关键。运用成本性态模型不仅能为制定未来发展的总体经营目标提供科学依据,为企业降低消耗指明努力方向,而且能据以划分成本中心,根据不同中心的业务量水平确定成本指标,落实责任成本,从而不断提高企业的经营管理水平。

知识链接 2-3
战略成本管理

本章小结

成本性态是指在相关范围内,成本总额与业务量之间的依存关系。成本按性态分类是管理会计特有的一种成本分类标志。成本按性态分为变动成本、固定成本和混合成本。固定成本是指在一定时期和一定业务量范围内,成本总额不受业务量的变动影响而保持固定不变的成本;变动成本是指在一定时期和一定业务量范围内,成本总额随着业务量的变动而成正比例变动的成本;混合成本是指介于两者之间的成本,具有固定成本与变动成本双重性质。

只有在相关范围内，变动成本总额才能够与业务量呈正比例的变动关系，而单位变动成本不受业务量变动的影响，保持不变。超出其相关范围，变动成本不再表现为完全的线性关系，而是非线性关系。固定成本总额保持不变也是基于一定时期和一定业务量而言的，超出其相关范围，固定成本总额将会发生变化。

成本性态分析是在成本性态分类的基础上，按照一定的原则、程序和方法最终将全部成本区分为固定成本和变动成本两部分，并建立相应的成本函数模型的过程。成本性态分析是管理会计的一项最基本的工作。常用的成本性态分析方法有技术测定法、直接分析法、合同确定法和历史资料分析法。历史资料分析法是成本性态分析最常用的一种方法，包括高低点法、散布图法和回归直线法三种具体方法。

将企业的全部成本按性态分为变动成本和固定成本两部分，并建立了 $y=a+bx$ 的成本性态模型，该模型在企业的内部经营管理中可应用于经营预测、经营决策和内部控制。

｜思考与练习｜

一、简答题

1. 什么是成本性态？简述成本性态的特点。
2. 什么是固定成本？简述固定成本的特征。
3. 什么是变动成本？简述变动成本的特征。
4. 如何区分半变动成本、延期变动成本和曲线变动成本？
5. 什么是相关范围？举例说明分析相关范围的意义。

二、计算分析题

某企业生产的甲产品1—8月产量及总成本资料如表2-10所示。

表2-10　1—8月产量及总成本资料

项目	月份							
	1	2	3	4	5	6	7	8
产量/件	18	20	19	16	22	25	28	21
总成本/元	6 000	6 600	6 500	5 200	7 000	7 900	8 200	6 800

要求：采用高低点法进行成本性态分析。

｜在线自测｜

第三章　本量利分析

> **学习目标**
> 1. 掌握本量利分析的概念，了解本量利分析的基本假定，掌握本量利分析的模型。
> 2. 掌握保本点分析的有关公式及方法，掌握有关因素变动对保本点影响的分析方法。
> 3. 掌握企业经营安全程度评价指标及其计算方法。
> 4. 掌握保利点和保净利点有关公式及其计算方法。
> 5. 掌握本量利关系图的绘制方法。

管理会计把全部成本分为变动成本与固定成本两大类以后，为了规划利润，必须研究影响利润高低的销售收入、销售成本和利润之间的依存关系；而销售收入和销售成本又都与业务量（产量或销售量）有密切联系。因此，对销售单价、产销数量、固定成本总额、单位变动成本和利润之间的变量关系的研究，在管理会计中就叫作"成本—业务量—利润分析"（cost-volume-profit analysis），简称"本量利分析"（CVP 分析）。

第一节　本量利分析概述

一、本量利分析的概念

本量利分析是对成本、业务量和利润三者之间的依存关系所进行的分析，也称 CVP 分析。它是在成本性态分析和变动成本法的基础上，以数量化的会计模型或图形来揭示售价、销量、单位变动成本、固定成本总额以及利润等有关因素之间内在的、规律性的联系。通过对这种联系的研究，可为企业预测、决策、控制、考评提供必要的经济信息和相应的分析手段。

早在 1904 年，美国就已经出现了最原始的有关 CVP 分析图的文字记载。1922 年，美国哥伦比亚大学的一位会计学教授提出了完整的保本分析理论。自 20 世纪 50 年代以后，CVP 分析技术在西方会计实践中得到了广泛应用，其理论更加完善，成为现代管理会计学的重要组成部分。

运用本量利分析不仅可使企业完成保本、保利条件下应实现的销量或销售额的预测，而且若将其与风险分析相联系，还可为企业提供化解经营风险的方法和手段，以保证企业既定目标的实现；若将其与决策分析相结合，则可帮助企业进行有关的生产决策、定价决策和投资项目的不确定性分析。此外，本量利分析还可成为编制全面预算和控制成本的基础。

二、本量利分析的基本前提

为了便于揭示成本、业务量及利润三者之间的数量关系,在管理会计中涉及本量利分析时通常以下述假定为基本前提。

(一)成本性态分析的假定

本量利分析首先假定成本性态分析工作已经完成,全部成本费用都可以明确地依照成本性态划分为变动成本与固定成本两大类,有关成本性态模型已经建立起来。只有这样,边际贡献的计算和盈亏平衡点的分析才能进行。

(二)相关范围及线性关系的假定

假定在一定时期内,业务量总是在保持成本水平和单价水平不变的范畴内变化的,于是固定成本总额的不变性和变动成本单位额的不变性在相关范围内能够得以保证,成本函数表现为线性方程;同时,在相关范围内,单价也不因产销业务量变化而变化,收入也是直线方程。这一假定排除了在时间和业务量变动的情况下,各生产要素的价格、技术条件、工作效率和生产率以及市场条件变化的可能性。总之,假定在一定期间和一定业务量范围内,成本与销售收入分别表现为一条直线,都与业务量呈线性关系。

(三)产销平衡与品种结构稳定的假定

假定企业各期生产的产品都能在市场上找到销路,从而实现产销的平衡;在多品种生产条件下,当以价值形式表现的产销总量发生变化时,假定其各产品的销售额在全部产品销售总额中所占的比重并不发生变化。这一假定可使企业决策者将注意力集中在价格、成本和业务量对营业利润的影响上。

(四)目标利润为营业利润的假定

本量利分析中涉及的一个重要指标是利润。在西方管理会计中,本量利分析中的利润,通常是指"息税前利润"。在我国企业财务会计中,用于反映利润的指标主要包括营业利润、利润总额以及净利润等。若从上述利润指标的形成与企业经常性的业务活动及业务量的相关性角度分析,营业利润与成本、业务量的关系更为密切,因此以营业利润作为本量利分析中的目标利润更为恰当。

(五)变动成本计算模式的假定

本量利分析模型是假定建立在变动成本计算模式的基础之上的,即产品成本中只包括变动生产成本,而所有的固定成本包括固定性制造费用在内,都作为期间成本处理。

以上有关本量利分析的一系列假定,是对企业日常具体而复杂的经济业务活动所进行的一种简单化的抽象,为深入揭示成本、业务量以及利润三者之间的内在联系创造了条件,而且也为理解和掌握本量利分析提供了方便。但是我们也应该看到,企业现实的生产经营活动往往会超越上述假定,这就对本量利分析方法的实际应用提出了更高的要求,即切忌盲目照搬滥用,成功的运用必须结合企业自身的实际情况。在运用本量利分析原理进行预测或规划的基础上辅之以必要的调整或修正,或从更深层次的角度研究建立适合本企业特点的本量利分析模型,诸如在完全成本法条件下、产销不平衡条件下或非线性条件下的本量利分析模型,从而克服原有本量利分析方法的局限性,使其得到广泛的应用。

三、本量利分析的基本内容

本量利分析在实际工作中有比较广泛的用途,其基本内容主要包括保本分析、保利分析及各因素变动对本量利分析的影响。

(一)保本分析

保本分析,即确定盈亏平衡点(保本点)。保本点,就是在销售单价、单位变动成本和固定成本总额不变的情况下,企业既不盈利也不亏损的销售数量(或销售额)。保本点是企业经营管理的重要信息,因为盈亏平衡是获利的基础,也是企业经营安全的前提,只有在销量(或销售额)超过盈亏平衡点时,企业才能获利,企业的经营才可能安全。

(二)保利分析

在保本分析的基础上进行保利分析,即分析在销售单价、单位变动成本和固定成本总额不变的情况下,销售数量变动对利润的影响,从而确定目标利润,进行利润规划。

(三)各因素变动的影响

分析销售单价、单位变动成本和固定成本总额等因素的变动对保本点、保利点、经营的安全程度以及利润的影响。

只有对企业经营活动安全性进行正确的估量,对企业盈亏状况有一个基本了解,才能使经营决策者在管理活动中以较少的消耗取得较多的盈利,并采取相应的对策,规避风险,提高企业经营效益。因此,盈亏平衡分析在规划企业经济活动和经营决策中具有广泛的用途。

四、本量利分析的基本模型

本量利分析的核心是利润,计算利润的基本公式即本量利分析的基本数学模型为:

$$利润 = 销售收入总额 - 成本总额 \tag{3-1}$$

由于成本总额包括变动成本和固定成本两部分,故上式可写成:

$$利润 = 销售收入总额 - (变动成本总额 + 固定成本总额)$$
$$= 销量 \times 销售单价 - 销量 \times 单位变动成本 - 固定成本总额$$
$$= 销量 \times (销售单价 - 单位变动成本) - 固定成本总额 \tag{3-2}$$

上式中,各因素可分别用英文字母表示:L 代表利润;p 代表销售单价;x 代表销量(业务量);b 代表单位变动成本;a 代表固定成本总额。那么,上式又可以表示为:

$$L = px - (a + bx) = px - bx - a = (p - b)x - a \tag{3-3}$$

之所以将其称为本量利分析的基本模型,不仅是因为保本分析、保利分析均建立在上述基本公式的基础之上,也是因为若将其分解,还能进行多因素的变动分析。

第二节 保本分析

一、保本点的概念

保本点又称盈亏平衡点、盈亏临界点、损益分界点、两平点,是指企业在一定时期内收支相等、盈亏平衡、不盈不亏和利润为零的状态。当企业处于这种临界情况时,称为企业达到保本状态。保本分析实质上就是保本点分析。保本点在管理会计中是一项很重要的管理信息，是判定未来的生产经营活动是否有利可图，是否应该进行的标准。如果未来生产经营的规模超过所确定的保本点，则这种生产经营活动实际进行的结果，将会为企业带来生产经营的利润，因而它就是可行的、合理的；反之，它就是不可行的。因此，根据历史资料预计未来时期的保本点，就成了管理会计的一项十分重要的内容。

保本点有两种具体的表现形式：保本销售量和保本销售额。保本销售量，是指以产品实物单位计量的保本点水平；保本销售额，是指以产品价值单位(货币单位)计量的保本点水平。

二、保本分析相关概念

（一）边际贡献

边际贡献也称边际利润、贡献毛益，指产品的销售收入扣减其变动成本后的余额。边际贡献是衡量企业经济效益的重要指标，它通常有两种表现形式：一是单位边际贡献，即每种产品的单位售价减去该种产品的单位变动成本；二是边际贡献总额，即各种产品的销售收入总额减去各种产品的变动成本总额。其计算公式分别为：

知识链接 3-1
盈亏临界点分析在企业经营决策中的作用

$$单位边际贡献=销售单价-单位变动成本=p-b \tag{3-4}$$

$$\begin{aligned}边际贡献总额&=销售收入总额-变动成本总额\\&=销量\times(销售单价-单位变动成本)\\&=销量\times 单位边际贡献=x(p-b)\end{aligned} \tag{3-5}$$

若将边际贡献代入本量利分析基本模型，则：

$$利润=边际贡献总额-固定成本总额 \tag{3-6}$$

由此可知，边际贡献的大小将直接影响企业产品销售盈亏水平的高低。产品销售能否保本，产品销售利润的高低将取决于边际贡献能否抵减全部固定成本，有无剩余额及剩余额的大小。在固定成本总额不变的情况下，边际贡献的增减意味着利润的增减，只有当边际贡献总额大于固定成本总额时才能为企业提供利润；否则，企业将会亏损。

（二）边际贡献率

边际贡献率也称边际利润率、贡献毛益率，是指单位边际贡献占单位售价的百分比或者是边际贡献总额占销售收入的百分比。其计算公式分别为：

$$边际贡献率=\frac{边际贡献}{销售收入}\times 100\%=\frac{单位边际贡献}{销售单价}\times 100\% \tag{3-7}$$

（三）变动成本率

变动成本率是指产品的变动成本总额与产品的销售收入总额之间的比率，又等于单位变动成本占销售单价的百分比，它表明每增加一元销售额所增加的变动成本。其计算公式为：

$$\begin{aligned}变动成本率&=\frac{变动成本总额}{销售收入总额}\times 100\%\\&=\frac{单位变动成本}{销售单价}\times 100\%\end{aligned} \tag{3-8}$$

（四）边际贡献率与变动成本率的关系

由于边际贡献率与变动成本率分别表明边际贡献或变动成本占销售收入的百分比，因

此将这两项指标联系起来考虑，可得

$$边际贡献率 + 变动成本率 = \frac{单位边际贡献}{销售单价} + \frac{单位变动成本}{销售单价}$$

$$= \frac{单位边际贡献 + 单位变动成本}{销售单价}$$

$$= \frac{(销售单价 - 单位变动成本) + 单位变动成本}{销售单价}$$

$$= 1 \qquad (3-9)$$

显然，边际贡献率与变动成本率具有互补关系。变动成本率低的企业，其边际贡献率高，盈利能力强；反之，变动成本率高的企业，其边际贡献率低，盈利能力弱。

三、单一产品的保本点分析

$$利润 = 销售收入总额 - 变动成本总额 - 固定成本总额 \qquad (3-10)$$

保本点就是使利润等于零时的销量，即：

$$销售收入总额 = 变动成本总额 + 固定成本总额 \qquad (3-11)$$

或

$$销量 \times 销售单价 = 销量 \times 单位变动成本 + 固定成本总额 \qquad (3-12)$$

$$保本点销售量 = 固定成本总额 \div (销售单价 - 单位变动成本) \qquad (3-13)$$

如果用 a 表示固定成本；b 表示单位变动成本；x 表示保本点的业务量；r 表示单位价格，则：

$$x = \frac{a}{r-b} \qquad (3-14)$$

$$保本点销售额 = 固定成本总额 \div 边际贡献率 \qquad (3-15)$$

【**例 3-1**】 某公司开发出一种新产品，准备投放市场，已知每件产品的单位变动成本为 200 元，生产该产品的固定成本总额为 60 000 元，边际贡献为 50%，每件售价 400 元，经过市场调研，预计明年可出售 2 000 件。计算保本点的销售量及销售额。

【**解析**】 保本点的销售量 = 60 000 ÷ (400 - 200) = 300（件）
保本点的销售额 = 60 000 ÷ 50% = 120 000（元）

四、多品种条件下保本点的计算

上述保本点的计算方法，是以产销一种产品为基础的，但是大多数企业往往不只产销一种产品，而是同时产销多种产品。在这种情况下，要进行本量利分析，确定企业保本点，就不能用实物量来表示。因为不同质的各种产品在数量上是不能相加的，而必须选用能反映各种产品销量的货币指标，即只能计算它们的保本销售额。多品种条件下保本点的计算通常有加权平均法、主要品种法、分别计算法等。这里只介绍加权平均法。

在企业生产多种产品的情况下，各种产品的边际贡献率不尽相同，因此，不能按其中一种产品的边际贡献率进行保本计算，而应综合考虑，即计算加权平均边际贡献率。

加权平均边际贡献率是指以各品种产品的边际贡献率为基础，用各产品的预计销售比重（产品销售结构）作为权数进行加权计算的，反映企业多产品综合创利能力的平均边际贡献率。该方法不要求分配固定成本总额，而是将各种产品所创造的边际贡献视为补偿企业固定成本总额的利润来源。具体步骤如下。

(1) 计算每种产品的销售额占总销售额的比重。

(2) 计算每种产品的边际贡献率，从而得出加权的边际贡献率。即：

加权的边际贡献率 = $\sum$(每种产品的边际贡献率×该种产品的销售额占总销售额的比重)

(3-16)

(3) 计算综合的保本点的销售额，即：

综合的保本点的销售额 = 固定成本总额÷加权的边际贡献率 （3-17）

(4) 计算每种产品的保本点销售额，即：

每种产品的保本点的销售额 = 综合的保本点的销售额×该种产品的销售额占总销售额的比重

(3-18)

(5) 计算每种产品的保本点销售量，即：

每种产品的保本点销售量 = 每种产品的保本点的销售额÷该种产品的单价 （3-19）

【例 3-2】 某企业生产 A、B、C 三种产品，假定产销平衡，固定成本总额为 6 600 元，其他资料如表 3-1 所示。试计算三种产品的综合保本额和各种产品的保本额与保本量。

表 3-1 某企业三种产品预计销量、销售单价、单位变动成本情况

项 目	A 产 品	B 产 品	C 产 品
销量/件	900	900	600
销售单位/(元/件)	20	10	5
单位变动成本/(元/件)	15	6	2

【解析】 (1) 计算三种产品的边际贡献率。

A 产品边际贡献率 = (20－15)÷20 = 25%

B 产品边际贡献率 = (10－6)÷10 = 40%

C 产品边际贡献率 = (5－2)÷5 = 60%

(2) 计算三种产品的预计销售收入总额及销售结构。

销售收入总额 = 900×20＋900×10＋600×5 = 30 000(元)

A 产品的销售比重 = 900×20÷30 000×100% = 60%

B 产品的销售比重 900×10÷30 000×100% = 30%

C 产品的销售比重 = 1－60%－30% = 10%

则：

综合边际贡献率 = $\sum$ 各种产品边际贡献率×该产品销售收入比重

= 25%×60%＋40%×30%＋60%×10% = 33%

(3) 计算综合保本额。

综合保本额 = 固定成本总额÷综合边际贡献率 = 6 600÷33% = 20 000(元)

(4) 计算各种产品的保本额。

A 产品保本额 = 综合保本额×该种产品销售额比重 = 20 000×60% = 12 000(元)

B 产品保本额 = 20 000×30% = 6 000(元)

C 产品保本额 = 20 000－12 000－6 000 = 2 000(元)

(5) 计算各种产品的保本量。

用每种产品的保本额分别除以该产品的销售单价，就可求出它们的保本量。

A 产品保本量＝12 000÷20＝600（件）

B 产品保本量＝6 000÷10＝600（件）

C 产品保本量＝2 000÷5＝400（件）

五、企业经营安全程度评价

在日益激烈的市场竞争中，企业都非常重视自己生存的安全性，保本是企业安全生存的最低限度。评价企业经营安全程度的指标主要有安全边际、安全边际率、保本点作业率等。

（一）安全边际

安全边际是指企业实际或预计的销量（额）与保本量（额）之间的差量（额），又称安全边际量（额）。

$$\text{安全边际量} = \text{实际（预计）销量} - \text{保本量} \tag{3-20}$$

$$\text{安全边际额} = \text{实际（预计）销售额} - \text{保本额}$$

$$= \text{安全边际量} \times \text{销售单价} \tag{3-21}$$

安全边际可以表明实际（预计）销量（额）与保本量（额）之间的差距，说明企业达不到预计销售目标而又不至于亏损的范围有多大。这个范围越大，企业亏损的可能性就越小，经营的安全程度就越高。同时，只有安全边际内的销量（额）才能给企业提供利润，因为固定成本总额已被保本点所弥补，所以安全边际内的销售额减去其自身的变动成本后即为企业的利润。也就是说，安全边际范围内的边际贡献就是企业的盈利。即：

$$\text{利润} = \text{安全边际量} \times \text{单位边际贡献}$$

$$= \text{安全边际额} \times \text{边际贡献率} \tag{3-22}$$

（二）安全边际率

安全边际率是指安全边际量（额）与实际（预计）销量（额）的比率。安全边际率是以相对数的形式表现企业经营安全与否的一项重要指标。安全边际率越高，企业经营的安全程度就越高，发生亏损的可能性就越小；反之，企业经营的安全程度就越低，发生亏损的可能性就越大。其计算公式为：

$$\text{安全边际率} = \text{安全边际量} \div \text{实际（预计）销量}$$

$$= \text{安全边际额} \div \text{实际（预计）销售额} \tag{3-23}$$

根据安全边际与利润之间的关系可得：

$$\text{销售利润率} = \text{安全边际率} \times \text{边际贡献率} \tag{3-24}$$

利用安全边际率评价企业经营安全程度的一般标准如表 3-2 所示。

表 3-2 评价企业经营安全程度的一般标准

安全边际率	10%以下	10%～20%	20%～30%	30%～40%	40%以上
安全程度	危险	警惕	比较安全	安全	很安全

【例 3-3】 某公司生产经营 A 产品，该产品销售单价为 150 元，单位变动成本为 110 元，固定成本总额为 60 000 元，预计计划期间产销 5 000 件。试计算该企业计划期间生产经营

A 产品的安全边际,并从安全边际的角度推导出该产品的利润及利润率。

【解析】 (1) 计算保本量(额)。

保本量＝固定成本总额÷(销售单价－单位变动成本)＝60 000÷(150－110)＝1 500(件)

$$保本额＝1 500×150＝225 000(元)$$

(2) 计算安全边际。

$$安全边际量＝5 000－1 500＝3 500(件)$$

$$安全边际额＝5 000×150－225 000＝525 000(元)$$

$$安全边际率＝3 500÷5 000＝70\%$$

或

$$安全边际率＝525 000÷(5 000×150)＝70\%$$

(3) 计算利润及利润率。

$$利润＝3 500×(150－110)＝140 000(元)$$

或

$$利润＝525 000×(150－110)÷150＝140 000(元)$$

$$销售利润率＝安全边际率×边际贡献率＝70\%×(150－110)÷150＝18.67\%$$

(三) 保本点作业率

安全边际率为正指标,保本点作业率为逆指标。保本点作业率又称危险率或盈亏临界点作业率,是指保本量(额)占实际(预计)情况下的销量(额)的百分比。该指标数值越小,说明企业经营程度越安全;反之,则说明企业的经营程度越危险。保本点作业率计算公式如下:

$$保本点作业率＝保本量÷实际(预计)销量×100\%$$

$$＝保本额÷实际(预计)销售额×100\%$$

一般情况下,企业的生产经营能力是按正常经营条件下实现的销量(额)来规划的,所以保本点作业率实际上还可表明当企业的生产经营能力达到怎样的利用程度时,才可以保本。

我们可以看出,保本点作业率与安全边际率存在互补关系:

$$保本点作业率＋安全边际率＝1$$

【例 3-4】 依据【例 3-3】的资料及有关计算结果,并假定该企业实际经营销量为 5 000 件。试计算其保本点作业率。

【解析】

$$保本点作业率＝1 500÷5 000＝30\%$$

或

$$保本点作业率＝225 000÷(5 000×150)＝30\%$$

第三节 保 利 分 析

一、保利分析的意义

保本点的确定只是为管理者建立了一道经营中的预警线,企业经营的最终目的还是为了获取利润。保利分析是在保本分析的基础上,研究当企业实现目标利润时本量利关系的具体状况。通过保利分析,可以首先确定为实现目标利润而应达到的目标销量和目标销售额——保利点，从而以销定产，确定目标生产量、目标生产成本以及目标资金需要量等，为企业实施目标控制奠定基础，为企业短期经营确定方向。

因此，为保证预定目标利润的顺利实现，企业应在保本点分析的基础上进一步开展保利点分析，即分析为实现目标利润应完成的业务量、应控制的成本水平以及应达到的价格水平等。

二、保利点的含义及其计算

（一）保利点的含义

保利点是指在销售单价和成本水平确定的情况下，为确保预先设定的目标利润能够实现而应达到的业务量，包括实现目标利润的销量（保利量）和实现目标利润的销售额（保利额）两项指标。

（二）保利点的计算

▶ 1. 单一品种条件下保利点的计算

根据本量利基本公式，保利点的计算公式如下：

$$保利量 = \frac{固定成本 + 目标利润}{销售单价 - 单位变动成本} = \frac{固定成本 + 目标利润}{单位边际贡献} \quad (3-25)$$

$$保利额 = \frac{固定成本 + 目标利润}{边际贡献率} = \frac{固定成本 + 目标利润}{1 - 变动成本率} = 单价 \times 保利量 \quad (3-26)$$

【例 3-5】 某企业 20×2 年只生产 A 产品，单价为 15 元/件，单位变动成本为 7 元/件，全年固定成本为 24 000 元。假设计划年度的目标利润为 16 000 元，价格和成本保持上年水平不变，试计算为实现上述目标应完成的销量和销售额。

【解析】 保利量 =（固定成本 + 目标利润）÷（销售单价 − 单位变动成本）
　　　　　　　 =（24 000 + 16 000）÷（15 − 7）= 5 000（件）
　　　　保利额 = 保利量 × 销售单价 = 5 000 × 15 = 75 000（元）

▶ 2. 多品种条件下保利点的计算

下面还是以加权平均边际贡献率法进行说明，根据保利点的含义和本量利分析的基本公式，确定保利点的计算公式为：

$$综合保利额 =（固定成本总额 + 目标利润）÷ 综合边际贡献率 \quad (3-27)$$

$$各种产品保利额 = 综合保利额 \times 该产品销售收入比重 \quad (3-28)$$

【例 3-6】 承【例 3-2】，若目标利润为 4 950 元，试计算三种产品的综合保利额和各种产品的保利量。

【解析】 综合保利额 =（固定成本总额 + 目标利润）÷ 综合边际贡献率 =（6 600 + 4 950）÷ 33% = 35 000（元）

A 产品综合保利额 = 综合保利额 × 该产品销售比重 = 35 000 × 60% = 21 000（元）

B 产品综合保利额 = 35 000 × 30% = 10 500（元）

C 产品综合保利额 = 35 000 − 21 000 − 10 500 = 3 500（元）

A 产品保利量 = 该产品保利额 ÷ 该产品销售单价 = 21 000 ÷ 20 = 1 050（件）

B 产品保利量 = 10 500 ÷ 10 = 1 050（件）

C 产品保利量 = 3 500 ÷ 5 = 700（件）

三、保净利点的含义及其计算

(一) 保净利点的含义

目标净利润也称税后目标利润,是企业在一定时期缴纳所得税后实现的利润目标。对于企业的所有者而言,只有企业在一定时期所实现的税后利润才归属所有者,它是所有者取得投资报酬、实现资本保值增值的重要保证,也是企业提取盈余公积、分配股利、形成企业内部积累的重要依据。因此,企业的税后目标利润以及确保税后目标利润实现的保利分析,更受投资者关注,也更受企业管理人员的重视。

保净利点是指在单价和成本水平确定的情况下,为确保预先确定的税后净利润目标能够实现,而应达到的销售量或销售额。保净利点也称实现目标净利润的业务量,具体包括实现目标净利润销售量(保净利量)和实现目标净利润销售额(保净利额)两项指标。在计算保净利点的过程中,除了需要考虑目标净利润外,还必须考虑所得税因素。

(二) 保净利点的计算

保净利点的具体计算公式如下:

$$保净利量 = \frac{固定成本 + \dfrac{目标净利润}{1 - 所得税率}}{单价 - 单位变动成本} \quad (3\text{-}29)$$

$$保净利额 = \frac{固定成本 + \dfrac{目标净利润}{1 - 所得税率}}{边际贡献率} \quad (3\text{-}30)$$

【例 3-7】 承【例 3-5】,若计划年度所得税税率为 25%,欲实现目标税后利润 12 000 元。试分别计算为实现上述目标税后利润应完成的保利量和保利额。

【解析】

$$保净利量 = \frac{24\,000 + \dfrac{12\,000}{1 - 25\%}}{15 - 7} = 5\,000(件)$$

$$保净利额 = 保净利量 \times 销售单价 = 5\,000 \times 15 = 75\,000(元)$$

第四节 本量利分析的其他问题

一、本量利分析图

在平面直角坐标系上反映本量利关系的图形,称为本量利分析图,也称为保本图、盈亏临界点图、损益平衡图等。本量利分析图有多种形式,但它们都能够直观地从动态角度揭示本量利之间的相互依存关系。

(一) 标准本量利图

标准本量利图也称传统式本量利图,是最常见的反映最基本的本量利关系的图形,其绘制方法如下。

知识链接 3-2
本量利分析的
优点和局限性

(1) 建立平面直角坐标系。一般以横轴表示业务量，纵轴表示收入或成本的金额。
(2) 以原点 O 为出发点，以销售单价为斜率，绘制销售收入线。
(3) 在纵轴上以固定成本总额为截距，画与横轴平行的固定成本线。
(4) 绘制总成本线。由于"成本总额＝固定成本总额＋单位变动成本×销量"，因此总成本线是起始于固定成本线与纵轴交点之处的一条直线，此线可根据实际资料给出。

在标准本量利图上，总收入与总成本的交点即为保本点，对应于该点的销量或销售额是企业处于不盈不亏的状态，亏损区及利润区如图 3-1 所示。

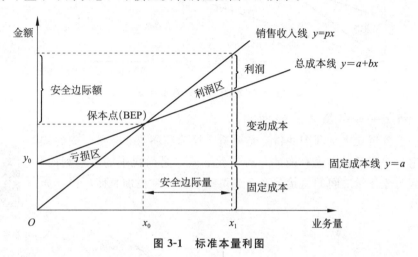

图 3-1　标准本量利图

图 3-1 直观且形象地描述了有关因素之间的相互关系，具体表现在以下几个方面。

(1) 若保本点不变，则产品的业务量每超过保本点一个单位，即可获得一个单位边际贡献的盈利，业务量越大，能实现的盈利就越多；反之，若产品的业务量低于保本点一个单位，即亏损一个单位边际贡献，业务量越小，亏损额就越大。

(2) 若业务量不变，则保本点越低，利润区的面积就越大，亏损区的面积就相对减小。它反映了产品的盈利性有所提高，即能实现更多的盈利或更少的亏损；反之，它表达了产品的盈利性有所降低，即能实现的盈利越少或亏损越大。

(3) 若总成本不变，则保本点受销售单价的变动的影响，销售单价越高，保本点越低；反之，保本点越高。

(4) 若销售收入不变，则保本点的高低取决于单位变动成本和固定成本总额的大小。单位变动成本或固定成本总额越小，保本点越低；反之，保本点越高。

(二) 边际贡献式本量利图

边际贡献式本量利图如图 3-2 所示，侧重于反映边际贡献的形成和作用。它的绘制方法是首先在平面直角坐标系上，以原点 O 为出发点绘制出销售收入线和变动成本线，然后以固定成本总额相应的数值为截距，做出一条与变动成本线平行的直线，即总成本线。总成本线与销售收入线的交点即为保本点。

从图 3-2 可以看出，只要产品销售单价大于单位变动成本，则必然有边际贡献存在。因此，销售收入首先要用于补偿变动成本，才能形成边际贡献，然后再用于补偿固定成本。当边际贡献小于固定成本时，企业处于亏损状态；当边际贡献等于固定成本时，企业处于不盈不亏状态；当边际贡献大于固定成本时，企业处于盈利状态。该方法进一步体现了变动成本法的理论。

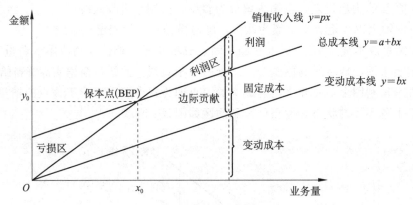

图 3-2　边际贡献式本量利图

（三）利润—业务量式本量利图

利润—业务量式本量利图的特点是侧重于揭示利润与业务量之间的依存关系。它是上述两种本量利图的一种变化形式，是简化了的本量利图，突出了利润与业务量之间的直接关系，提供的利润信息更加直截了当，如图 3-3 所示。

知识链接 3-3
本量利分析法
的具体应用

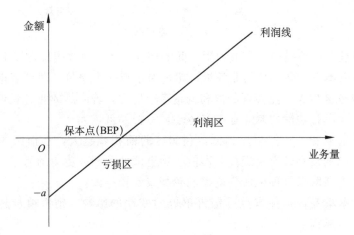

图 3-3　利润—业务量式本量利图

在利润—业务量式本量利图上，利润线的起点为 $(-a，0)$，即当业务量为零时，企业的亏损额刚好就是固定成本总额。利润线与横轴的交点就是保本点。图 3-3 所示中业务量既可以用销量表示，也可以用销售额反映。如果是销量，则利润线的斜率是单位边际贡献；如果是销售额，则利润线的斜率是边际贡献率。

二、相关因素变动对保本、保利点的影响分析

（一）相关因素变动对保本点的影响分析

在上述分析中，都是假定各种因素在计划期内是不变的。但在实际生产经营过程中，企业的销售量、销售单价、单位变动成本、固定成本等因素中的某个或几个甚至全部因素都有可能发生变化。为了准确地把握企业的保本点，必须了解这些因素变动对保本点的

影响。

为了简化因素变动分析,在研究某一项因素变动所带来的影响时,往往假定其他因素不变。

▶ 1. 销售价格变动对保本点的影响

由保本点的计算公式可知:由于产品销售单价的变动会引起单位边际贡献和边际贡献率同方向变动,因而会改变保本点和保利点,进而改变利润。当销售单价下降时,会使单位边际贡献和边际贡献率下降,相应地会提高保本点和减少利润;而当销售单价上升时,情况正好相反,会降低保本点,增加利润,使企业经营状况向好的方向发展。

可见,从保本点降低的角度看,提高产品的销售单价,对企业经营是有利的;但从另一方面来看,价格的提高总是伴随着市场占有率(销量)的下降这一负面影响。因此,依据前述原理,指导规划与决策时必须坚持辩证的观点,即价格的提高(降低)将导致单位产品创利能力的增强(减弱),进而使保本点降低(提高)以及产品销量减少(扩大)。只有从这两个方面来分析,才能最终做出有利于企业经营的选择。

▶ 2. 单位变动成本变动对保本点的影响

由于单位变动成本的变动会引起单位边际贡献和边际贡献率向相反方向变动,因而使得保本点的变动方向正好与单位变动成本的变动方向一致。当单位变动成本上升时,会提高保本点,使企业的经营状况向不利的方向发展;而当单位变动成本下降时,情况正好相反。

▶ 3. 固定成本变动对保本点的影响

由于固定成本总额是保本点计算公式中的分子部分,所以固定成本总额的变动将会使保本点随之发生同方向变动。即在其他因素不变的情况下,增加固定成本总额,就会使保本点上升,削弱企业的获利能力;而减少固定成本总额,保本点就会下降,从而增强企业的获利能力。

▶ 4. 产品品种结构变动对保本点的影响

生产多品种产品的企业,当其品种结构发生变动时,会影响综合边际贡献率,从而改变保本点。当品种结构中边际贡献率高的产品的比重提高时,会增大综合边际贡献率,相应地会降低保本点,使企业经营状况向好的方向发展;反之,情况正好相反。

【例 3-8】 某公司计划期间固定成本总额为 13 375 元,同时生产三种产品,假定生产的产品全部实现销售,实际销售总额为 120 000 元,有关资料如表 3-3 所示。分析该企业产品品种结构是否优化。如果将 B、C 两种产品的销售额比重对调一下会怎样?

表 3-3 某公司有关资料　　　　　　　　　　　　　　　　　%

项 目	A 产品	B 产品	C 产品
边际贡献率	25	20	40
销售额比重	35	40	25
加权边际贡献率	8.75	8	10

【解析】 在未改变产品品种结构前的情况如下。

综合保本点的销售额=13 375÷(8.75%+8%+10%)=50 000(元)

安全边际额＝120 000－50 000＝70 000(元)
安全边际率＝70 000÷120 000＝58.33%
加权平均贡献率＝8.75%＋8%＋10%＝0.267 5
销售利润率＝0.267 5×58.33%≈15.60%
利润＝15.6%×120 000＝18 720(元)
各种产品的利润额＝利润总额×各种产品的销售额占总销售额的比重
A 产品的利润＝18 720×35%＝6 552(元)
B 产品的利润＝18 720×40%＝7 488(元)
C 产品的利润＝18 720×25%＝4 680(元)

在改变产品品种结构以后，相关资料如表3-4所示。

表3-4 某公司改变产品品种结构以后的有关资料   %

项目	A产品	B产品	C产品
边际贡献率	25	20	40
销售额比重	35	25	40
加权边际贡献率	8.75	5	16

综合保本点的销售额＝13 375÷(8.75%＋5%＋16%)≈44 958(元)
安全边际额＝120 000－44 958＝75 042(元)
安全边际率＝75 042÷120 000≈62.54%
加权平均贡献率＝(8.75%＋5%＋16%)＝0.297 5
销售利润率＝加权平均贡献率×安全边际率＝0.267 5×62.54%≈18.61%
利润＝18.61%×120 000＝22 332(元)
各种产品的利润额＝利润总额×各种产品的销售额占总销售额的比重
A 产品的利润＝22 332×35%＝7 816(元)
B 产品的利润＝22 332×25%＝5 583(元)
C 产品的利润＝22 332×40%＝8 933(元)

通过计算，改变产品结构后，综合保本点销售额由原来的50 000元降低到44 958元，降低额为5 042元，降低率为10%；安全边际额由70 000元增加到75 042元，安全边际率由58.33%上升到62.54%；销售利润率由原来的15.6%上升到18.61%；利润额由原来的18 720元增加到22 332元，利润增加绝对额为3 612元，比原来利润增加19.29%。

(二) 相关因素变动对保利点的影响分析

影响保本点的各个因素也同样会影响目标利润的实现。根据本量利分析原理及计算公式可知，销量与销售单价的变动将使利润发生同方向变动，即销量或销售单价的增加都会使利润上升，给企业带来有利的影响；反之，利润就会下降。而单位变动成本和固定成本总额的变动将使利润发生相反方向的变动。因此，降低单位变动成本、压缩固定成本，将促进利润增长；反之，将使利润下降。以下分别举例进行说明。

知识链接3-4
敏感性分析是如何开展的？

▶ 1. 固定成本的变动对实现目标利润的影响

【例 3-9】 某公司生产和销售单一产品，该企业计划年度内预计销售产品 3 600 件，全年固定成本总额预计为 50 000 元，该产品单价为 50 元，单位变动成本为 25 元，求计划年度的目标利润。

【解析】 目标利润＝3 600×(50－25)－50 000＝40 000(元)

实现目标利润的销售量＝(40 000＋50 000)÷(50－25)＝3 600(件)

假设【例 3-9】中的其他条件不变，只有固定成本减少了 10 000 元，则目标利润不仅可以实现，还能超过目标利润 10 000 元，或者在预计销售量较低的情况下实现目标利润，即：

实现目标利润的销售量＝(40 000＋40 000)÷(50－25)＝3 200(件)

▶ 2. 单位变动成本的变动对实现目标利润的影响

假设【例 3-9】中的其他条件不变，只有单位变动成本由 25 元降低到 20 元，则预计可实现利润 58 000 元，即比原来的目标利润多实现 18 000 元，或者实现目标利润的销售量降低为：

实现目标利润的销售量＝(40 000＋50 000)÷(50－20)＝3 000(件)

▶ 3. 单位售价的变动对实现目标利润的影响

假设【例 3-9】中的其他条件不变，单价由 50 元降低到 45 元，此时实现目标利润的销售量变为：

实现目标利润的销售量＝(40 000＋50 000)÷(45－25)＝4 500(件)

▶ 4. 所得税税率的变动对实现目标利润的影响

【例 3-9】中所定的税前目标利润为 40 000 元，所得税税率为 25%，折算成税后目标利润则为 30 000 元[40 000×(1－25%)]，实现这一税后目标利润的销售量应为：

$$实现目标利润的销售量＝\frac{30\,000÷(1-25\%)+50\,000}{50-25}＝3\,600(件)$$

如果所得税税率从 25% 提高到 40%，则实现原定税后目标利润的销量要达到：

$$实现目标利润的销售量＝\frac{30\,000÷(1-40\%)+50\,000}{50-25}＝4\,000(件)$$

本章小结

本量利分析是对业务量、成本、利润之间的相互关系进行分析的一种方法。具体来讲，就是通过业务量、成本、利润三者关系的分析，找出三者之间联系的规律，从而便于有效制定经营决策和进行目标控制。本量利分析的基本原理和分析方法在企业的预测、决策、计划和控制等诸多方面具有广泛用途，也是管理会计的一项基本内容。

盈亏临界点分析是以盈亏临界点为基础，对成本、销量、利润三者之间的关系所进行的盈亏临界平衡分析。分为单一品种产品盈亏临界点的计算和多品种产品盈亏临界点的计算。

安全边际是指根据现有或预计的销售业务量(包括销售量和销售额两种形式)与盈亏临界点业务量之间的差量所确定的定量指标，包括绝对量和相对量两种形式。盈亏临界点作业率表明企业盈亏平衡的业务量在正常业务量中所占的比重，它表明了企业保本时生产能力的利用程度。

盈亏临界图通常有标准式、边际贡献式和利润-业务量式。

本量利关系中的敏感性分析主要研究两方面的问题：一是有关因素发生多大变化时会使企业由盈利变为亏损；二是有关因素变化对利润变化的影响程度。

思考与练习

一、简答题

1. 什么是本量利分析？简述其基本公式。
2. 简述本量利分析的基本假定。
3. 什么是保本点？什么是保利点？
4. 影响保本点的因素有哪些？
5. 评价企业经营安全程度的指标有哪些？其内容是什么？
6. 有关因素的变动对利润会产生怎样的影响？
7. 边际贡献率指标的含义是什么？它和变动成本率的关系如何？

二、计算分析题

1. 某公司只生产一种产品，20×1 年销售收入为 1 000 万元，税前利润为 100 万元，变动成本率为 60%。要求：

   (1) 计算该公司 20×1 年的固定成本。

   (2) 假定 20×2 年该公司只追加 20 万元的广告费，其他条件均不变，试计算该年的固定成本。

   (3) 计算 20×2 年该公司保本额。

2. 某公司 20×1 年销售收入为 180 000 元，销售成本为 160 000 元，其中固定成本为 88 000 元，若 20×2 年计划增加广告费 3 200 元，产品单价仍为 40 元/件。要求：

   (1) 预测 20×2 年该公司的保本点。

   (2) 若 20×2 年计划实现目标利润 52 800 元，则目标销售额应为多少？

3. 某公司产销一种产品，本年有关资料如表 3-5 所示。

表 3-5　某公司有关资料　　　　　　　　　　　单位：元

项目	价格	项目	价格
单位售价	20	单位变动成本	14
直接材料成本	4	直接人工成本	7
变动制造费用	3	单位边际贡献	6

要求：(1) 若每月销售额为 25 000 元时可以保本，计算当年固定成本总额。

(2) 若直接人工成本增加 10%，要维持目前的边际贡献率，则单位售价应提高多少？

4. 某旅游鞋厂设置甲、乙两个车间，分别生产女式和男式两种旅游鞋。生产费用都能按车间划分，企业管理费按固定比例分配给两个车间，生产工人可按任务在车间之间调动。每生产一双女式旅游鞋需要 3 小时，男式旅游鞋需要 6 小时。一般情况下女式旅游鞋年生产 10 000 双以下，男式旅游鞋年生产 6 000 双以下，销量没有问题。20×1 年该厂有关生产和销售资料如表 3-6 所示。

表 3-6 20×1 年生产和销售资料

项目	女式旅游鞋	男式旅游鞋	合计
产销量/双	8 000	5 000	
销售收入/元	600 000	600 000	1 200 000
销售成本/元	424 000	440 000	864 000
直接材料/元	280 000	200 000	480 000
直接人工/元	72 000	90 000	162 000
其他费用/元	72 000	150 000	222 000
利润/元	176 000	160 000	336 000
销售利润率/%	29.33	26.67	28

该厂厂长认为生产女式旅游鞋利润比较高，20×2 年安排多生产女式旅游鞋 1 000 双，男式旅游鞋减少 1 000 双，乙车间调一部分工人支援甲车间。年终有关生产和销售资料如表 3-7 所示。

表 3-7 20×2 年生产和销售资料

项目	女式旅游鞋	男式旅游鞋	合计
产销量/双	9 000	4 000	
销售收入/元	675 000	480 000	1 155 000
销售成本/元	474 000	376 000	850 000
直接材料/元	315 000	160 000	475 000
直接人工/元	81 000	72 000	153 000
其他费用/元	78 000	144 000	222 000
利润/元	201 000	104 000	305 000
销售利润率/%	29.77	21.67	26.4

对此结果，厂长大为吃惊，这两年成本的耗用水平并没有变化，为什么多生产了利润高的女式旅游鞋，总利润反而降低了呢？

对于 20×3 年计划如何安排，厂长感到困惑。请分析利润下降的原因，帮助制订 20×3 年生产计划，并预测其利润。

在线自测

第四章　变动成本法

> **学习目标**
> 1. 掌握变动成本法的内容，了解变动成本法的理论前提。
> 2. 掌握变动成本法与全部成本法的区别。
> 3. 掌握变动成本法和全部成本法在计算税前净利上差异的原因以及两种方法税前净利之间的转换。
> 4. 了解变动成本法的优缺点和应用。

成本按照性态可以分为固定成本和变动成本两类，基于这种分类方法，企业可以进行变动成本计算。变动成本计算法提供的成本信息对企业经营决策有重要的作用，是企业进行本量利分析的前提条件，也是管理会计的重要计算方法，为规划和控制企业生产经营活动提供合理、准确的信息。变动成本法还可以较好地与标准成本、弹性预算和责任会计等相结合，在企业计划、控制和日常开支的管理中发挥积极的作用。

第一节　变动成本法概述

一、变动成本法的含义及基本原理

（一）变动成本法的含义

变动成本法是指在组织常规的产品成本计算过程中，以成本性态分析为前提，在计算产品成本时只包括产品生产过程中所消耗的直接材料、直接人工和变动制造费用即变动生产成本，而把固定制造费用即固定生产成本及非生产成本全部作为期间成本处理的产品成本计算方法。变动成本法下的成本构成如图4-1所示。由于变动成本法是以部分成本作为产品成本，这与公认的成本归属原则不符，所以引起会计学界的争议。但由于变动成本法比传统财务会计中的全部成本法更能提供广泛而实用的经济信息，因此，自20世纪60年代以来，变动成本法在美国及其他西方国家被普遍应用于企业内部管理。

（二）变动成本法的基本原理

变动成本法的基本原理是：产品成本只包括产品生产过程中所消耗的直接材料、直接人工和变动制造费用，而把固定性制造费用作为当期的期间费用，全部列入损益表，从当期收入中直接扣除。变动成本法的基本原理可以概括为以下三个方面。

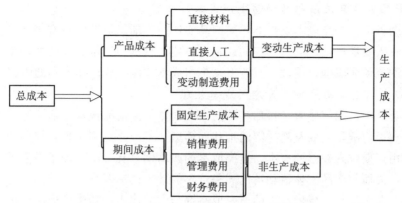

图 4-1 变动成本法下的成本构成

▶ 1. 变动生产成本构成了产品价值的直接基础

在产品生产中使用的直接材料、直接人工和变动制造费用等开支有两个特点：一是构成产品的实体，它在创造产品、创造价值中是不可避免的；二是在产品完成之后不会再度发生，是真正用于产品的成本。在产品生产过程中发生的固定制造费用则不具有这两个特点，虽然它也是生产产品有关的开支，但其开支并非不可避免。

▶ 2. 固定制造费用作为期间费用从总收入中扣除

固定制造费用主要是为企业提供一定的生产经营条件而发生的，这些生产经营条件一经形成，无论其实际利用程度如何，有关费用都会照常发生，同产品的实际生产没有直接联系，不会随着产量的增减而增减。它只是与会计期间相联系，并随着时间的消失而逐渐丧失。因此，其效益不应当递延到下一个会计期间，而应当在费用发生的当期，全额列作期间费用，从本期的销售收入中直接扣除。

▶ 3. 固定制造费用不计入成本，会影响当期利润总额

一般来说，若固定制造费用不计入产品成本而全部作为当期收入的扣减项目，势必增加当期的费用，减少当期的利润。但如果从长远来看，因为固定制造费用不计入产品成本，虽然当期的费用加大了，但库存产品的成本会相应地下降，当这些下降了的库存产品出售时，销售成本也会相应地降低，利润就会相应地增加，如果对各个期间的利润进行统计，两种不同的成本计算方法确定的利润总额应当是大体相等的。

二、变动成本法下的成本流程

在变动成本法下，变动生产成本被视为产品成本，而固定生产成本和销售、管理与财务费用作为期间成本。因此，仅有变动生产成本列为产品存货成本，在产品出售之前，变动生产成本随存货的变化而增减，在产品出售之后，再将存货成本转入产品销售成本，与销售收入相配比决定当期损益。

三、变动成本法的理论依据

变动成本法在计算产品成本时仅将变动生产成本包括进去，而将固定生产成本作为期间成本处理，主要基于以下理由。

▶ 1. 产品成本只应该包括变动生产成本

在管理会计中，产品成本是指那些随产品实体的流动而流动，只有当产品实现销售时才能与相关收入实现配比、得以补偿的成本。显然，只有与产量有关的变动生产成本才能随产品实体的流动而流动，因此，只有变动生产成本才能构成产品成本的内容。

▶ 2. 固定制造费用应当作为期间成本处理

在管理会计中，期间成本是指那些不随产品实体的流动而流动，而是随企业生产经营持续时间长短而增减，其效益随时间的推移而消逝，不能递延到下期，只能于发生的当期计入利润表由当期收入补偿的成本。这类成本的归属期只有一个，即于发生的当期直接转作本期费用，因而与产品实体流动情况无关，不能计入期末存货。

显然，并非在生产领域内发生的所有成本都是产品成本。如生产成本中的固定制造费用，在相关范围内，它的发生与各期实际产量的多少无关，它只是定期地创造了可供利用的生产能力，与时间的关系更为密切。在这一点上，它与销售费用、管理费用和财务费用等非生产成本一样具有时效性，只是定期创造了维持企业经营管理的必要条件。不管这些能力和条件能否在当期被利用，利用得是否有效，这种成本的发生额都不会受到丝毫影响，其效益随着时间的推移而逐渐丧失，不能递延到下期。因此，固定制造费用应当与非生产成本一样作为期间成本处理。

第二节　变动成本法与全部成本法的区别

变动成本法是与传统的成本计算法相对立的概念，当它产生之后，后者便被称为全部成本法。全部成本法是指在组织常规的产品成本计算的过程中，以成本按照经济用途分类为前提，将全部生产成本作为产品成本的构成内容，而将非生产成本作为期间成本的一种成本计算方法。其成本构成如图 4-2 所示。

知识链接 4-1
变动成本法、全部成本法对企业的影响

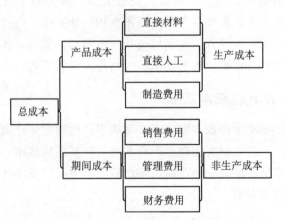

图 4-2　全部成本法下的成本构成

相应的，全部成本法的成本流程如图 4-3 所示。

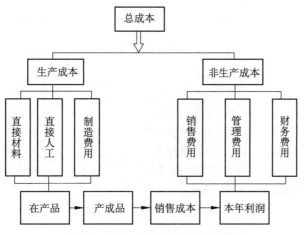

图 4-3 全部成本法下的成本流程

为了深刻认识变动成本法的特点,应将其与传统的全部成本法加以比较,以揭示两者之间的区别。变动成本法与全部成本法的主要区别可概括为以下几个方面。

一、应用的前提条件不同

应用变动成本法要求首先进行成本性态分析,把全部成本分为变动成本和固定成本两部分。其中,对于生产成本要按生产量分解为变动生产成本和固定生产成本;对于销售及管理费用要按销量分解为变动销售及管理费用和固定销售及管理费用。

应用全部成本法要求首先把全部成本按其发生的领域或经济用途(经济职能)分为生产成本和非生产成本。凡在生产领域中为生产产品发生的成本归于生产成本,发生在流通领域和服务领域且由于组织日常销售或进行日常行政管理而发生的成本则归属于非生产成本。

二、产品成本和期间成本的成本构成内容不同

在变动成本法下,产品成本只包括变动生产成本,固定生产成本和非生产成本则全部作为期间成本处理。

在全部成本法下,产品成本则包括全部生产成本,只有非生产成本作为期间成本处理。

上述两点区别可具体通过表 4-1 来反映。

表 4-1 两种方法在应用的前提条件和成本构成内容方面的区别

项　　目	变动成本法	全部成本法
应用的前提条件	以成本性态分析为基础	以成本按用途分类为基础
成本划分的类别	变动成本 固定成本	生产成本 非生产成本

续表

项目	变动成本法	全部成本法
产品成本包含的内容	直接材料 直接人工 变动制造费用	直接材料 直接人工 制造费用
期间成本包含的内容	变动非生产成本： 　变动销售费用 　变动管理费用 　变动财务费用 固定成本： 　固定制造费用 　固定销售费用 　固定管理费用 　固定财务费用	非生产成本： 　销售费用 　管理费用 　财务费用

【例 4-1】 某公司只产销一种产品，其 20×2 年的业务量、售价与成本资料如表 4-2 所示。请分别用变动成本法和全部成本法计算该公司的产品成本和期间成本。

表 4-2 某公司 20×2 年的业务量、售价与成本资料

项目	数据	项目	数据/元
期初存货量/件	0	直接材料	10 000
本年产量/件	5 000	直接人工	5 000
本年销售量/件	4 000	变动制造费用	5 000
期末存货量/件	1 000	固定制造费用	10 000
销售单价/(元/件)	10	变动销售费用	3 000
		固定销售费用	1 000
		变动管理费用	1 000
		固定管理费用	1 000

【解析】 根据上述资料，分别按变动成本法和全部成本法计算的产品成本和期间成本如表 4-3 所示。

表 4-3 产品成本和期间成本计算表　　　　　　　　　　单位：元

分类	项目	变动成本法		全部成本法	
		总成本	单位成本	总成本	单位成本
产品成本	直接材料	10 000	2	10 000	2
	直接人工	5 000	1	5 000	1
	变动制造费用	5 000	1	5 000	1
	固定制造费用			10 000	2
	合计	20 000	4	30 000	6

续表

分类	项目	变动成本法		全部成本法	
		总成本	单位成本	总成本	单位成本
期间成本	固定制造费用	10 000			
	销售费用	4 000		4 000	
	管理费用	2 000		2 000	
	合计	16 000		6 000	

三、销货成本和存货成本的水平不同

广义的产品有销货和存货两种实物形态。在期末存货和本期销货均不为零的条件下，本期发生的产品成本最终要表现为销货成本和存货成本。在变动成本法下固定生产成本作为期间费用处理，直接记入当期利润表，不会转化为销货成本和存货成本；而在全部成本法下固定生产成本计入产品成本，并要在存货和销货之间进行分配，使一部分固定生产成本被期末存货吸收递延至下期，另一部分固定生产成本作为销货成本记入当期利润表。显然，这必将导致两种成本计算法确定的期末存货成本和当期销货成本水平的不同。

【例 4-2】 仍以表 4-2 资料为例，试分别按变动成本法和全部成本法计算确定期末货成本和本期销货成本。计算结果如表 4-4 所示。

表 4-4 期末存货成本和销货成本计算表

项目	变动成本法	全部成本法
期初存货成本/元	0	0
本期产品成本/元	20 000(5 000×4)	30 000(5 000×6)
可供销售产品成本/元	20 000	30 000
单位产品成本/(元/件)	4	6
期末存货量/件	1 000	1 000
期末存货成本/元	4 000	6 000
本期销货成本/元	16 000	24 000

【解析】 由表 4-4 可见，按变动成本法计算的期末存货成本比按全部成本法计算的期末存货成本少 2 000(4 000−6 000)元，而按变动成本法计算的本期销货成本则比按全部成本法计算的本期销货成本少 8 000(16 000−24 000)元。之所以产生这个差异，原因在于变动成本法下的本期产品成本不含固定生产成本 10 000 元，而全部成本法下的本期产品成本则包含固定生产成本 10 000 元(每单位产品分摊 2 元)。这样，按变动成本法计算的期末存货成本就比按全部成本法计算的期末存货成本少 2 000[1 000×(6−4)]元；按变动成本法计算的本期销货成本就比按全部成本法计算的本期销货成本少 8 000[4 000×(6−4)]元。

四、税前净利的计算程序不同

(一) 变动成本法下税前净利的计算

在变动成本法下,税前净利应按下列两步计算。

$$销售收入 - 变动成本 = 边际贡献 \quad (4\text{-}1)$$

$$边际贡献 - 固定成本 = 税前净利 \quad (4\text{-}2)$$

这里:

$$变动成本 = 变动生产成本 + 变动非生产成本 \quad (4\text{-}3)$$

其中:

变动生产成本 = 按变动成本法计算的本期销货成本

= 期初存货成本 + 本期变动生产成本 − 期末存货成本

= 期初存货量 × 上期单位产品变动生产成本 + 本期产量 × 本期单位产品

$$变动生产成本 - 期末存货量 × 本期单位产品变动生产成本 \quad (4\text{-}4)$$

假定前后各期单位产品的变动生产成本不变,则:

$$变动生产成本 = 单位变动生产成本 × 销售量 \quad (4\text{-}5)$$

$$变动非生产成本 = 单位变动非生产成本 × 销售量 \quad (4\text{-}6)$$

固定成本 = 固定生产成本 + 固定管理费用 + 固定财务费用 + 固定销售费用

(二) 全部成本法下税前净利的计算

在全部成本法下,税前净利应按下列两步计算。

$$销售收入 - 销货成本 = 销售毛利 \quad (4\text{-}7)$$

$$销售毛利 - 期间成本 = 税前净利 \quad (4\text{-}8)$$

其中:

销货成本 = 按全部成本法计算的本期销货成本

$$= 期初存货成本 + 本期生产成本 - 期末存货成本 \quad (4\text{-}9)$$

$$期间成本 = 非生产成本 = 销售费用 + 管理费用 + 财务费用 \quad (4\text{-}10)$$

(注:本书对于存货的计价均采用先进先出法)

五、利润表的编制不同

在变动成本法下,要按照上述式(4-1)、式(4-2)两步编制贡献式利润表;而在全部成本法下,只能按上述式(4-7)、式(4-8)两步编制职能式利润表。

【例 4-3】 仍以表 4-2 的资料为例,分别按变动成本法编制贡献式利润表和按全部成本法编制职能式利润表,并比较它们的不同。

【解析】 按两种成本法编制的贡献式利润表和职能式利润表如表 4-5 所示。

表 4-5 按两种成本法编制的利润表　　　　　　　　　　　　　　单位:元

贡献式利润表		职能式利润表	
项　目	金　额	项　目	金　额
销售收入(10×4 000)	40 000	销售收入(10×4 000)	40 000
减:变动成本		减:销货成本	

续表

贡献式利润表		职能式利润表	
项目	金额	项目	金额
变动生产成本(4×4 000)	16 000	期初存货成本	0
变动销售费用	3 000	本期生产成本(6×5 000)	30 000
变动管理费用	1 000	可供销售的产品成本	30 000
变动成本合计	20 000	减：期末存货成本(6×1 000)	6 000
边际贡献	20 000	本期销货成本合计	24 000
减：固定成本		销货毛利	16 000
固定制造费用	10 000	减：期间成本	
固定销售费用	1 000	销售费用	4 000
固定管理费用	1 000	管理费用	2 000
固定成本合计	12 000	期间成本合计	6 000
税前净利	8 000	税前净利	10 000

比较两张利润表，可以看出两种成本计算法在编制利润表方面有三个显著的差别。

（一）成本项目的排列方式不同

按全部成本法编制的职能式利润表是把所有成本项目按生产、销售、管理等经济用途（职能）进行排列，主要是为了适应企业外部有经济利害关系的团体和个人的需要。而按变动成本法编制的贡献式利润表则是把所有成本项目按成本性态排列，主要是为了便于获得边际贡献信息，适应企业管理者规划与控制经营活动的需要。

（二）对固定生产成本的处理不同

全部成本法把固定生产成本即固定制造费用视作产品成本的一部分，因而，每销售一批产品（本例是4 000件），其固定制造费用就构成销货成本；至于尚未售出的期末存货（本例是1 000件），与产品成本一样，每件存货成本内也包含有固定制造费用（本例是2元）它们必须结转至下一个会计年度［本例是2×1 000＝2 000（元）］。而变动成本法把本期发生的全部固定生产成本，均作为期间成本从边际贡献总额中减除。这样，它的销货成本就只包括已出售产品的变动成本，只要用单位变动生产成本乘以本期实际销量，即可求得，再加上变动的销售及管理费用，即构成变动成本总额。这里必须注意，固定生产成本与期末存货的有无或多少毫无关系，因而也就无须转入下一个会计年度。

（三）计算出来的税前净利可能不同

由于两种方法对本期发生的固定生产成本处理不同，可能导致计算出来的税前净利不同。本例中，按全部成本法计算的税前净利比按变动成本法计算的结果多2 000元，就是因为按全部成本法计算时，本期发生的固定制造费用10 000元要计入本期产品成本，其中有2 000元计入期末存货成本，随期末存货结转至下一个会计年度，故按全部成本法计算时，从本期收入扣减的固定制造费用仅为8 000元。而按照变动成本法计算时，本期发生的全部固定制造费用10 000元均作为期间成本处理，完全由本期收入补偿。

这里必须指出，两种方法对固定生产成本的处理不同，仅是有可能导致计算的税前净利不同，而并非在任何条件下都必然不同。

六、适用范围不同

全部成本法是传统的成本计算方法，它主要遵循企业会计准则，汇总和分配企业一定期间所发生的生产费用，计算和确定产品成本和存货成本，因而，全部成本法主要适用于财务会计系统，用来编制对外的财务报表；而变动成本法是为适应企业加强内部经营管理的需要，对成本进行规划和日常控制，以及改善经营决策而产生的，故变动成本法主要适用于管理会计系统，用来编制企业的内部管理报表，为内部管理提供有用的信息。

第三节 两种方法计算的税前净利产生差异的原因及相互转换

一、两种方法对税前净利影响的举例说明

我们已经举例说明了在两种方法下税前净利的计算，并知道，变动成本法和全部成本法计算的税前净利可能不同。下面我们根据不同的产销量关系的举例来详细探讨分析两种方法对各期税前净利的影响。

（一）各期产量稳定，销量变动

在分析不同产销量关系下两种方法对各期税前净利的影响时，我们首先假定各期成本消耗水平不变。这样，在产量稳定的条件下，就意味着各期产品单位成本不变，而销量变动表明各期期初、期末的产成品存货不同。

【例 4-4】 某公司过去连续三年的产销业务量如表 4-6 所示，该公司产品的售价、成本等资料如表 4-7 所示。根据资料，分别按两种方法计算确定各期税前净利。

表 4-6 某公司连续三年的产销业务量　　　　　　　　单位：件

业务量	第一年	第二年	第三年	合计
期初存货量	0	0	1 000	0
当年生产量	4 000	4 000	4 000	12 000
当年销量	4 000	3 000	5 000	12 000
期末存货量	0	1 000	0	0

表 4-7 公司产品售价、成本资料

售价及成本资料	单位产品成本	
	全部成本法	变动成本法
每件售价 15 元 生产成本： 单位变动成本 5 元/件 固定成本总额 12 000 元 销售及管理费用： 单位变动成本 3 元/件 固定成本总额 8 000 元	变动生产成本 5 元/件 固定生产成本 3 元/件 单位产品成本 8 元/件	变动生产成本 5 元/件 单位产品成本 5 元/件

几项假定：

(1) 每年产量指当年投产且全部完工的产量（即无期初期末在产品）。
(2) 每年销量中不存在销售退回、折让和折扣问题。
(3) 各期成本水平（单位变动成本和固定成本总额）、售价不变。
(4) 存货计价采用先进先出法。

【解析】 两种方法计算确定的税前净利如表4-8和表4-9所示。

表4-8　公司利润表（按全部成本法编制）　　　　　　　　　单位：元

项　　目	第 一 年	第 二 年	第 三 年	合　计
销售收入	60 000	45 000	75 000	180 000
销货成本：				
期初存货	0	0	8 000	0
本期生产成本（按产量计算）	32 000	32 000	32 000	96 000
可供销售的产品成本	32 000	32 000	40 000	96 000
减：期末存货	0	8 000	0	0
销货成本总额	32 000	24 000	40 000	96 000
销货毛利	28 000	21 000	35 000	84 000
减：销售及管理费用	20 000	17 000	23 000	60 000
税前净利	8 000	4 000	12 000	24 000

表4-9　公司利润表（按变动成本法编制）　　　　　　　　　单位：元

项　　目	第 一 年	第 二 年	第 三 年	合　计
销售收入	60 000	45 000	75 000	18 000
变动成本：				
变动生产成本（按销量计算）	20 000	15 000	25 000	60 000
变动销售及管理费用	12 000	9 000	15 000	36 000
变动成本合计	32 000	24 000	40 000	96 000
边际贡献	28 000	21 000	35 000	84 000
减：固定成本				
固定生产成本	12 000	12 000	12 000	36 000
固定销售及管理费用	8 000	8 000	8 000	24 000
固定成本合计	20 000	20 000	20 000	60 000
税前净利	8 000	1 000	15 000	24 000

比较两种方法编制的利润表及税前净利数据，可以发现以下情况。

(1) 第一年，两种方法所得税前净利是相等的。这是由于当年期初存货量与期末存货量相等，也就是本期产量等于销量。本例中，期初期末存货量都是零，即产销绝对平衡，这种情况下，采用全部成本法时，随期初存货转入当期，或随期末存货转至下期的固定制造费用都为0。所以，从结果来看，两种方法计算的税前净利相等。

(2) 第二年，按全部成本法计算的税前净利比按变动成本法计算的结果多3 000元。这是由于该年期末存货量增加了1 000件，也即产量大于销量1 000件，而按全部成本法计算的每件存货成本较变动成本法高3元，即为全部成本法下单位产品负担的固定制造费用。因此，按全部成本法就要把期末存货1 000件中包含的固定制造费用3 000元转入下一年度，本期已销产品3 000件只负担了9 000元的固定制造费用。而变动成本法无论产销量如何变化，总是将该期的固定制造费用12 000元全部计入当期损益。因此，全部成本法计算的税前净利就会比变动成本法计算的结果多3 000元。

(3) 第三年，按全部成本法计算的税前净利比变动成本法计算的结果少3 000元。这是由于该年的期末存货量为0，而期初存货量为1 000件，即产量小于销量1 000件。采用全部成本法把上年转来的期初存货1 000件所释放的固定制造费用3 000元(3×1 000)转为本期的销货成本，而本期期末存货为0，即期末未吸收固定制造费用至下期。由此，按全部成本法计入本期销货成本的固定制造费用为15 000元(3×5 000)，比按变动成本法计入本期损益的12 000元多3 000元。所以造成了全部成本法计算的税前净利比变动成本法计算的结果少了3 000元。

(4) 从较长时间来看，两种方法所确定的税前净利应该趋于一致。本例中，三年的产量和与销量和均为12 000件，因此，两种方法所确定的三年的税前净利之和相等，均为24 000元。从长期看，企业的产销应该趋于一致，各年税前净利的差异相互抵销。所以，无论按全部成本法计入销货成本的固定制造费用，还是按变动成本法直接计入各期损益的固定制造费用，其总额也趋于相同。其结果对长期的税前净利之和影响甚微，甚至没有影响。

(二) 各期销量稳定，产量变动

销量稳定意味着各年的销售收入相同，而产量变动则表明在全部成本法下各期的单位产品成本不同。因为，即使各期的固定制造费用不变，但产量变动的话，单位产品分摊的固定制造费用也不同。

【例4-5】 表4-10和表4-11是某公司连续三年的产销业务量、售价、成本等资料，并沿用【例4-4】的各项假定。

表4-10 某公司连续三年产销业务量   单位：件

业务量	第 一 年	第 二 年	第 三 年	合 计
期初存货量	0	1 000	1 000	0
当年生产量	6 000	5 000	4 000	15 000
当年销量	5 000	5 000	5 000	15 000
期末存货量	1 000	1 000	0	0

表4-11 某公司连续三年销售、成本资料   单位：元/件

售价及成本资料	单位产品成本							
	全部成本法				变动成本法			
每件售价15元 生产成本：	年　　度	第一年	第二年	第三年	年　　度	第一年	第二年	第三年
单位变动成本5元/件	变动生产成本	5	5	5	变动生产成本	5	5	5
固定成本总额12 000元 销售及管理费用：	固定生产成本	2	2.4	3				
单位变动成本2元/件 固定成本总额10 000元	单位产品成本	7	7.4	8	单位产品成本	5	5	5

试根据表4-10和表4-11的资料,分别按两种方法确定各年的税前净利。

【解析】 两种方法计算确定的税前净利如表4-12和表4-13所示。

表4-12 公司利润表(按全部成本法编制) 单位:元

项目	第一年	第二年	第三年	合计
销售收入	75 000	75 000	75 000	225 000
销货成本:				
期初存货	0	7 000	7 400	0
本期生产成本(按产量计算)	42 000	37 000	32 000	111 000
可供销售的产品成本	42 000	44 000	39 400	111 000
减:期末存货	7 000	7 400	0	0
销货成本总额	35 000	36 600	39 400	111 000
销货毛利	40 000	38 400	35 600	114 000
减:销售及管理费用	20 000	20 000	20 000	60 000
税前净利	20 000	18 400	15 600	54 000

表4-13 公司利润表(按变动成本法编制) 单位:元

项目	第一年	第二年	第三年	合计
销售收入	75 000	75 000	75 000	225 000
变动成本:				
变动生产成本(按销量计算)	25 000	25 000	25 000	75 000
变动销售及管理费用	10 000	10 000	10 000	30 000
变动成本合计	35 000	35 000	35 000	105 000
边际贡献	40 000	40 000	40 000	120 000
减:固定成本				
固定生产成本	12 000	12 000	12 000	36 000
固定销售及管理费用	10 000	10 000	10 000	30 000
固定成本合计	22 000	22 000	22 000	66 000
税前净利	18 000	18 000	18 000	54 000

比较两种方法编制的利润表,可以看出在销量稳定而产量变动的情况下,有以下结论。

(1)采用变动成本法,各年的税前净利均相等。这是因为每年的销量相同,而且每年的成本和费用水平不变,所以各年税前净利的计算也相同。这里各年产量的变化对税前净利没有影响。

(2)由于各年产量不同,各年单位产品所分摊的固定制造费用也不相同。这样在全部成本法下各年的单位产品成本就会有差异。即使在各年销量相同的情况下,销货成本也不会相同,从而导致按全部成本法确定的各年税前净利不相等。

(3)在各年产量变动的情况下,即使各年的销量相同,两种方法下的税前净利也会出现差异。第一年产大于销1 000件,按全部成本法确定的税前净利比按变动成本法计算的结果多2 000元,这是由于全部成本法下有一部分固定制造费用随期末存货1 000件转移至下年,其金额为2 000(2×1 000)元;而在变动成本法下,不论产销关系如何,固定制造费用均在当年损益计算中一次扣减。第二年虽然产销平衡,均为5 000件,但由于有期初期末存货,所以全部成本法计算的税前净利则比变动成本法计算的结果多400元。原因是期初存货1 000件释放了上年的部分固定制造费用2 000(2×1000)元而转入本年,期末存货1 000件吸收了本年的部分固定制造费用2 400(2.4×1 000)元而转入下年,因此计入本年损益的固定制造费用较变动成本法少400(2 000-2 400)元,税前净利则多出400元。第三年,产量小于销量1 000件,按全部成本法计算的税前净利比变动成本法少2 400元,原因在于按全部成本法,期初存货释放了第二年的部分固定制造费用2 400(2.4×1 000)元转入本年,由本年损益承担,而期末没有存货,因而没有转入下年的固定制造费用,故税前净利较变动成本法少2 400元。

二、两种成本法计算的税前净利产生差异的原因

从上述举例中可见,即使前后各期成本水平、价格和存货计价方法等都不变,两种成本法计算的税前净利可能相同,也可能不同。对此,有人将其原因归结为产销量是否平衡。产销平衡,则相等;反之,则不相等。此外,也有人认为,两种成本法计算的税前净利不同是由于对固定制造费用的处理方式不同,但事实并不尽然。其实两种方法计算的税前净利是否存在差异以及差异大小的原因在于两种成本法计入当期的固定制造费用水平是否存在差异以及差异大小。

变动成本法下,计入当期利润表、由当期损益承担的是当期发生的全部固定制造费用;而全部成本法下,计入当期利润表、由当期损益承担的固定制造费用数额,不仅受到当期发生的固定制造费用水平的影响,而且要受到期末存货和期初存货水平的影响。因此,在其他条件不变的前提下,只要某期全部成本法下期末存货吸收的固定制造费用与期初存货释放的固定制造费用水平不同,就意味着两种成本法计入当期利润表的固定制造费用的数额不同,则一定会使两种成本法计算的当期税前净利产生差异。差异的大小等于期末存货吸收的固定制造费用数额与期初存货释放的固定制造费用数额之差。如果某期全部成本法下期末存货吸收的固定制造费用与期初存货释放的固定制造费用水平相同,就意味着两种成本法计入当期利润表的固定制造费用的数额相同,两种成本法的当期税前净利必然相等。

知识链接4-2
拓展案例

上述关系可以用以下公式证明:

全部成本法计入当期利润表的固定制造费用=期初存货释放的固定制造费用
＋本期发生的固定制造费用－期末存货吸收的固定制造费用   (4-11)

变动成本法计入当期利润表的固定制造费用=本期发生的固定制造费用   (4-12)

两种成本法计入当期利润表的固定制造费用的差额=
全部成本法期末存货吸收的固定制造费用－全部成本法期初存货释放的固定制造费用
＝全部成本法期末存货的单位固定制造费用×期末存货量－
全部成本法期初存货的单位固定制造费用×期初存货量   (4-13)

三、两种成本法计算的税前净利的相互转换

根据上面的公式,我们可以得出下列用全部成本法与变动成本法计算的税前净利之间相互转换的公式:

全部成本法的税前净利＝变动成本法的税前净利＋
（全部成本法期末存货吸收的固定制造费用－全部成本法期初存货释放的固定制造费用）

(4-14)

变动成本法的税前净利＝全部成本法的税前净利－
（全部成本法期末存货吸收的固定制造费用－全部成本法期初存货释放的固定制造费用）

(4-15)

这两个公式可以使我们在已知一种成本法下的税前净利的前提下，推算出另一种成本法下的税前净利。由于在会计实务中，企业日常一般仅采用一种成本法进行产品成本核算（即单轨制），故它们不仅有理论意义，而且可指导实践。

第四节　两种方法的优缺点及结合运用

一、全部成本法的优缺点

（一）全部成本法的优点

全部成本法是将全部的生产成本包括变动生产成本和固定生产成本均计入产品成本的一种产品成本计算方法。作为一种传统的方法，其优点主要有以下两点。

▶ 1. 有利于调动企业生产的积极性

在全部成本法下，由于固定生产成本计入产品成本，因而单位产品成本就由单位变动生产成本和单位固定生产成本构成，而单位固定生产成本则等于固定生产成本总额除以当期产量。由此可见，在单位变动生产成本和固定生产成本总额不变的条件下，单位产品成本的高低完全由当期产量决定。故提高产量可以降低单位产品成本，从而降低从当期收入中扣减的销货成本，增加营业利润。因此，采用全部成本法有利于调动企业生产的积极性。

【例4-6】　某公司生产某产品，其中，单位变动生产成本2元/件；固定生产成本12 000元。在不同的产量下，单位成本会产生差异，如表4-14所示。

表4-14　单位成本差异

	产量/件	3 000	6 000	12 000
成本	单位变动生产成本/(元/件)	2	2	2
	单位固定生产成本/(元/件)	4	2	1
	单位产品成本/(元/件)	6	4	3

【解析】　全部成本法下，单位产品成本受产量的直接影响，产量越大，单位产品成本越低，从而有利于调动企业生产的积极性。

▶ 2. 符合传统的成本概念

美国会计学会（AAA）下设的成本概念与标准委员会认为：成本是为了达到一个特定目的而已经发生或可能发生的、以货币计量的耗费。按照这种传统成本概念，产品成本就应该既包括变动生产成本，也包括固定生产成本。显然，全部成本法计算的产品成本符合这一概念。正因为如此,目前各国会计界的权威机构如美国注册会计师协会、美国证券交易委员会、美国国内税务局都主张采用全部成本法计算产品成本,并据以确定存货价值和利润,编制对外财务报表。

(二) 全部成本法的缺点

虽然全部成本法有以上优点,但是从适应企业内部管理的角度看,却存在诸多缺点。

▶ **1. 不能反映生产部门的真实成果**

采用全部成本法计算的单位产品成本不仅不能反映生产部门的真实成果,反而掩盖或夸大了它们的生产业绩。就以前例而论,假定当生产量为 3 000 件时,生产部门千方百计地采用了种种节约能源、降低消耗等措施,使单位变动生产成本降低了 50%,这时它的单位产品成本就成为 1+4=5(元)。而产量在 6 000 件或 12 000 件时,尽管生产部门并未采取任何降低变动生产成本的措施,但它们的单位产品成本仍旧比产量 3 000 件时低。这个例子就充分证明了采用全部成本法计算出来的单位产品成本并不代表生产部门的真实成绩。

▶ **2. 误导企业的生产决策**

采用全部成本法来确定各期的税前净利,其结果往往令人费解,甚至促使企业片面追求高产量、高产值,盲目生产社会不需要的产品,造成仓库积压,财政虚收。现在举三个不同类型的例子予以说明。

(1) 有时尽管每年的销量相同,销售单价与成本水平(包括单位变动成本和固定成本总额)均无变动,但只要产量不同,各年的单位产品成本和税前净利就有很大差别,这是令人费解的。前例的数据就可以充分说明这个问题。

(2) 有时尽管当年的销量超过往年,销售单价、单位变动成本、固定成本总额均无变动,但只要期末存货比往年减少,就会出现税前净利比往年减少的情况,这更令人费解。

【例 4-7】 某公司过去连续两年的有关资料如表 4-15 所示,现据以下资料编制按全部成本法计算的利润表,如表 4-16 所示。

表 4-15 某公司过去连续两年的有关资料

基本资料	第 一 年	第 二 年
期初存货量/件	0	3 000
本期生产量/件	8 000	5 000
本期销量/件	5 000	8 000
期末存货量/件	3 000	0
销售单价/(元/件)	15	15
单位变动生产成本/(元/件)	6	6
固定生产成本总额/元	40 000	40 000

注:假定该公司无非生产成本。

表 4-16 公司职能式利润表 单位:元

项 目	第 一 年	第 二 年
销售收入	15×5 000=75 000	15×8 000=120 000
销货成本:		
期初存货成本	0	33 300

续表

项目	第 一 年	第 二 年
本期生产成本	11×8 000=88 000	14×5 000=70 000
可供销售的产品成本	88 000	103 000
减：期末存货成本	11×3 000=33 000	0
销货成本合计	55 000	103 000
税前净利	20 000	17 000

【解析】 从上面利润表的数据可见，虽然该公司第二年销量比第一年增长了60%，销售单价、单位变动成本与固定成本总额均无变动，但第二年的税前净利反而比第一年下降15%，这显然非常令人费解。

(3) 有时甚至在销量下降的情况下，假定销售单价、单位变动成本与固定成本总额均无变动，但由于大量增产，反而会使税前净利增加。这不但令人费解，而且可能在产品并无销路的情况下，促使企业管理当局为粉饰业绩，故意通过大量增产来提高账面利润，从而造成产品积压和资源浪费。

【例4-8】 假定某公司过去连续两年的有关资料如表4-17所示。现据以下资料编制按全部成本法计算的利润表如表4-18所示。

表4-17 某公司过去连续两年的有关资料

基本资料	第 一 年	第 二 年
期初存货量/件	0	0
本期生产量/件	5 000	12 000
本期销量/件	5 000	4 000
期末存货量/件	0	8 000
销售单价/(元/件)	8	8
单位变动生产成本/(元/件)	2	2
固定生产成本总额/元	12 000	12 000

注：假定该公司无非生产成本。

表4-18 公司职能式利润表　　　　　　　　　　　　　　　　　　单位：元

项目	第 一 年	第 二 年
销售收入	8×5 000=40 000	8×4 000=32 000
销货成本：		
期初存货成本	0	0
本期生产成本	4.4×5 000=22 000	3×12 000=36 000
可供销售的产品成本	22 000	36 000
减：期末存货成本	0	3×8 000=24 000
销货成本合计	22 000	12 000
税前净利	18 000	20 000

【解析】 从上面的利润表可见，虽然该公司第二年的销量比第一年下降20%，销售单价、单位变动成本和固定成本总额均不变，但由于增产140%，结果税前净利提高了2 000元。

▶ 3. 全部成本法不便于进行预测、短期经营决策和编制弹性预算

在全部成本法下，生产成本未按成本性态划分为变动成本和固定成本，这样就不便于进行成本预测、利润预测及直接进行本量利分析，也不便于进行正确的短期经营决策。因为在短期经营决策中，变动生产成本是相关成本，而固定生产成本一般是非相关成本，故短期经营决策也需要将生产成本划分为变动成本和固定成本。另外，弹性预算的编制也建立在变动成本和固定成本划分的基础上，因而全部成本法也不便于编制弹性预算，进行成本控制。

▶ 4. 全部成本法的成本计算比较烦琐

全部成本法下的产品成本含有固定成本部分，这就使得在成本计算过程中必须对固定成本进行分配，而固定成本的分配往往需要经过许多烦琐的手续，因而增加了成本计算的工作量。并且无论分配的方法如何科学，都难免受主观因素影响，造成成本计算的不准确。

二、变动成本法的优点和缺点

（一）变动成本法的优点

变动成本法实际上是针对传统的全部成本法所进行的一种改革。在适应企业内部管理方面，它有着全部成本法不可比拟的优点。

▶ 1. 采用变动成本法更符合"费用与收益相配合"这一公认的会计原则的要求

所谓"费用与收益相配合"的原则就是要求会计所记录的一定时期发生的收益与费用必须属于这一会计期间，也就是在一定的会计期间应当以产生的收益为根据，把有关的费用同所发生的收益配合起来。这项原则在我国称为权责发生制。采用变动成本法，固定生产成本不作为产品成本的组成部分，而看作是处于准备状态与生产并无直接关系且随着时间推移而丧失效用的期间成本，将它与本期的收益相结合，由当期的损益负担。这种方法计算的各期税前净利避免了在全部成本法下由于各期产量增减而产生的影响，使损益水平更加客观真实，因而较之于全部成本法，它更符合"费用与收益相配合"的原则，有利于正确反映和评定企业的经营业绩。

▶ 2. 采用变动成本法，便于分清各部门的经济责任，有利于进行成本控制与业绩评价

一般来说，变动生产成本的高低，最能反映出生产部门和供应部门的工作成绩，同时变动成本的超支或节约（降低）责任也归属于这些部门。例如在直接材料、直接人工和变动制造费用方面如有增减会立即从产品的变动生产成本指标上反映出来，可以通过制定标准成本和建立弹性预算对其进行日常控制；而固定生产成本的高低，其责任主要归属于企业各级管理部门，这可以通过制订费用预算的办法进行控制。另外变动成本法提供的信息，也便于分清成本水平高低的原因，比如是产量的变动、价格的变动、还是由成本控制好坏引起的。这样就便于采用正确的成本控制方法，即固定成本应控制总额，变动成本应控制单位变动成本。同时，还能对各责任单位的工作成绩做出恰如其分的评价。

▶ 3. 采用变动成本法，能促使企业管理者重视销售环节，防止盲目生产

在变动成本法下，产量的高低与存货增减对企业的税前净利都没有影响，在售价、

单位变动成本、销售结构不变的情况下，税前净利将随销量同步增长。这样就会促使管理当局注意研究市场动态，搞好销售工作，防止生产的盲目扩大。同时也避免了全部成本法下出现的一方面销量下降，另一方面由于生产量大增反而造成税前净利增加的奇怪现象。

▶ 4. 采用变动成本法，可以大大降低产品成本计算的工作量，便于加强日常管理

在变动成本法下，把固定生产成本列作期间成本而从边际贡献中一笔扣除，可以节省许多间接费用的分配手续，这不仅大大降低了产品成本计算的工作量，避免间接费用分配的主观随意性，而且可以使会计人员从繁重的核算工作中解放出来，集中精力抓好日常管理。

▶ 5. 采用变动成本法，可为企业改善经营管理、提高经济效益提供有用的管理信息

采用变动成本法能提供单位变动成本、固定成本总额、边际贡献总额等信息。这些信息能使企业深入地进行本量利分析和产品的盈利能力分析，帮助企业管理者预测前景、规划未来（如预测保本点，规划目标利润、目标销量和销售额、目标成本，编制弹性预算等）和正确地进行短期经营决策（如接受追加订货的决策、开发新产品的决策、自制和外购的决策等），从而改善经营管理，提高企业经济效益。

(二) 变动成本法的缺点

▶ 1. 成本的计算不精确

采用变动成本法，需将生产成本划分为变动成本和固定成本，而这种划分在很大程度上是假设的结果，并不是一种精确的计算。

▶ 2. 不符合传统成本概念的要求

按照传统的成本概念，产品成本不仅包括变动生产成本，也应包括固定生产成本，因为它们都是生产产品所必须发生的。而变动成本法计算的产品成本仅含变动生产成本，显然不符合传统成本概念的要求。故变动成本法目前还不能用于对外编制财务报表。

▶ 3. 不适应长期决策的需要

变动成本法计算的单位变动生产成本和固定生产成本总额仅在短期和相关业务量范围内保持稳定，而长期来看，企业外部环境及内部因素则肯定会变化，因此不适应长期决策的需要。

三、变动成本法与全部成本法的结合运用

综上所述，全部成本法虽有许多缺点，但符合传统的成本概念，企业还必须按全部成本法对外报送财务报表；变动成本法虽有很多优点，但仅适用于企业内部，满足内部管理的需要。企业成本核算如何既能满足内部管理需要，又能兼顾对外报告的要求？对此，有两种方案：一种方案是设"两套账"，分别按全部成本法和变动成本法进行成本核算，即实行"双轨制"；另一种方案是将两种方法有机结合起来，在一套账上进行成本核算，同时满足内外两方面的要求，即实行所谓的"单轨制"。比较而言，第一种方案技术上简单，但工作量大，会计成本高，故从成本效益的角度考虑，应采用第二种方案。企业将变动成本法与全部成本法结合运用时，可将日常的成本核算建立在变动成本法的基础上，对在产品、

产成品和产品销售成本均按变动生产成本计算；同时，增设"固定生产成本"账户，归集日常发生的固定制造费用。期末，按当期产品销量的比例，将"固定生产成本"账户中属于本期已销产品分担的部分转入"产品销售成本"账户，并列入利润表作为本期销售收入的减除项目；至于"固定生产成本"账户中属于本期没有销售产品的部分，仍保留在本期账户内，并将其按实际比例分配给资产负债表上的在产品和产品存货，使之按全部成本反映。

显然，上述的"单轨制"既可为内部管理提供诸如变动成本和固定成本等有用信息，又可满足对外编报财务报表的要求，同时与"双轨制"相比还可避免核算人员的重复劳动，因而是一种理想的方案。

本章小结

变动成本法是指在组织常规的产品成本计算过程中，以成本性态分析为依据，在计算产品成本和存货成本时，只包括产品在生产过程中所消耗的直接材料、直接人工和变动制造费用，而不包括固定制造费用。将固定制造费用列入"期间成本"项目内，从本期收益中扣除。全部成本法是指在产品成本的计算上，不仅包括产品在生产过程中所消耗的直接材料、直接人工，还包括全部的制造费用(变动制造费用和固定制造费用)。由于完全成本法是将所有的制造成本，不论是固定的还是变动的，都"吸收"到了单位产品上，因而也被称为"吸收成本法"。

变动成本法与全部成本法的不同主要表现在：应用的前提不同、产品成本的构成内容不同、存货成本的构成内容不同、损益表编制格式不同和分期损益不同。

变动成本法的优点主要表现在：为企业规划未来和参与决策提供有用的会计信息；能够促使企业管理当局重视销售，防止盲目生产；有利于进行成本控制和业绩评价；符合配比原则；可以简化成本计算工作量。其缺点主要表现在：成本计算不精确、不符合传统成本概念要求、不能满足长期决策的需要。

思考与练习

一、简答题

1. 什么是全部成本法？在全部成本法下，产品成本和期间成本是由哪些成本构成的？
2. 什么是变动成本法？在变动成本法下，产品成本和期间成本是由哪些成本构成的？
3. 全部成本法和变动成本法各有什么优缺点？
4. 全部成本法和变动成本法计算税前净利的程序有什么不同？
5. 全部成本法和变动成本法在编制损益表方面有什么不同？

二、计算分析题

1. 某厂只生产一种产品，第一、第二年的产量分别为 30 000 件和 24 000 件，销量分别为 20 000 件和 30 000 件；存货计价采用先进先出法。销售单价为 15 元/件，单位变动生产成本为 5 元/件；每年固定制造费用的发生额为 180 000 元。销售及管理费用都是固定性的，每年发生额为 25 000 元。

要求：分别采用两种成本计算方法确定第一、第二年的营业利润，损益简表如表 4-19 和表 4-20 所示。

表 4-19　某企业第一年度损益简表　　　　　　　　　　　单位：元

贡献式		职能式	
项　目	金　额	项　目	金　额
营业收入		营业收入	
变动成本		销售成本	
边际贡献		营业毛利	
固定成本		期间成本	
营业利润		营业利润	

表 4-20　某企业第二年度损益简表　　　　　　　　　　　单位：元

贡献式		职能式	
项　目	金　额	项　目	金　额
营业收入		营业收入	
变动成本		销售成本	
边际贡献		营业毛利	
固定成本		期间成本	
营业利润		营业利润	

2. A 公司只生产一种产品，产品单位变动成本（包括直接材料、直接人工和变动制造费用）为 6 元，单位产品的售价为 15 元/件，每月固定制造费用为 40 000 元，单位产品的变动销售费用为 1 元，固定管理费用为 15 000 元。已知月初无产成品存货，当月产量为 10 000 件，售出 8 500 件。

要求：(1) 以全部成本法计算当月税前净利润，并在此基础上调整，计算变动成本法下的净利润。

(2) 以变动成本法计算当月税前净利润，并在此基础上调整，计算全部成本法下的净利润。

在线自测

第五章 预测分析

> **学习目标**
> 1. 了解预测分析的概念、特征及主要程序，了解定量和定性两类预测方法。
> 2. 掌握销售预测分析、利润预测分析、成本预测分析和资金预测分析的方法。
> 3. 掌握目标利润及其预测方法。
> 4. 了解成本预测的方法。
> 5. 重点掌握资金需要量预测的主要方法。

预测分析是指用科学的方法预计、推断事物发展的必然性或可能性的行为，即根据过去和现在预计未来，由已知推断未知的过程。预测的范围很广，有自然现象的预测、经济发展的预测等。经济发展的预测又包括宏观经济预测和微观经济预测等类型，其中微观经济预测是从现代企业的立场出发，以企业经营活动为对象展开的预测。

第一节 预测分析概述

一、预测分析的概念及作用

随着市场竞争的日趋激烈，企业需要了解瞬息万变的市场信息、把握经济形势的发展趋势，由此预测分析得到了广泛的应用。管理会计中的预测分析是指按照一定原则和程序，运用专门方法进行经营预测的过程。所谓经营预测，是指企业根据现有的经济条件和掌握的历史资料以及客观事物的内在发展规律，对生产经营活动的未来发展趋势和状况进行的预计和测算。预测分析是企业决策的前提，科学合理的预测能减少经营活动的盲目性，提高企业经济效益，其主要作用如下。

（一）预测分析是进行经营决策的主要依据

科学的预测是进行正确决策的前提和依据。企业经营活动的良好运转依托于正确的决策基础。通过预测分析，可以科学地确定产品品种结构以及最佳采购存货数量等，合理利用现有的人、财、物资源，全面协调企业的各项经营活动和财务活动。

（二）预测分析是编制全面预算的前提

企业的生产经营活动要承受一定的风险和不确定性，为了减少盲目性，企业通过编制全面预算加强管理。预测分析是企业全面预算的依据。全面预算的编制以销售预算为起点，而销售预算的编制又以销售预测为依据。通过科学的市场预测，能够避免企业盲目生产或产品供不应求的局面。

（三）预测分析是提高经济效益的手段

以最小的投入获取尽可能高的收益是企业的经营原则，提高企业资金利用效率是企业理财的主要内容之一。通过预测分析，有利于企业组织和使用资源，减少资金耗费，增加销售收入，提高经济效益。

二、预测分析的基本内容

预测分析按照期限、性质和内容可以划分为不同的类型。从基本内容来看，预测分析主要包括销售预测分析、利润预测分析、成本预测分析和资金预测分析。

销售预测分析是在市场调查的基础上，估计和测算企业未来一定时期内的销售量和销售收入。

利润预测分析是在销售预测的基础上，对企业未来某一期间生产经营活动所取得的利润水平所做的预测。

成本预测分析是在企业未来发展目标确立的情况下，对实现目标利润的成本总额、费用率及费用率降低幅度等所做的预测。

资金预测分析是在销售预测分析、利润预测分析和成本预测分析的基础上，对企业未来一定时期内资金的需求量所做的预测。

三、预测分析的方法

预测分析方法种类繁多，根据分析目的和预测期限不同而千差万别。据统计，国内外的预测方法达数百种之多。一般而言，大体可概括为两大类：定性分析方法和定量分析方法。

（一）定性分析方法

定性分析方法又称经验判断法，是主要依靠预测人员的经验、知识、判断和分析能力，以推断事物的性质和发展趋势的一种方法。这类方法一般适用于预测对象统计资料不完备或有关变量之间不存在较为明显的数量关系而无法进行定量分析等情况下的预测。按具体做法，定性分析方法可分为主观判断法和专家判断法两大类。

（二）定量分析方法

定量分析方法又称数学分析法，是指在预测对象的统计资料完备的基础上，应用一定的数学方法，建立预测模型，做出预测。按照对资料数据的处理方式，定量分析法可分为以下两种类型。

▶ 1. 时间序列预测法

时间序列预测法又称趋势预测分析法或外推分析法，是将预测对象的历史数据按照时间顺序排列，应用数学方法处理、计算，以预测其未来发展趋势的分析方法。具体包括算术平均法、加权平均法、移动加权平均法、指数平滑法和修正的时间序列回归分析法等。

▶ 2. 因果预测分析法

因果预测分析法是根据预测对象与其他相关变量之间的相互依存、相互制约的规律性联系，建立相应的因果数学模型进行预测分析的方法。具体方法有本量利分析法、投入产出法、经济计量法和回归分析法等。

定量分析法与定性分析法在实际应用中并非相互排斥，而是相互补充、相辅相成的。

定量分析法较精确，但很多非计量因素无法考虑进去，如国家经济政策发生重大变动，市场上出现强大的竞争对手等，而定性分析虽可将这些非计量因素考虑进去，但却带有一定的主观随意性。因此，在实际工作中，应根据具体情况将两类分析法有机地结合起来加以应用，才能提高预测分析结果的准确性和可靠性。

四、预测分析的一般程序

（一）明确预测对象

要进行预测分析，必须首先搞清对什么进行预测，即预测对象是什么，将达到什么目的，这样才能做到有的放矢，以便根据预测对象和内容确定预测的范围及预测期限。由于不同的预测分析对象所需的分析资料不同，所采用的预测方法也有所不同，因此，只有明确预测分析对象，才能有针对性地做好各个阶段的预测分析工作。

（二）收集和整理资料

根据预测目标，企业应有组织地、系统地收集相关资料，对其进行加工、整理、归纳、鉴别，去粗取精，去伪存真。尽量从中发现与预测目标有关的各因素之间的规律性和相互依存关系。

（三）选择预测方法

正确地选择预测方法有助于更好地实现预测的目标。企业要根据不同预测对象、内容和所掌握的历史资料，采用不同的预测方法。一般而言，对于资料齐备或可以建立数学模型的预测对象采用定量分析方法；对于资料缺乏或者相关变量间不存在明显规律性关系的，以及不能进行定量分析的可采用定性分析方法。

（四）实际进行预测

实际进行预测时，应用选定的预测方法和建立的模型，根据相关的资料，采用相应的定量分析或定性分析方法，提出预测结果。

（五）分析预测误差、修正预测结果

预测是对未来一定时期企业经营活动的推测，往往因与实际有出入而产生预测误差。因此，经过一段时间，应对上一阶段的预测结果进行验证和分析评价，即将实际数与预测数进行比较，计算误差，分析原因，以便及时修正预测方法，完善预测模型。因数据不齐备或不确定因素引起的定量预测误差，可采用定性分析方法考虑这些因素，并修正定量预测结果。对于定性预测结果，应用定量分析方法加以验证、修改、补充、完善，使预测更接近实际情况。

（六）报告预测结论

最后要以一定形式通过一定程序将修正过的预测结论形成文字报告，提供给企业的经营管理者，作为决策的基础资料。

第二节　销售预测分析

一、销售预测分析概述

企业生产经营的主要目的是获取利润，产品销售收入是利润的源泉。在激烈的市场竞

争中，企业生产什么产品、生产多少应该服从市场的需求，科学而不是盲目地开展生产。因而，"以销定产"是企业经营的原则，销售预测分析就成为企业编制全面预算、组织生产等一系列经营活动的重要依据。

销售预测分析是其他各项预测分析的前提，它有广义和狭义之分。广义的销售预测分析包括市场调查和销售量预测；狭义的销售预测分析专指销售量预测。销售量预测又叫产品需求量预测，是根据市场调查所得到的有关资料，通过对有关因素的分析研究，预计和测算特定产品在一定时期内的市场销售量水平及变化趋势，进而预测本企业产品未来销售量的过程。

知识链接 5-1
定性销售预测

企业进行销售预测分析时，应充分分析、研究企业所处的市场环境、经济环境等因素，结合企业自身的产品情况如产品质量、产品价格、营销能力等，以及影响消费者购买行为的社会、文化、环境因素等进行研究分析，在此基础上，选择相应的方法进行预测分析。

二、销售预测分析方法

销售预测分析主要是对未来一定时期内企业销售额（量）多少的估计和预算。销售预测分析有算术平均法、移动加权平均法、指数平滑法和因果预测法。

（一）算术平均法

算术平均法是将过去一段时期的历史资料进行算术平均，该平均数就作为下期预测数。其计算公式为：

$$销售量预测数 = \frac{各期销售量之和}{期数} = \frac{\sum Q}{n} \tag{5-1}$$

这种方法的优点是计算简单、方便易行；缺点是把不同时期的差异平均化，没有考虑远近期销售量的变动对预测期销售量影响的程度不同，可能造成预测结果产生较大误差。因此，这种方法适用于销售量或销售额比较稳定的商品，对于某些非季节性商品，如食品、文具、日常用品等，仍是一种十分有用的方法。

【例 5-1】 某企业 20×2 年下半年实际销售额情况如表 5-1 所示。

表 5-1 某企业 20×2 年下半年实际销售额 单位：万元

月 份	7	8	9	10	11	12
销售额	1 020	1 100	1 200	1 230	1 170	1 250

根据上述资料，预测 20×3 年 1 月的销售额。

【解析】

$$1月的销售额 = \frac{1\,020+1\,100+1\,200+1\,230+1\,170+1\,250}{6} \approx 1\,161.67（万元）$$

（二）移动加权平均法

在销售预测分析中，由于市场变化较大，一般而言，离预测期越近的实际资料对其影响越大；相反，离预测期越远的实际资料对其影响越小。基于这一事实，加权平均法按照历史销售量距离预测期的远近分别加权，权重近大远小，计算出加权平均数，作为未来的销售预测数。若取 3 个观测值，其权数可取 0.2、0.3、0.5。若取 5 个观测值，其权数可取 0.03、0.07、0.15、0.25、0.5。权数不同时，预测结果不同。其计算公式为

$$\text{预测销售量（额）}\overline{X} = \frac{\sum \text{各期销售量（额）}\times \text{各期权数}}{\text{各期权数之和}} = \frac{\sum_{i=1}^{n} x_i w_i}{\sum_{i=1}^{n} w_i} = \sum_{i=1}^{n} x_i w_i \quad (5\text{-}2)$$

式中，w_i 为各期权数，且 $\sum_{i=1}^{n} w_i = 1$；x_i 为各期销售量（额）。

为了能反映近期的销售发展趋势，还可在上述基础上，再加上平均每月的变动趋势值 b，即为预计的销售值。因此，上述公式可修正为：

$$\overline{X} = \sum x_i \cdot w_i + b \quad (5\text{-}3)$$

$$b = \frac{\text{本季度平均每月实际销售量（额）} - \text{上季度平均每月实际销售量（额）}}{3} \quad (5\text{-}4)$$

【例 5-2】 如表 5-1 所示，要求根据 20×2 年 10 月、11 月、12 月三个月的观测值，用移动加权平均法预测其 20×3 年 1 月的销售额。

【解析】（1）计算平均每月销售变动趋势值。

$$\text{三季度月平均销售额} = \frac{1\,020 + 1\,100 + 1\,200}{3} \approx 1\,106.67（\text{万元}）$$

$$\text{四季度月平均销售额} = \frac{1\,230 + 1\,170 + 1\,250}{3} \approx 1\,216.67（\text{万元}）$$

$$b = \frac{1\,216.67 - 1\,106.67}{3} \approx 36.67（\text{万元}）$$

（2）取权数 $w_1 = 0.2$，$w_2 = 0.3$，$w_3 = 0.5$。

$$\overline{X} = (1\,230 \times 0.2 + 1\,170 \times 0.3 + 1\,250 \times 0.5) + 36.67$$
$$= 246 + 351 + 625 + 36.67 = 1\,258.67（\text{万元}）$$

这种方法的优点是计算过程也比较简单，缺点是由于只选用了 n 期数据中的部分数据作为计算依据，因而代表性较差。此法适用于对销售量略有波动的产品进行预测。

（三）指数平滑法

指数平滑法本质上是一种特殊的加权平均法，它是在前期销售量的实际数和预测数的基础上，以平滑系数 a 和 $(1-a)$ 为权数进行加权，预测未来销售量的一种方法。其计算公式为：

预测销售量（额）= 平滑系数 × 前期实际销售量（额）+（1 - 平滑系数）× 前期预测销售量（额）

即：

$$F_t = aA_{t-1} + (1-a)F_{t-1} \quad (5\text{-}5)$$

式中，F_t 为预测销售量（额）；A_{t-1} 为前期实际销售量（额）；F_{t-1} 为前期预测销售量（额）；a 为平滑系数；取值范围 $0 < a < 1$。

【例 5-3】 依据【例 5-1】，该公司 20×2 年 12 月实际销售额为 1 250 万元。原来预测 12 月的销售额为 1 220 万元，平滑系数为 0.7。要求用指数平滑法预测其 20×3 年 1 月的销售额。

【解析】 20×3 年 1 月销售额 $= a \times 1\,250 + (1-a) \times 1\,220$
$= 0.7 \times 1\,250 + 0.3 \times 1\,220 = 1\,241（\text{万元}）$

平滑系数 a 取值范围一般是在 0.3～0.7 之间,平滑系数越大,则近期实际数对预测结果的影响越大;平滑系数越小,则近期实际数对预测结果的影响越小。因此,采用较大的平滑系数,预测值能反映观察值新近的变化趋势;若采用较小的平滑系数,则预测值能反映观察值变动的长期趋势。一般情况下,如果销售量波动较大或要求进行短期销量(额)预测,则应选择较大的平滑系数;如果销量的波动较小或要求进行长期销量(额)预测,则应选择较小的平滑系数。

(四)因果预测法

因果预测法一般是根据历史资料,建立相应的因果关系数学模型,用以描述预测对象的变量与相关联的变量之间的依存关系,然后通过数学模型的求解来确定预测对象在计划期的销售量(额)的方法。因果预测最常用的是回归分析法,这种方法简便易行,成本低廉。若预测对象的相关因素有两个或两个以上,需采用多元线性回归法,本书不做介绍。

回归分析法又称最小二乘法,它是根据历史的销售量 y 与时间 x 的函数关系,根据最小二乘法的原理建立回归分析模型 $y=a+bx$,从而进行销售预测。其中,a、b 为回归系数,计算公式为:

$$b = \frac{n\sum xy - \sum x \sum y}{n\sum x^2 - (\sum x)^2} \tag{5-6}$$

$$a = \frac{\sum y - b\sum x}{n} \tag{5-7}$$

然后可根据未来有关自变量 x_i 的变动情况,预测销售量(额)。因为自变量 x 为时间变量,其数值单调递增,形成等差数列,所以,可对时间值进行修正,即可令 $\sum x = 0$。

【例 5-4】 依据例 5-1,用回归分析法预测 20×3 年 1 月的销售额,根据资料计算相关数据,如表 5-2 所示。

表 5-2 相 关 数 据

月 份	相关数据			
	x	y	xy	x^2
7	-5	1 020	$-5 100$	25
8	-3	1 100	$-3 300$	9
9	-1	1 200	$-1 200$	1
10	1	1 230	1 230	1
11	3	1 170	3 510	9
12	5	1 250	6 250	25
$n = 6$	$\sum x = 0$	$\sum y = 6 970$	$\sum xy = 1 390$	$\sum x^2 = 70$

【解析】 将表 5-2 中的数据代入式(5-6)、式(5-7),得

$$b = 19.86$$
$$a = 6\ 970 \div 6 = 1\ 161.67$$

则 $y = 231.67 + 19.86x$,20×3 年 1 月的 $x = 7$。

所以,预测值 $= 1\ 161.67 + 19.86 \times 7 = 1\ 300.69$(万元)。

第三节　利润预测分析

利润是衡量企业经济效益综合性最强的指标，它不仅反映企业一定时期内的生产经营成果，也是衡量和考核企业经济效益和工作成绩的重要依据。利润预测是按照企业经营目标的要求，通过综合分析企业的内外部条件，测算企业未来一定时期可能达到的利润水平、变动趋势以及为达到目标利润所需达到的销售、成本水平的一系列专门方法。做好利润的预测分析工作，对于企业加强管理、扩大经营成果、提高经济效益有着极为重要的作用。

一、目标利润的含义

目标利润是指企业在未来一段时间内，经过努力应该达到的最优化利润控制目标，它是企业未来经营必须考虑的重要战略目标之一。企业管理者应本着既先进又合理的原则制定目标利润。

目标利润管理能够促进绩效的持续改进，是企业较高层次经营决策的依据。利润预测分析的中心任务就是要确定目标利润，即企业在未来一段期间内，经过努力应该达到的最优化利润控制目标，这是利润预测分析的第一个内容；此外，就是要反映各因素的变动对目标利润变动的影响，这就是利润变动因素敏感性分析，它是利润预测分析中所要反映的第二个内容。

利润预测分析要考虑以下因素对利润的影响。

（一）产品产销数量

在市场需求及企业生产能力确定的基础上，如果其他因素不变，那么产品的产销量与利润额保持正相关关系。即产品产销量增加，利润数额也随之增加。

（二）产品销售价格

在其他因素不变的情况下，价格与利润保持正相关关系，即价格提高，利润随之增长。但是要注意到，当与第一个因素结合在一起，共同研究对利润的影响时，产销数量与价格一般为负相关关系。因此在考虑价格因素变动对利润额的影响时，要注意从中扣除销售量逆方向的变动影响。

（三）单位产品变动成本和固定成本

出于这两个因素与利润的负相关关系，减少成本的任何一部分都会使利润提高，所以对这两种成本"双管齐下"，那么对利润的变动会有倍数提高效应。

（四）产品产销结构

当利润额反映多种产品的经营成果时，在以上各种因素都不变化的情况下，产品产销结构也能导致利润的增加或减少。

二、目标利润预测分析步骤

利润预测分析是对企业未来时期（计划期）利润的实现情况预先进行的一种科学估计和科学推测，它是编制利润预算、分解落实利润指标的前提。目标利润是未来一定时期内从事生产经营活动最优化的利润奋斗目标，是在销售预测分析的基础上，根据现有生产经营条件和未来经济发展所确定的必须达到的利润水平。

目标利润的预测分析过程主要包括以下四个步骤。

(一) 选择确定适当的利润率标准

选择确定利润率的标准，可以从以下三个方面进行。

▶ 1. 确定利润率口径

从可供选择的利润率的计算口径上看，主要包括销售利润率、产值利润率和资金利润率等。

▶ 2. 确定利润率指标的时间特征

从可供选择的利润率指标的时间特征上看，主要包括近期平均利润率、历史最高水平利润率和上级指令性利润率等。

▶ 3. 确定利润率指标的空间特征

从可供选择的利润率指标的空间特征上看，主要包括国际的、全国的、同行业的、本地区的和本企业的利润率等。

(二) 计算目标利润基数

目标利润基数可分别按以下方法计算。

▶ 1. 按销售利润率计算

$$目标利润基数 = 预定的销售利润率 \times 预计产品销售额 \tag{5-8}$$

$$销售利润率 = \frac{利润总额}{销售收入净额} \times 100\% \tag{5-9}$$

▶ 2. 按产值利润率计算

$$目标利润基数 = 预定的产值利润率 \times 预计总产值 \tag{5-10}$$

$$产值利润率 = \frac{利润总额}{工业总产值} \times 100\% \tag{5-11}$$

▶ 3. 按资金利润率计算

$$目标利润基数 = 预定的资金利润率 \times 预计资金平均占用额 \tag{5-12}$$

$$资金利润率 = \frac{利润总额}{资金平均占用额} \times 100\% \tag{5-13}$$

▶ 4. 按照损益基本方程式进行计算

$$目标利润 = 销售量 \times 销售单价 - 销售量 \times 单位变动成本 - 固定成本 \tag{5-14}$$

(三) 确定目标利润修正值

目标利润修正值是对目标利润基数的调整额，可按以下程序确定。

(1) 根据事先预计的销售量、成本、价格水平，测算可望实现的利润额并与目标利润基数进行比较。

(2) 根据本量利分析的原理，分项测算为实现目标利润基数而应采取的各项措施，即分别计算各因素的期望值，并分析其可能性。

(3) 若期望与可能相差较大，则应适当修改目标利润，以确定目标利润修正值。

(四) 确定最终目标利润并分解落实

最终确定的目标利润可按下式计算出来：

$$最终目标利润 = 目标利润基数 + 目标利润修正值$$

目标利润一经确定就应立即纳入预算执行体系，层层分解落实，以此作为采取相应措施的依据。

【例 5-5】 某公司只经营一种产品,经初步测算,单价10元,单位变动成本6元,固定成本总额12 000元,20×2年已实现销售10 000件,利润28 000元。要求:按同行业平均的资金利润率预测20×3年企业的目标利润基数,并最终确定目标利润。已知同行业平均的资金利润率为20%,预计企业资金占用额为170 000元。

要求:对该公司的目标利润进行预测分析,并最终确定目标利润。

【解析】 (1)初步测定20×3年目标利润基数＝170 000×20%＝34 000(元)。

(2)按本量利分析原理,计算20×3年为实现34 000元利润应采取的各种单项措施如下(即在考虑某一因素变动时,假定其他因素不变)。

① 实现目标利润的销售量＝(固定成本总额＋目标利润)/(单价－单位变动成本)
$$=(12\ 000+34\ 000)/(10-6)=11\ 500(件)$$

实现目标利润销售量需增加的数额＝11 500－10 000＝1 500(件)

销售量增长率＝1 500/10 000×100%＝15%

目标销售利润率＝[34 000/(11 500×10)]×100%＝29.56%

② 实现目标利润的单位变动成本＝单价－(固定成本总额＋目标利润)/销售量
$$=10-(12\ 000+34\ 000)/10\ 000=5.4(元/件)$$

实现目标利润单位变动成本需降低的数额＝6－5.4＝0.6(元)

单位变动成本降低率为0.6/6×100%＝10%

③ 实现目标利润的固定成本＝(单价－单位变动成本)×销售量－目标利润
$$=(10-6)\times10\ 000-34\ 000=6\ 000(元)$$

实现目标利润固定成本需降低的数额＝12 000－6 000＝6 000(元)

固定成本降低率＝6 000/12 000＝50%

④ 实现目标利润的单价＝(固定成本总额＋目标利润)/销售量＋单位变动成本
$$=(12\ 000+34\ 000)/10\ 000+6=10.6(元/件)$$

实现目标利润单价需提高的数额＝10.6－10＝0.6(元)

单价增长率＝0.6/10×100%＝6%

(3)在上述各个单项措施中,只要有一项能够实现,就可以完成目标利润。但由于种种原因,假定该企业无法实现上述任何一项单项措施,那么,企业还可以考虑采取综合措施。假设有管理人员提出以下措施,应进行分析计算如下。

① 为提高产品质量,需追加3%的单位变动成本投入,可使售价提高4%,那么销售量应为多少?

实现目标利润销售量期望值＝(12 000＋34 000)/[10×(1＋4%)－6×(1＋3%)]
$$=10\ 901(件)$$

实现目标利润销售量需增加的数额＝10 901－10 000＝901(件)

销售量增长率＝901/10 000×100%＝9.01%

② 假定该产品价格弹性较大,如降低价格8%,可使市场容量增长15%,而企业生产能力尚有潜力,完全可以满足市场需要,那么此时的销售量应为多少?

实现目标利润销售量期望值＝(12 000＋34 000)/[10×(1－8%)－6]
$$=13\ 475(件)$$

实现目标利润销售量需增加的数额＝13 475－10 000＝3 475(件)

销售量增长率＝3 475/10 000×100%＝34.75%

③ 如果在市场容量维持不变的情况下，追加 2 000 元固定资产的投入，可以提高自动化水平，提高人工效率，降低材料消耗，那么实现目标利润的单位变动成本应为多少？

实现目标利润的单位变动成本期望值＝10－[(12 000＋2 000)＋34 000]/10 000
＝5.2(元/件)

实现目标利润单位变动成本需降低的数额＝6－5.2＝0.8(元)

单位变动成本降低率＝0.8/6×100%≈13.33%

(4) 假定经营者在初步分析的基础上认为，上述综合措施所要求的条件难以实现，经测算比较，在市场容量维持不变的情况下，企业确定的目标利润基数与可能利润的测算数之间有一段差距，假定差异为 2 000 元。由于原来制定的利润目标太高，难以实现，建议可将目标利润修正值定为－2 000 元，此时，确定的目标利润预测值如下：

目标利润预测值＝34 000－2 000＝32 000(元)

三、目标利润预测分析方法

(一) 本量利法

企业在分析上期利润计划的完成情况，并考察下期影响利润的各种因素变动情况的基础上，就可以预测下期的目标利润。由于销售收入抵减成本以后尚有剩余才为企业的利润，因此，我们可以通过下述公式来求得企业的目标利润：

目标利润＝销售收入－(固定成本＋变动成本)
　　　　＝销售单价×销售数量－单位变动成本×销售数量－固定成本
　　　　＝边际贡献－固定成本
　　　　＝销售收入×边际贡献率－固定成本
　　　　＝(预计销售量－保本点销售量)×单位边际贡献
　　　　＝(预计销售额－保本点销售额)×边际贡献率
　　　　＝安全边际额×边际贡献率　　　　　　　　　　　　　　(5-15)

【例 5-6】 某企业预测年度盈亏临界点的销售量为 2 500 件，预计正常销售量为 4 000 件，销售单价为 50 元，变动成本为 30 元。试预测企业年度目标利润。

【解析】 目标利润＝安全边际额×边际贡献率＝(4 000－2 500)×50×(50－30)/50
＝30 000(元)

(二) 销售额比例增长法

销售额比例增长法是以上年度实际销售收入总额和利润总额以及年度预计销售收入总额为依据，按照利润与销售额同步增长的比例来确定下年度目标利润总额的一种方法。其计算公式为：

下一年度目标利润＝(1＋销售收入增长率)×基期利润　　(5-16)

【例 5-7】 某企业上年度实际销售收入达 640 万元，实现利润 56 万元。预计下年度销售收入总额为 720 万元。试预测该企业下年度的目标利润。

【解析】 下一年度目标利润＝(1＋销售收入增长率)×基期利润
＝[(1＋(720－640)/640]×56
＝63(万元)

(三)资金利润率法

资金利润率法是指企业在一定期间内实现的利润总额对其全部资金的比率。资金利润率法就是根据企业上年度的实际资金占用状况,结合下一年度的预定投资和资金利润率,确定下一年度目标利润总额的一种方法。其主要公式为:

$$下一年度目标利润=上年度资金总额\times(1+资金增长率)\times 资金利润率 \quad (5-17)$$

【例5-8】 某企业上年度固定资金和流动资金占有总额150万元,预计下年度资金占用总额比上年度增加2%,资金利润率为12%。试求该企业下年度的目标利润。

【解析】 下一年度目标利润=上年度资金总额×(1+资金增长率)×资金利用率
$$=(150+150\times 2\%)\times 12\%=18.36(万元)$$

(四)利润增长率法

利润增长率法是根据上年度已经达到的利润水平及近期若干年(通常为近三年)利润增长率的变动趋势、幅度与影响利润的有关情况在下年度可能发生的变动等情况,首先确定一个相应的预计利润增长率,然后确定下年度利润总额的一种方法。其计算公式为:

$$目标利润=上年度实际利润总额\times(1+预计利润增长率) \quad (5-18)$$

【例5-9】 某企业上年度实现利润500万元,根据过去连续三年盈利情况的分析和预算,确定下年度的利润增长率为8%。试确定该企业下年度的目标利润。

【解析】 目标利润=上年度实际利润总额×(1+预计利润增长率)
$$=500\times(1+8\%)=540(万元)$$

四、利润敏感性分析

销售量、单价、单位变动成本、固定成本等因素中的某个或某几个因素的变动,都会对利润产生影响,但是影响程度不尽一致。所谓利润的敏感性分析就是要研究相关因素的变化对利润变化的影响程度。在影响利润的各相关因素中,有的因素虽然只发生较小的变动,却导致利润发生很大变化,即利润对这些因素的变化十分敏感,这些因素称为敏感因素;有的因素变动并不算小,但利润变化并不大,即利润对这些因素的变化并不十分敏感,这些因素称为非敏感因素。显然,利润敏感性分析主要关注敏感因素,通过计算各因素的敏感系数指标,揭示利润变动百分比与各因素变动百分比之间的比例数量关系,并利用敏感系数指标进行利润预测分析。

知识链接5-2
因素分析法与敏感性分析

$$某个因素的敏感系数=\frac{利润变动百分比}{因素变动百分比} \quad (5-19)$$

式中,当敏感系数为正数时,表明它与利润同向增减;当敏感系数为负数时,表明它与利润反向增减。

若已知各因素的敏感系数,则有:

$$因素变动百分比=\frac{利润变动百分比}{某个因素的敏感系数} \quad (5-20)$$

各个因素带来的利润百分比变化之和=单价变化百分比×单价敏感系数+销售量变化百分比×销售量敏感系数+变动成本变化百分比×变动成本敏感系数+固定成本变化百分比×固定成本敏感系数 \quad (5-21)

【例 5-10】 已知某公司仅生产一种产品 A，去年的资料如下：固定成本总额为 25 000 元，单位售价为 20 元，单位变动成本为 12 元，产销量为 10 000 件，利润对销售单价、销售量、单位变动成本和固定成本的敏感系数分别是 3.64、1.45、−2.19 和 −0.45。假设今年利润对销售单价、销售量、单位变动成本和固定成本的敏感系数大致不变。

要求：(1) 如果企业今年要实现利润提高 20 个百分点，只采取单一方法如何实现？

(2) 如果企业要提高市场份额，需降价 5%，提高销量 20%，前提是增加 5% 的固定成本以改进技术，降低 6% 的单位变动成本，这种综合措施可以实现利润提高 20% 吗？

【解析】 (1) 要实现 20% 的利润增长目标，如仅采取提高单价的方法，则单价提高比率 = 20%/3.64 = 5.49%，那么新价格 = 20 × (1 + 5.49%) = 21.09(元)。

如仅采取提高销量的方法，则销量的增加比率 = 20%/1.45 = 13.79%，那么新的销量 = 10 000 × (1 + 13.79%) = 11 379(件)。

如仅采取降低单位变动成本的方法，则单位变动成本减低的比率 = 20%/2.19 = 9.13%，新的单位变动成本 = 12 × (1 − 9.13%) = 10.90(元)。

如仅采取降低固定成本的方法，则固定成本降低比率 = 20%/0.45 = 44.44%，则新固定成本 = 25 000 × (1 − 44.44%) = 13 890(元)。

(2) 综合的利润变动比率 = (−5%) × 3.64 + 20% × 1.45 + (−6%) × (−2.19) + 5% × (−0.45) = 21.7% > 20%。

所以，采取综合措施可以实现目标，方案可行。

第四节 成本预测分析

一、成本预测分析的意义

成本是衡量企业经济效益的重要指标，也是管理会计研究的主要对象之一。成本预测分析是根据企业目前的经济状况和发展目标，通过对影响成本变动的相关因素的分析和测算，对企业未来成本水平和变动趋势进行预计和推测的一种方法。成本预测分析在现代企业经营管理工作中具有十分重要的意义。

知识链接 5-3
基于成本预测的成本降低方案

(一) 成本预测分析有利于加强事前成本管理

通过成本预测分析，企业在生产经营活动开始之前，就可以确定成本的变动趋势和未来一定时期内的成本水平，把握成本控制的方向和途径，正确评价各种方案、措施可能产生的经济效果，同时为编制成本计划提供科学依据，从而将成本管理纳入事前管理的轨道，以主动的成本控制取代被动的成本控制。

(二) 成本预测分析有利于加强目标管理

在实施目标管理的过程中，目标成本管理具有举足轻重的地位。通过成本预测分析，可以确定成本与业务量之间的相互关系，为确定未来一定期间内的成本目标提供客观依据，为做好企业整个的目标管理工作奠定基础。

(三) 成本预测分析有利于加强成本控制

通过成本预测分析，能够预计出本期的产品成本水平，将这一预测值与目标成本相比较,就可以得到本期产品成本计划的完成情况。如果预计出来的成本不能达到目标成本的要求,企业就要及时采取各种控制措施,纠正偏差,以确保实现经营目标。

(四) 成本预测分析有利于制定经营决策

经营决策的正确制定,依赖于以成本为主体内容的预测信息。通过成本预测分析,可以恰当地确定有关产品的品种结构、产量界限、质量标准和材料、人工的合理消费水平,还可以准确地揭示、估计各种因素对产品成本的影响与制约。

二、成本预测分析的方法

成本预测分析的方法主要有目标成本预测法、历史成本预测法和新产品成本预测法。

(一) 目标成本预测法

目标成本是为实现目标利润所应达到的成本水平或应控制的成本限额。它是在销售预测分析和利润预测分析的基础上,结合本量利分析来预测目标成本的一种方法。预测目标成本,是为了控制企业生产经营过程中的劳动消耗,降低产品成本,实现企业的目标利润。用这种方法确定的目标成本,能够与企业的目标利润联系起来,有利于目标利润的实现。制定目标成本一般是在综合考察未来一定期间内有关产品的品种、数量、价格和目标利润等因素的基础上进行的。计算方法一般有如下几种。

▶ 1. 根据目标利润制定目标成本

$$目标成本 = 预计销售收入 - 目标利润 \tag{5-22}$$

【例 5-11】 某企业产销一种产品,预计下年度的产销量为 12 000 件,预计销售单价为 30 元/件,预计的目标利润为 40 000 元,预测该企业下年度的目标成本。

【解析】 目标成本 = 12 000 × 30 - 40 000 = 320 000(元)。

▶ 2. 根据资金利润率制定目标成本

$$目标成本 = 预计销售收入 - 资金利润率 \times 平均资金占用额 \tag{5-23}$$

【例 5-12】 某公司上年度实际固定资产平均占用额为 240 万元,全部流动资金平均占用额为 80 万元。下年度计划扩大生产规模,拟在年初购置一套价值 52 万元的新型加工设备投入生产。年初追加流动资金 8 万元,预计资金利润率为 12%,本年度预计的销售额为 228 万元。预测该企业本年度的目标成本。

【解析】 目标成本 = 228 - [(240 + 80) + (52 + 8)] × 12% = 182.4(万元)。

▶ 3. 根据销售利润率制定目标成本

$$目标成本 = 预计销售收入 \times (1 - 销售利润率) \tag{5-24}$$

【例 5-13】 某公司预计下年度销售额为 540 万元,销售利润率为 10%。预测该企业下年度的目标成本。

【解析】 目标成本 = 540 × (1 - 10%) = 486(万元)

▶ 4. 根据过去先进的成本水平制定目标成本

这种方法以本企业历史上最好的成本水平或国内外同行业同类产品的先进成本水平作为目标成本,也可以将本企业上年实际成本水平扣除行业或主管单位下达的成本降低率后,作为目标成本。这种方法的缺陷是没有将目标成本同目标利润联系起来,因此与企业的实际情况存在一定的差距。

（二）历史成本预测法

历史成本预测法也称可比产品成本预测法，适用于企业现存产品或者与现存产品相似的产品成本的预测。它是根据企业成本的历史资料和相关数据，并采用一定的方法对这些数据进行相应处理，建立相关的数学模型，并根据该模型对企业的产品成本进行预测，具体的方法有高低点法、加权平均法和回归分析法等。高低点法与回归分析法前已述及，本节主要介绍加权平均法的应用。

加权平均法主要是根据过去若干期间的单位变动成本和固定成本的加权平均值，预测计划期的产品成本。由于距计划期越近，对计划期的影响越大，其权数就应大些；反之，距计划期愈远，对计划期的影响愈小，其权数就应小些。

由于 $y=a+bx$，故计划期的总成本：

$$y = \frac{\sum wa}{\sum w} + \frac{\sum wb}{\sum w}x \tag{5-25}$$

这种方法适用于历史成本资料具有详细的固定成本总额与单位变动成本数据的企业。

【例 5-14】 某公司最近三年的成本数据如表 5-3 所示。

表 5-3　某公司最近三年的成本数据　　　　　　　　　　单位：元

年　度	固定成本总额	单位变动成本
第 1 年	60 000	40
第 2 年	65 000	36
第 3 年	70 000	30

试用加权平均法预测第 4 年生产 20 000 件的成本总额及单位产品成本。

【解析】 根据上述资料按距计划期远近分别加权，假定第 3 年加权数为 3，第 2 年加权数为 2，第 1 年加权数为 1，则

$$\begin{aligned}
y &= \frac{\sum wa}{\sum w} + \frac{\sum wb}{\sum w}x \\
&= \frac{60\,000 \times 1 + 65\,000 \times 2 + 70\,000 \times 3}{1+2+3} + \frac{40 \times 1 + 36 \times 2 + 30 \times 3}{1+2+3} \times 20\,000 \\
&= 740\,000(元)
\end{aligned}$$

预计产品单位成本 $= y \div x = 740\,000 \div 20\,000 = 37$（元/件）

（三）新产品成本预测法

新产品成本预测法也称不可比产品成本预测法。它适用于企业以往年度没有正式生产过的，成本水平无法与过去进行比较的新产品的成本预测，主要有以下两种。

▶ 1. 技术测定法

技术测定法是指在充分挖掘生产潜力的基础上，根据产品设计结构、生产技术条件和工艺方法，对影响人力、物力消耗的各项因素进行技术测试和分析计算，从而确定产品成本的一种方法。该方法比较科学，但工作量较大，较适合品种少、技术资料比较齐全的产品。

▶ 2. 产值成本法

产值成本法是指按工业总产值的一定比例确定产品成本的一种方法。产品的生产过程同

时也是生产的消耗过程,在这一过程中,产品成本体现生产过程中的资金耗费,而产值则以货币形式反映生产过程中的成果。产品成本与产品产值之间客观存在着一定的比例关系,比例越大,说明消耗越大,成本越高;比例越小,说明消耗越小,成本越低。这样,企业进行预测时,就可以参照同类企业相似产品的实际产值成本率,加以分析确定。其计算公式为:

$$某种产品的预测单位成本 = \frac{某产品的总产值 \times 预计产值成本率}{预计产品产量} \tag{5-26}$$

该方法准确性较差,但工作量小,简单易行。

第五节 资金预测分析

一、资金预测分析的意义

资金预测分析是指预测企业未来的融资需求,它是预测分析的一项重要内容。保证资金供应,合理组织资金运用,提高资金利用效果,既是企业正常运营的前提,又是企业的奋斗目标之一。

资金预测分析的主要内容是资金需要量预测,它是以预测期内企业生产经营规模的发展和资金利用效果的提高为前提,在分析有关历史资料、技术经济条件和发展规划的基础上,对预测期内的资金需要量进行科学预计和测算的一种方法。

二、资金需要量预测的步骤

为了预测资金需要量,首先应该弄清楚影响资金需要量的主要因素是什么。在一般情况下,对资金需要量影响最大的就是计划期的预计销量和销售额。这是因为,在一般情况下,企业在不同时期资金实际需要量的多少,同该时期经营业务量的大小基本上是适应的。虽然企业的生产经营活动比较复杂,影响资金变动的因素不止一个,但从较长期间来考察,特别

知识链接 5-4
资金习性预测法

是就一个特定年度或季度、月份而言,导致资金需要量发生变动的最直接、最重要的因素就是产品销售收入的变动。一般说来,在其他因素保持不变的情况下,当销售收入水平较高时,相应的资金需要量(尤其是营运资金占用量)也较多;反之,则较少。所以,良好的销售预测分析是资金预测分析的主要依据。基于此,最常用的资金需要量预测方法就是销售百分比法。所谓销售百分比法,是以未来销售收入变动率为主要参数,考虑随销售额变动的资产负债项目及其他因素的影响,从而预测未来需要追加的资金量的一种定量方法。利用销售百分比法进行资金需要量预测的步骤如下。

(一)计算未来销售收入变动率 K

$$未来销售收入变动率 K = \frac{预计销售收入 - 基期销售收入}{基期销售收入} \tag{5-27}$$

(二)分析研究资产负债表中各个项目与销售收入总额之间的依存关系

▶ 1. 资产类项目

周转中的货币资金、应收账款、应收票据和存货等项目,一般都会因销售收入的增长

而相应增加。而固定资产项目是否要增加,需要根据基期的固定资产是否已被充分利用来决定,如未被充分利用,则通过进一步挖掘其利用潜力,可产销更多的产品;如果基期对固定资产的利用已达到饱和状态,则增加销售需要扩充设备。而长期投资、无形资产等项目,一般不随销售收入的变动而变动。

▶ 2. 负债类项目

应付账款、应交税费等项目,通常会因销售收入的增长而相应增加,如果企业实行计件工资制,则应付工资项目随生产和销售的增长而相应增加,而应付票据、长期负债等项目,一般不随销售的变动而变动。

(三)确定企业提取的可利用折旧和内部留存收益

企业在生产经营过程中,往往需要对固定资产提取折旧,这部分折旧属于企业回收投资的资金,扣除用于固定资产更新改造后的余额可以用以弥补生产经营中资金的不足,从而加快资金的周转。企业除了利用折旧外,还可以利用企业内部的留存收益,在筹措资金时将内部留存收益考虑进去,可以优化资金的使用率。要确定企业内部的留存收益就必须准确地预测企业的年度利润和股利分配率。

(四)估计企业零星资金的需要量

除了上述因素还要考虑到企业零星资金的需要量,因为这部分资金可以保障企业在日常经营活动中的零星支出。这个因素若不能准确预测,很可能造成企业资金供应不足,从而影响到企业的正常生产经营活动。

(五)综合上述指标因素,求出企业需要追加的资金量

$$\Delta F = K \cdot (A - L) - D - R + M \tag{5-28}$$

式中,ΔF 表示预测期预计需要追加资金的数量;K 表示未来销售收入变动率;A 表示基期与销售收入相关的资产项目金额;L 表示基期与销售收入相关的负债项目金额;D 表示预测期净折旧额,即预测期折旧提取数额减去预测期内固定资产更新改造的资金数额;R 表示预测期预计净利润与预计发放股利之差;M 表示预测期的新增零星资金需要量。

【例 5-15】 某公司基期销售收入总额为 300 000 元,获得税后净利润 25 000 元,发放股利 6 000 元,基期厂房设备利用率已达饱和状态,该公司基期末简略资产负债表如表 5-4 所示。若该公司计划年度销售收入总额达到 450 000 元,并仍按基期股利发放率支付股利,预计计划期折旧额为 15 000 元,其中 50% 预计用于更新改造,又假定零星资金追加量为 6 000 元。试用销售百分比法预测计划期间需追加的资金数量。

表 5-4 某公司基期末简略资产负债表 单位:元

资产		负债及所有者权益	
资产:		负债:	
现金	10 000	应付账款	52 500
应收账款	35 000	应付票据	8 500
存货	60 000	长期负债	55 000
厂房设备	100 000	所有者权益:	
无形资产	50 000	股本	120 000
		留存收益	19 000
合计	255 000	合计	255 000

【解析】
$$K=(450\,000-300\,000)\div 300\,000\times 100\%=50\%$$
$$A=10\,000+35\,000+60\,000+100\,000=205\,000(元)$$
$$L=52\,500(元)$$
$$D=15\,000\times(1-50\%)=7\,500(元)$$
$$R=450\,000\times\frac{25\,000}{300\,000}\times\left(1-\frac{60\,000}{250\,000}\right)=28\,500(元)$$
$$M=6\,000(元)$$
$$\Delta F=(205\,000-52\,500)\times 50\%-7\,500-28\,500+6\,000=46\,250(元)$$

本章小结

预测分析就是运用科学方法有目的地预计和推测事物发展的必然性和可能性的过程。企业预测分析包括销售预测分析、成本预测分析、利润预测分析和资金预测分析。按预测的性质分类，可分为定性预测分析和定量预测分析。

预测分析的程序包括明确预测目标、收集整理资料、选择预测方法、进行预测、分析预测误差、修正预测结果。

预测分析方法包括定量分析法和定性分析法两大类，具体应用时主要有趋势预测分析法和因果预测分析法。

销售预测分析主要有算术平均法、移动加权平均法和指数平滑法。

利润预测分析主要包括目标利润的预测和利润敏感性分析。

成本预测分析主要是确定目标成本，在此基础上预测成本的发展趋势，最后修订目标成本。

资金预测分析主要是资金需要量的预测，常用的方法是销售百分比法。

思考与练习

一、简答题

1. 什么是预测分析？其内容有哪些？
2. 什么是销售预测？如何进行？
3. 什么是利润预测？其方法有哪些？
4. 什么是成本预测？如何进行目标成本预测？
5. 如何进行资金追加需要量预测？

二、计算分析题

1. 某公司专门生产空调压缩机，假设近 5 年全国空调市场的实际销售量的统计资料和该公司空调压缩机的实际销售量资料如表 5-5 所示。

表 5-5　基础数据表

项　　目	2018 年	2019 年	2020 年	2021 年	2022 年
压缩机销售量/万件	25	30	36	40	50
空调销售量/万台	120	140	150	165	180

要求：(1)用算术平均法预测 2023 年该公司空调压缩机的销售量。

(2)假设各年的权数依次是 0.1，0.1，0.2，0.2，0.4，用加权平均法预测 2023 年该公司空调压缩机的销售量。

2. 某公司 20×2 年 A 产品销售收入为 1 181 700 元，销售成本为 900 000 元，销售利润为 281 700 元。通过市场调查和内部强化控制，预计 20×3 年公司经营将出现以下变化：

(1)由于销售量增加，销售成本按上年水平计算将增加 10%；

(2)由于产品质量提高，A 产品的销售价格将由每件 100 元(20×1 年销售量为 5000 件)升至每件 110 元。

要求：采用因素分析法确定 20×3 年该公司的销售利润。

3. 某公司 20×2 年 12 月 31 日简略式资产负债表如表 5-6 所示。

表 5-6　资产负债表　　　　　　　　　　　　　　　　单位：元

资产		负债及所有者权益	
现金	20 000	应付账款	100 000
应收账款	170 000	应付票据	50 000
存货	200 000	长期负债	230 000
厂房设备(净额)	300 000	股本	400 000
无形资产	110 000	留存收益	20 000
合计	800 000	合计	800 000

该公司 20×2 年实现销售 1 000 000 元，获净利润 40 000 元并发放了 20 000 元股利，20×3 年计划销售额将达到 1 600 000 元。假定其他条件不变，仍按基期股利发放率支付股利，按计划提取折旧 40 000 元，其中 70% 用于当年更新改造开支；厂房设备生产能力已经饱和；有关零星资金需要量为 28 000 元。试用销售百分比法预测 20×3 年追加资金的需要量。

在线自测

扫描封底刮刮卡　　获取答题权限

第六章 决策分析

> **学习目标**
> 1. 掌握决策的定义及分类。
> 2. 了解决策的一般程序。
> 3. 了解风险型决策常用的方法,掌握非确定型决策常用的方法。

经营预测可为经营决策提供科学的依据。经营预测是为经营决策服务的,它是经营决策的基础。经营预测着重于提供一定条件下企业生产经营各个方面未来可能实现的数据,而经营决策则以经营预测为基础,通过分析、权衡利害得失,从中选取最为满意的(可行的)方案。因此,经营预测是经营决策的先导,是经营决策科学化的前提。没有科学可靠的预测,企业难以做出符合客观实际的科学决策。在实际工作中,企业只有将经营预测与经营决策有机结合,才能取得良好的效果。因此,经营决策是经营预测的必然延伸。

第一节 决策分析概述

一、决策的概念

现代管理理论认为,管理的重心在于经营,经营的重心在于决策。可见,决策的正确与否关系到企业未来发展的兴衰成败。所谓决策是指为了达到预定的目标,对未来经济活动的若干备选方案进行比较分析,最终选择一个最优方案的过程。企业决策不仅是领导拍板做决定的瞬间行为,更是一个提出问题、分析问题和解决问题的系统分析过程。企业决策分析贯穿于企业经营活动的始终,在企业经营管理活动中居于核心地位。正确理解企业决策分析,应注意决策分析的以下特征。

知识链接6-1
决策的意义

(一) 决策具有目的性

决策是为了达到一个既定的目标,如实现目标利润、目标成本等。如果没有明确的目标,决策便无方向。

(二) 决策具有科学性

决策并非主观臆断,而是在认识客观规律的基础上做出的决定。

(三) 决策具有选择性

决策必须具有两个或两个以上的方案可供选择,如果方案唯一,则无须决策。

（四）决策具有决定性

决策必须解决问题，选择最优方案，这一最终决定要按决策问题的重要程度由企业的各级管理者完成，会计人员只是为管理者的最终决定提供信息资料。

二、决策分析的原则和程序

（一）决策分析必须遵循的原则

为保证企业决策的正确性和有效性，企业管理者和决策者在做出决策时，应当遵循必要的原则，否则决策的难度和风险将会增加，不利于企业决策的实施。这些原则包括以下几个方面。

▶ 1. 信息可靠原则

决策要以相关信息为依据，收集与决策相关的信息贯穿于决策的整个程序之中。掌握充分、准确、及时和相关的信息是进行科学决策的必要前提和条件。因此，决策过程中企业搜集信息必须遵循可靠原则，保证信息全面、准确、完整，使得决策更有说服力。

▶ 2. 效益性原则

决策是一个选择的过程，是一个分析对比、综合判断的过程，需以择优为原则。所谓"择优"，即决策时，决策者应当考虑决策结果能够使企业经济效益和社会效益达到最优的组合，以满足企业长久的发展。

▶ 3. 充分利用资源原则

经济学原理告诉我们，资源是稀缺的。现代企业的生产经营活动必须取得并利用一系列的人力、财力和物力资源。在正常情况下，资源条件就是决策方案实施的客观制约因素。因此，在决策中为了促使决策方案的实施具有客观基础，就必须以最充分和最合理地利用资源为原则。从另一个方面来说，企业决策所提供的方案必须符合企业实际的资源条件，不能是"无源之水，无本之木"。这样，决策最终所选择的方案才能更好地应用于实际工作中，否则将难以落实。

▶ 4. 合法性原则

市场经济是法制经济。企业在做出决策时，应当遵循必要的法律、法规和国家的有关规定，而不能只考虑自身的经济效益。

（二）决策分析的程序

为了保证决策的可行性和准确性，企业在决策过程中必须要按照科学的程序进行，这样才能使企业的决策更加科学。决策的过程总体上说，就是一个提出问题、分析问题、解决问题的过程。

▶ 1. 提出问题，确定决策目标

确定决策目标是进行决策的前提，即明确该项决策要解决什么问题，达到什么目的。决策的目标应当具有目标成果的可计量性（定量性）、目标实现的可能性和目标责任的明确性三个特点。

▶ 2. 收集相关决策资料

决策资料是否正确和充分，直接影响到决策分析的质量。决策资料的来源，一方面是原始的统计资料和会计资料，另一方面是经过加工的会计信息和预测资料。

3. 拟定备选方案

企业根据确定的决策目标和搜集的相关资料，综合考虑内外环境中各种可控和不可控因素，拟定能够达到目标的各种备选方案。

4. 选择和确定方案

对各备选方案进行评价比较，考虑到可行性、详尽性、定量与定性分析结合等因素，从中选择一个最优方案。但要注意的是，绝对最优的方案是很难找到的，所谓"最优方案"是指基本令人满意、相对优化合理的方案。

5. 方案的实施与反馈

在方案的执行过程中，必须将执行中出现的偏差及时反馈给决策者，以便决策者采取有效措施来修正备选方案，保证决策目标的圆满实现。

三、决策的类型

决策按不同标准可划分为不同类型，不同类型的决策所需收集的信息、思考的重点及采用的专门方法有所不同。

（一）按决策的重要程度划分

按照决策的重要程度分类，决策可分为战略决策和战术决策。

1. 战略决策

战略决策是指对关系到企业未来发展方向、全局性重大问题所进行的决策，如企业经营目标的制定、品牌战略、人才战略等的决策。这类决策取决于企业的长远发展规划及外部环境对企业的影响，其决策正确与否对企业成败具有决定性意义。

2. 战术决策

战术决策是指企业具体部门在未来较短时期内，对日常经营管理活动所采取的方法与手段的局部性决策，如零部件的自制与外购决策、半成品是否深加工决策等。这类决策主要考虑怎样使现有的人力、物力、财力资源得到合理和充分地利用，决策的正确与否，一般不会对企业的大局产生决定性影响。

（二）按决策条件的确定程度划分

按照决策条件的确定程度划分，决策可分为确定型决策、风险型决策和不确定型决策。

1. 确定型决策

确定型决策是指决策所涉及的各种备选方案的各项条件都是已知的，且一个方案只有一个确定的结果。这类决策比较容易，只要进行比较分析即可。

2. 风险型决策

风险型决策所涉及的各种备选方案的各项条件虽然也是已知的，却是不完全确定的，每一方案的执行都可能会出现两种或两种以上的不同结果，决策者知道每种结果可能发生的概率。这类决策由于结果的不唯一性，存在一定风险。

3. 不确定型决策

不确定型决策与风险型决策所知的条件基本相同，但不确定型决策的各项条件无法确定其客观概率，只能以决策者凭经验判断确定的主观概率为依据，所以这类决策比风险型决策难度还大。

(三) 按决策期限的长短划分

按决策期限的长短划分，决策可分为短期决策和长期决策。

▶ 1. 短期决策

短期决策也称短期经营决策，是指一个经营年度或经营周期内能够实现其目标的决策。它的主要特点是充分利用现有资源进行战术决策，一般不涉及大量资金的投入，且见效快。短期经营决策的内容较多，如零件自制还是外购的决策、用不同工艺进行加工的决策、生产哪种产品的决策等。

▶ 2. 长期决策

长期决策也称长期投资决策，是指对超过一个经营年度或经营周期的重大投资活动进行的决策。该类决策的特点是所涉及的方案影响期较长，发生次数少，资金投入大，风险高，如固定资产的新建、扩建或改建的决策，固定资产大修或更新的决策以及固定资产租赁或外购的决策等。

(四) 按决策方案之间的关系及决策程序划分

按决策方案之间的关系及决策程序划分，决策可分为独立项目决策、互斥项目决策、或有项目决策。

▶ 1. 独立项目决策

如果一个项目的取舍并不影响对其他项目的考虑，这个项目就称为独立项目。当一个企业没有资金限制时，两个不相关的项目就是独立项目。对这类项目方案的决策就称为独立项目决策，如是否在某地设置销售机构决策等。

▶ 2. 互斥项目决策

如果一个项目的进行会排除其他项目的进行，这个项目就是互斥项目，如在某地要建立加工厂，就不能建办公楼，加工厂和办公楼不能在同一地点同时修建，这两个项目就是互斥项目。这种在两个或更多的相互排斥方案间所进行的决策活动就是互斥方案的决策。

▶ 3. 或有项目决策

如果一个项目的接受与否取决于其他项目是否进行，就称为或有项目，如一个工厂的建设，首先要进行道路设施的建设。对这些或有事项进行的决策活动就称为或有项目决策。

(五) 按决策对象的经济内容划分

按决策对象的经济内容划分，决策可分为销售决策、生产决策、投资决策。

▶ 1. 销售决策

销售决策是指对企业产品销售价格、数量、销售渠道等进行的一系列决策。

▶ 2. 生产决策

生产决策是指对企业产品的品种、产量、组合结构、生产工艺、生产能力利用等方面所进行的决策。

▶ 3. 投资决策

投资决策是指企业对扩大生产规模、构建和更新固定资产等方面所进行的决策。

第二节　投资决策的基本方法

一、风险型决策常用的方法

风险型决策的特点是决策者对即将出现的自然状态的变化不能完全肯定，决策者只能在这两种或两种以上的决策方案中进行选择，同时根据实际情况和经验，估计这些方案出现的概率。决策树分析法是一种常用的应对风险型决策的方法。

知识链接 6-2
概率分析法

决策树是指在决策过程中把各种方案以及可能出现的状态、后果，用树枝形的图形表示出来，然后进行选择和判断，如图 6-1 所示。

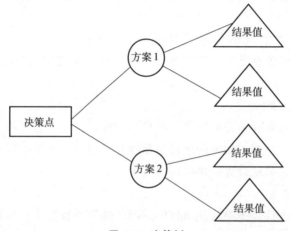

图 6-1　决策树

【例 6-1】 某企业要对经营一种新产品进行决策，该产品畅销和滞销的概率各占 50%，备选的决策方案有三种：大批经营、小批经营和不经营。各方面的可能利润如表 6-1 所示。

表 6-1　各个销售方案的利润期望值

销售情况	概　率	大批经营/元	小批经营/元	不经营/元
畅销	0.5	10 000	5 000	0
滞销	0.5	−25 000	−3 000	0

要求：采用哪种方案更加有利？

【解析】 上述题目是一个典型的风险型决策。企业的方案已经有了，而且每种方案的概率也估计出来了，现在要解决的问题就是如何做出决策。我们可以使用决策树法来进行解决。首先绘制决策树图形，如图 6-2 所示。其次，计算多点的收益期望值。

大批经营：$10\,000 \times 0.5 + (-25\,000) \times 0.5 = -7\,500$（元）

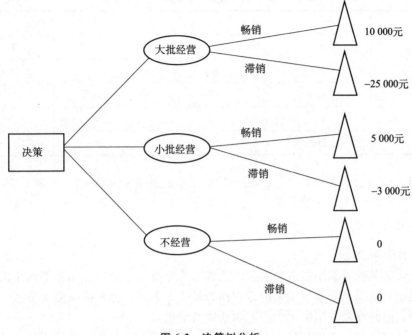

图 6-2　决策树分析

小批经营：5 000×0.5+(−3 000)×0.5＝1 000(元)

不经营：0×0.5+0×0.5＝0

最后，根据上述计算得出结论，小批经营的收益最大，而大批经营会导致亏损，说明应当选择小批经营的销售策略。

二、非确定型决策常用的方法

因为非确定型决策的影响因素和其出现的概率都不能确定，因此，我们在决策的时候应当采取适合非确定型决策的方法。这些方法主要包括大中取大法、小中取大法、大中取小法和折中决策法等，统称为非概率分析法。该方法可以应用于非确定型的短期经营决策和长期投资决策。

(一) 大中取大法

大中取大法又称为最大的最大收益值法或乐观分析法，指在几种不确定的随机事件中选择最有利情况下收益值最大的方案作为最优选择方案的一种非概率分析方法。

这种方案实际是决策者对未来抱有乐观态度所采用的一种方法。其程序是：首先从每个方案中取一个最大收益值，然后从这些最大收益值方案中选择一个最大值，该最大值方案就是最优方案。但是，在实际工作中，客观情况的变化是非常复杂的，因此，这种决策方法也是具有很大风险的。

【例 6-2】　某企业拟开发新产品，由于缺乏原材料，企业对这种产品的销路只能大致估计为四种情况：畅销、较好、一般和滞销。对这四种情况出现的概率无法预测。A、B、C、D 四个方案的收益情况如表 6-2 所示。

表 6-2　某企业开发新产品的利润及亏损表　　　　　　单位：万元

决策方案	市场需求状况			
	畅销	较好	一般	滞销
A	750	300	－400	－600
B	850	320	－500	－800
C	300	220	40	－120
D	380	180	90	10

【解析】　根据以上资料，首先，找出每个方案的最大收益值：A 方案为 750 万元，B 方案为 850 万元，C 方案为 300 万元，D 方案为 380 万元。其次，从四个方案中，选取其中收益值最大的方案 B 作为最优方案。

（二）小中取大法

小中取大法又称为最小的最大收益值法或悲观分析法，是指在几种不确定的随机事件中，选择最不利情况下收益值最大的方案作为最优方案的一种非概率分析方法。该方法由瓦尔德首创，因此在西方国家也称为瓦尔德决策准则。

该方法的程序是：首先从每个方案中选出一个最小的收益值，然后再从中选出一个收益值最大的方案作为决策方案。

【例 6-3】　资料承【例 6-2】所示，如果用小中取大法做出决策，其分析程序如下。

【解析】　首先，从四个方案中选出各个方案的最小收益值：A 方案为－600 万元，B 方案为－800 万元，C 方案为－120 万元，D 方案为 10 万元。

其次，以上述最小收益值中的最大者为最优方案。通过比较可以看出，D 方案是这些最小收益值方案中收益值最大的方案，所以 D 方案应当为最优决策方案。

（三）大中取小法

大中取小法又叫最小的最大后悔值法或后悔值分析法，是指在几种不确定的随机事件中选择最大后悔值中最小值的方案作为最优方案的一种非概率分析方法。这种方法最初为萨凡奇所用，所以在西方国家也称为萨凡奇决策准则。

由上例可以看出，当某一种自然状态出现时，就可以很清楚地看出哪一个方案是最优方案。如果决策者没有采用这一方案，而采用了其他方案，这时就会感到后悔。最优方案的收益值与所采用的方案收益值之差，叫作后悔值。以下举例说明该方法的应用过程。

【例 6-4】　资料承【例 6-2】所示，如采用大中取小法做出决策，其分析程序如下。

【解析】　首先，找出在不同自然状态下（畅销、较好、一般和滞销）各个方案的最大收益值：畅销为 850 万元，较好为 320 万元，一般为 90 万元，滞销为 10 万元。

其次，计算在不同自然状态下的各个方案的后悔值，其计算公式为：

方案的后悔值＝最大收益值－该方案的收益值

其计算过程如表 6-3 所示。

表6-3 大中取小分析表　　　　　　　　　　　　　　　　单位：万元

决策方案	市场需求状况			
	畅销	较好	一般	滞销
A	850－750＝100	320－300＝20	90－（－400）＝490	10－（－600）＝610
B	850－850＝0	320－320＝0	90－（－500）＝590	10－（－800）＝810
C	850－300＝550	320－220＝100	90－40＝50	10－（－120）＝130
D	850－380＝470	320－180＝140	90－90＝0	10－10＝0

由以上计算过程可以看出，A方案的最大后悔值为610万元，B方案的最大后悔值为810万元，C方案的最大后悔值为550万元，D方案的最大后悔值为470万元。最后，再从各个方案的最大后悔值中，选择最小的最大后悔值为最优方案。因此，D方案为最优方案。

（四）折中决策法

折中决策法又叫适度分析法，是在确定乐观系数 α 并计算出各种方案预期价值的基础上，选择各个备选方案中预期价值最大的方案作为最优方案的一种非概率分析方法。

该方法的程序是：首先确立乐观系数的数值 α。该系数的取值范围是 $0 \leqslant \alpha \leqslant 1$，如果 α 取值接近1，则比较乐观；如果接近于0，则比较悲观。因此，决策者应当采用结合实际的态度来确定 α，既不能过于乐观，也不能过于悲观。然后计算各个备选方案的预期价值。其计算公式如下：

某备选方案的预期价值＝α×该方案最高收益值＋$(1-\alpha)$×该方案最低收益值　（6-1）

最后，从各个备选方案中选出预期价值最大的方案作为最优方案。

【例6-5】 资料承【例6-2】所示，如采用折中法做出决策，其分析如下。

【解析】 首先估计乐观系数 α 为0.5。

其次，计算四个方案的预期价值：

A方案的预期价值＝0.5×750＋(1－0.5)×(－600)＝75(万元)
B方案的预期价值＝0.5×850＋(1－0.5)×(－800)＝25(万元)
C方案的预期价值＝0.5×300＋(1－0.5)×(－120)＝90(万元)
D方案的预期价值＝0.5×380＋(1－0.5)×10＝195(万元)

比较计算结果，D方案收益值最大，所以选择D方案为最优方案。

本章小结

决策是指为实现预定目标，在科学预测的基础上，对未来经济活动的若干备选方案进行比较分析，最终做出科学判断的过程。按决策的重要程度，决策可分为战略决策和战术决策；按决策条件的确定程度，决策可分为确定型决策、风险型决策和不确定型决策；按决策期限的长短可分为短期决策和长期决策；按决策方案之间的关系及决策程度划分，可分为独立项目决策、互斥项目决策、或有项目决策；按决策对象的经济内容可分为销售决策、生产决策、投资决策。

风险型决策常用的基本方法是决策树法，决策树是指在决策过程中把各种方案以及可能出现的状态、后果，用树枝形的图形表示出来，然后进行选择和判断。因此，这种方法被称为决策树法。非确定型决策常用的方法包括大中取大法、小中取大法、大中取小法、折中决策法。

思考与练习

一、简答题

1. 什么是决策？简述决策的分类。
2. 简述决策的一般程序。
3. 风险型决策和非确定型决策常用的方法是什么？举例说明并分析其原理。

二、计算分析题

某商场为扩大经营，拟定了三种方案，各个方案在三种自然状态下可能造成的损益估计如表 6-4 所示。

表 6-4　三种方案在自然状态下可能造成的损益　　　　　单位：万元

经营方案	自然状态		
	畅　销	一　般	滞　销
方案 1	400	150	－69
方案 2	500	300	－120
方案 3	200	130	20

要求：（1）采用大中取大法分析哪种方案为最优方案。
（2）采用小中取大法分析哪种方案为最优方案。
（3）采用大中取小法分析哪种方案为最优方案。
（4）采用折中决策法分析哪种方案为最优方案（假定乐观系数 α 为 0.7）。

在线自测

第七章 短期经营决策分析

> **学习目标**
> 1. 理解短期经营决策分析的相关成本与无关成本，相关收入与无关收入。
> 2. 掌握短期经营决策分析中生产决策和定价决策等方法的应用，并能熟练地进行决策分析。

对于现代企业来说，管理的重心在于经营，而经营的重心在于决策。规划和控制企业的经济活动有赖于科学的决策分析，而决策的正确与否关系到企业经营的成败。企业的决策问题可以按照多种标准分类，其中按照决策时间可以分为长期投资决策分析和短期经营决策分析。本章主要讨论短期经营决策分析。

第一节 短期经营决策分析的相关概念

一、短期经营决策分析的概念

短期经营决策分析是指涉及一年或一年以内的有关企业生产经营的决策，其特点是一般不需要投资，不改变企业现有生产经营能力。其目的在于通过决策，改善现有生产经营能力，提高经济效益。短期经营决策分析主要包括零部件自制还是外购的决策、用不同工艺进行加工的决策、生产哪种产品的决策、新产品开发的决策、在利用现有生产经营能力的情况下接受追加订货的决策、半成品进一步加工或出售的决策、亏损产品应否停产的决策、最优生产批量的决策以及产品定价决策等。

二、相关收入与相关成本

经营决策中，在比较分析不同备选方案时，需要计算各方案的收入和成本，从而根据各方案经济效益的大小确定最优方案。影响短期经营决策方案经济效益大小的重要因素主要有相关收入和相关成本。

（一）相关收入

相关收入又称有关收入，是指与特定决策方案相联系的、能对决策产生重大影响的、在短期经营决策分析中必须予以充分考虑的收入。如果某项收入只属于某个经营决策方案，即若这个方案存在，就会发生这项收入，若该方案不存在，就不会发生这项收入，那么这项收入就是该方案的相关收入。相关收入的计算，要以特定决策方案的单价和相关销售量为依据。与相关收入相对应的概念就是无关收入,如果无论是否存在某个经营决策方案,某项收入均会发生,则该项收入为无关收入。显然,无关收入在经营决策中无须考虑,否则,就可能导致决策失误。

(二) 相关成本

相关成本又称有关成本,是指与特定决策方案相联系的、能对决策产生重大影响的、在短期经营决策分析中必须予以充分考虑的成本。若某方案采用,该成本就发生,否则该成本就不会发生,这样的成本就是该方案的相关成本。相关成本主要包括差量成本、机会成本、专属成本、边际成本、重置成本、付现成本、可延缓成本、可避免成本等。

无关成本是指无论方案采用与否都注定要发生或已经发生的成本。由于无关成本对有关备选方案的取舍不存在影响,所以在短期经营决策分析中可以不予考虑,否则可能会导致决策失误。无关成本主要包括沉没成本、共同成本、联合成本、不可延缓成本、不可避免成本等。

了解和区分哪些成本是相关成本,哪些是无关成本,对于短期经营决策分析十分重要。下面就各相关成本与无关成本的对应关系,详细说明各项成本的性质。

▶ 1. 差量成本与边际成本

差量成本有广义和狭义之分。广义的差量成本是指一个备选方案的预期成本与另一个备选方案的预期成本之差。例如,某公司全年需要 800 件甲零件,可以外购也可以自制。如果外购,单价为 6 元;如果自制,则单位变动成本为 7 元,固定成本 300 元。外购或是自制的成本计算如表 7-1 所示。

表 7-1　广义的差量成本　　　　　　　　　　　　　　　　单位:元

项　　目	外购方案	自制方案	差 量 成 本
采购成本	800×6=4 800	—	
变动成本	—	7×800=5 600	
固定成本		300	
总成本	4 800	5 900	1 100

由于外购总成本比自制总成本低 1 100 元,即差量成本为 1 100 元,在其他条件不变时,应选择外购方案。

狭义的差量成本是指由于生产能力利用程度的不同而形成的成本差额,即由于产量不同而形成的成本差额,也称为增量成本。在相关范围内,某一决策方案的增量成本就是由于业务量增加而增加的相关变动成本。在短期经营决策分析中,增量成本是较为常见的相关成本。例如,某企业生产 A 产品,最大生产能力为年产量 10 000 件,现生产能力利用率为 80%,A 产品单位变动成本为 3 元,年固定成本为 6 000 元,若以年产量 8 000 件为基础,每增加 1 000 件产品的生产量而增加的增量成本如表 7-2 所示。

表 7-2　狭义的差量成本　　　　　　　　　　　　　　　　单位:元

产量/件	总　成　本		产量增加 1 000 件的增量成本		单位成本		产量增加 1 000 件的单位增量成本	
	固定成本	变动成本	固定成本	变动成本	固定成本	变动成本	固定成本	变动成本
8 000	6 000	24 000	—	—	0.75	3		

续表

产量/件	总 成 本		产量增加 1 000 件的增量成本		单位成本		产量增加 1 000 件的单位增量成本	
	固定成本	变动成本	固定成本	变动成本	固定成本	变动成本	固定成本	变动成本
9 000	6 000	27 000	0	3 000	0.67	3	−0.08	0
10 000	6 000	30 000	0	3 000	0.6	3	−0.07	0

通过以上计算可以看出，在相关范围内，即产量不超过其最大生产能力10 000件时，固定成本总额不随产量的变动而变动，所以，每增加1 000件产品的生产而追加的成本额为变动成本3 000元。单位成本中的固定成本则呈降低的趋势。

边际成本的概念来源于经济学，是指当业务量发生微小变动时所引起的成本变动额。但在实际经济生活中，业务量的微小变动只能小到一个经济单位，如一件或一台产品等。因此，管理会计中，边际成本就是指业务量增加或减少一个单位所引起的成本变动额。在相关范围内，增加或减少一个单位所引起的成本变动，就是产品的单位变动成本。所以，在相关范围内，边际成本实质上就是单位变动成本。边际成本是增量成本的特殊形式。

▶ 2. 机会成本与估算成本

机会成本是指在决策分析过程中，从多个备选方案中选择一个最优方案，而放弃次优方案所丧失的潜在利益就称为已选中最优方案的机会成本。因此，以次优方案的可能收益作为中选最佳方案的"所失"，可以全面评价决策方案所得与所失的关系。例如，在是否接受特殊价格追加订货的决策中，对于接受订货的方案来说，因为加工能力不足而放弃追加订货所放弃的有关收入也属于机会成本。机会成本并非实际支出，故在财务会计核算中不能入账。但由于资源的有限性，为充分利用资源效益，企业在决策过程中应将其作为相关成本来考虑。但是，如果某项资源只有一种用途，没有其他选择机会，那么它就没有机会成本。

估算成本也称为假计成本，属于机会成本的特殊形式，是指需要经过假定推断才能确定的机会成本。估算成本的典型形式就是利息。如在货币资金使用的决策中，不论该资金是自有的还是借入的，也不论其是否存入银行，均可将该项资金可能取得的存款利息视为该项资金的机会成本。这种假设存在的利息就是估算成本。

▶ 3. 付现成本与沉没成本

付现成本是指因选择和实施某项决策方案，必须立即或在近期用现金支付的成本。当企业货币资金比较拮据，筹措又有困难的情况下，企业往往对付现成本比对总成本更为重视，即以付现成本最小的方案来代替总成本最低的方案。例如，企业生产产品需要立即购买5 000个零件，但企业资金比较紧张，银行也不同意提供更多贷款，在该情况下，有两家供应商可供选择：A供应商提出的零件单价为5元/件，共计25 000元，要求全额立即现金支付；B供应商提出的零件单价为5.4元/件，共计27 000元，可以现金支付3 000元，其余分期12个月偿还。基于这种情况，由于企业短期流动资金困难，为减轻付现压力，一般会选择付现成本较低的方案。

沉没成本是指由于过去决策所引起并已经实际支付过款项的成本。一般情况下，企业大多数固定成本，如固定资产折旧、无形资产的摊销等都属于沉没成本；但并不是所有的固定成本或折旧费都属于沉没成本，如与决策有关的新增固定资产的折旧费就属于相关成本。另外,某些变动成本也属于沉没成本,如在半产品是否深加工的决策中,半成品本身加工过程中的固定成本和变动成本均为沉没成本。由于沉没成本无论企业现在如何决策都无法改变或挽回,因此企业应将沉没成本视为决策的无关成本,在决策时及时排除,不予考虑。

▶ 4. 专属成本与共同成本

专属成本是指那些能够明确归属于某种产品、某批产品或某个部门的固定成本。没有这些产品或部门,就不会发生这些成本,所以专属成本是与特定的产品或部门联系的成本。专属成本往往是为了弥补生产能力不足的缺陷,增加有关装置、设备、工具等长期资产而发生的。若企业拟增加设备扩大生产能力,如采用购买方式,则专属成本就是购买该设备的支出;若采用租入方式,则专属成本就是租入设备的租金。在实际决策分析中,凡属于某一方案新增加的固定成本都可确认为专属成本。专属成本是决策的有关成本。

共同成本是与专属成本相对立的成本,是指为多种产品的生产或为多个部门而发生的,应由这些产品或部门共同负担的成本。如企业管理部门固定资产的折旧费、管理人员工资等。由于它的发生与特定方案的选择无关,因此,在决策中可以不予考虑。

▶ 5. 重置成本与历史成本

重置成本是指一项资产从当前市场上重新取得所需支付的成本。例如,某企业库存 A 产品的账面成本为 200 元,但由于市场环境的变化,该产品的重置成本为 250 元,现在制订 A 产品的售价如按实际成本考虑则定为 220 元,账面可获利 20 元,但企业在产品出售后再重新购买它,每单位至少要花费 250 元,所以企业是入不敷出的。由此可见,在短期经营决策分析的定价决策中,需要考虑将重置成本作为相关成本。

历史成本是指根据过去实际发生的支出而计算的成本,也称为"实际成本",即传统的财务会计所使用的成本概念。

▶ 6. 可避免成本与不可避免成本

可避免成本,是指其发生与否及发生金额的多少都会受企业管理当局决策影响的成本,如广告费、职工培训费等"酌量性固定成本",受到决策的直接制约,属于比较典型的相关成本。

不可避免成本是与可避免成本相对立的成本,是指在企业经营过程中必然发生的,企业决策行为不能改变其发生金额的成本。由于不可避免成本的发生具有必然性,注定要发生,只能保证对其顺利支付,因此在短期经营决策分析中可以不予考虑。如企业现有固定资产的折旧费、管理人员工资等"约束性固定成本",都属于不可避免成本。

▶ 7. 可递延成本与不可递延成本

可递延成本是指在短期经营决策分析中若对其暂缓开支,不会对企业未来生产产生重大不利影响的成本。这类成本有一定的弹性,当企业人力、物力、财力负担有限时,即使推迟其发生,也不至于影响企业的大局。例如企业为了改善职工福利,决定在新的年度里建一座新的职工宿舍,估计花费 1 000 万元,如果在新的年度里企业由于某些原因而造成资金紧张,则企业管理者可以对这一方案延期,并且这样的决定并不会给企业的生产经营造成损失。因此,建设职工宿舍所可能的花费就是可递延成本。

不可递延成本是与可递延成本相对立的成本,指在短期经营决策分析中,若对其暂缓开支会对企业未来生产产生重大不利影响的成本。由于不可递延成本在发生时间上具有较强的刚性,即使在企业财力有限的情况下,也必须及时保证对不可递延成本的支付,别无选择，属于无关成本，所以在短期经营决策分析中可以不予考虑。

▶ 8. 可分成本与联合成本

可分成本是指在联产品生产决策中必须考虑的、由于对已分离的联产品进行深加工而追加发生的变动成本。它的计算通常要考虑单位可分成本与相关的联产品深加工后的单位增量收入两大因素。在决策中，只要将可分成本与加工后所能增加的增量收入进行对比，就可做出是否进一步加工的决策。

联合成本是与可分成本相对立的成本，是指在未分离的联产品生产过程中发生的、应由所有联产品共同负担的成本。因此，联合成本是属于无关成本，在是否进一步加工的决策中无须考虑。

第二节 短期经营决策分析的基本方法

企业决策可以采用的方法有多种，可根据决策对象的具体内容和性质做出选择。其中，短期经营决策分析常用的分析方法有差别损益分析法、贡献毛益分析法和成本平衡点分析法。

一、差别损益分析法

企业在进行决策分析时，要在几个备选方案中选择对企业总体更为有利的最优方案。差别损益分析法，是指在计算两个备选方案之间产生的差别收入和差别成本的基础上计算差别损益，以差别损益指标作为评价方案取舍标准的一种方法。差别收入是指两个备选方案之间收入的差异数；差别成本是指两个备选方案之间成本的差异数。计算公式为：

知识链接 7-1
运用差别损益分析法进行择优决策时应注意的问题

$$差别损益＝差别收入－差别成本 \quad (7-1)$$

在应用差别损益分析法时，只要差别收入大于差别成本，即差别损益是正数，那么前一个方案就是较优的；反之，如果差别收入小于差别成本，即差别损益是负数，那么后一个方案就是较优的。

【例 7-1】 南方公司一台设备可以生产甲产品，也可以生产乙产品，两种产品预计资料如表 7-3 所示。

表 7-3 产品预计资料表

产品	项目		
	预计销售数量/件	预计销售单价/(元/件)	单位变动成本/(元/件)
甲产品	50	30	15
乙产品	60	20	10

要求：做出南方公司生产哪种产品较为有利的决策分析。

【解析】（1）计算差别收入：

差别收入＝甲产品收入－乙产品收入＝50×30－60×20＝300（元）

（2）计算差别成本：

差别成本＝甲产品成本－乙产品成本＝50×15－60×10＝150（元）

(3) 计算差别损益：

差别损益＝差别收入－差别成本＝300－150＝150(元)＞0

计算分析的结果说明，生产甲产品比生产乙产品的方案有利(可多获利润 150 元)。

在短期经营决策分析中不必计算全部收入和全部成本，因为原有的收入是无关收入，原有的成本是无关成本，而且有时计算全部收入和全部成本比较麻烦，因此，只需计算两个备选方案新增加的收入差别和成本差别就可以计算出差别损益，这种方法需要以各有关方案的相关收入和相关成本作为基础数据，因此，相关收入和相关成本的内容界定是分析的关键所在。

二、贡献毛益分析法

贡献毛益分析法，就是以有关方案的贡献毛益指标作为决策评价指标的一种方法。在具体的决策应用分析中，主要有以下三种常见情况。

(一) 当企业存在剩余生产经营能力，且剩余生产能力为已知的确定数时，采用贡献毛益总额法

当企业存在剩余生产经营能力，且剩余生产能力已知，则在不同备选方案之间进行比较分析时，不能以单位贡献毛益指标作为评价标准，而必须以贡献毛益总额指标作为方案取舍的依据。因为在生产能力一定的前提下，不同方案的单位产品耗费的生产能力有所不同，所以各方案能够生产的产品总量也可能不同，单位贡献毛益最大的方案不一定是贡献毛益总额最大的方案，如果用单位贡献毛益评价各备选方案，就可能导致决策失误。

知识链接 7-2 运用贡献毛益分析法进行择优决策时应注意的问题

【例 7-2】 南方公司现有剩余生产能力 2 000 台时，每年的固定资产折旧为 12 000 元。公司准备利用现有剩余生产能力开发甲或乙两种新产品。生产单位甲产品的定额台时为 4 台时，甲产品的销售单价 40 元，单位变动成本 20 元；生产单位乙产品的定额台时为 2 台时，乙产品的销售单价 20 元，单位变动成本 6 元。

要求：请为公司开发哪种新产品做出决策。

【解析】 由于南方公司是利用现有剩余生产能力进行生产，不改变公司生产能力规模，所以，每年的固定资产折旧 12 000 元(固定成本)属于与该项生产决策无关的成本，在决策时不予考虑。在两个方案固定成本相同的前提下，贡献毛益总额大的方案实质上就是利润大的方案。计算过程如表 7-4 所示。

表 7-4 贡献毛益计算表

项　目	方　案	
	甲 产 品	乙 产 品
销售单价(p)/(元/件)	40	20
单位变动成本(b)/(元/件)	20	6
单位贡献毛益($p-b$)/元	20	14
剩余生产能力(x_1)/台时	2 000	2 000

续表

项目	方案	
	甲产品	乙产品
单位产品定额台时(x_2)/台时	4	2
生产量($x=x_1/x_2$)/台	500	1 000
贡献毛益总额[$(p-b)\cdot x$]/元	10 000	14 000

由表7-4可以看出，尽管甲产品的单位贡献毛益较大，但是从贡献毛益总额来看，甲小于乙，所以，开发乙产品较为有利。

（二）当企业存在剩余生产经营能力，但不知具体数时，采用单位资源贡献毛益法

当企业存在剩余生产经营能力，但不知具体数时，无法计算利用剩余生产能力能够生产的产品总量，也就无法通过计算贡献毛益总额指标来进行生产决策。此时，应采用单位资源贡献毛益法进行决策。其计算公式为：

$$单位资源贡献毛益=\frac{单位贡献毛益}{单位产品消耗定额} \tag{7-2}$$

【例7-3】 南方公司有部分剩余生产能力，可以选择开发甲或乙两种新产品。生产甲产品的单位定额台时为4台时，甲产品销售单价40元，单位变动成本20元；生产乙产品的单位定额台时为2台时，乙产品销售单价20元，单位变动成本6元。

要求：请为公司开发哪种新产品做出决策。

【解析】 本例与【例7-2】的区别是只知道有部分剩余生产能力，但不知剩余生产能力的具体数。此时，无法计算利用剩余生产能力能够生产的产品总量，也就无法计算贡献毛益总额，需要通过计算单位资源贡献毛益指标进行决策，计算过程如表7-5所示。

表7-5 单位资源贡献毛益计算表

项目	产品	
	甲产品	乙产品
销售单价(p)/（元/件）	40	20
单位变动成本(b)/（元/件）	20	6
单位贡献毛益($p-b$)/元	20	14
单位产品定额台时(x)/台时	4	2
单位资源贡献毛益[$(p-b)/x$]/（元/台时）	5	7

由表7-5可以看出，生产甲产品的单位资源贡献毛益小于生产乙产品的单位资源贡献毛益，因此应选择生产乙产品。

（三）存在专属成本时，计算剩余贡献毛益

存在专属成本的情况下，应通过计算备选方案的剩余贡献毛益指标进行决策，剩余贡献毛益大的方案为优。其计算公式为：

$$剩余贡献毛益=贡献毛益总额-专属成本 \tag{7-3}$$

【例 7-4】 承【例 7-2】，南方公司若生产甲产品需追加专属成本 8 000 元，若生产乙产品需追加专属成本 10 000 元，其他条件不变。

要求：南方公司应开发哪种新产品？

【解析】 本例与【例 7-2】的区别是存在专属成本，故应通过计算剩余贡献毛益进行决策。

甲产品剩余贡献毛益＝甲产品贡献毛益总额－甲产品专属成本＝10 000－8 000＝2 000（元）

乙产品剩余贡献毛益＝乙产品贡献毛益总额－乙产品专属成本＝14 000－10 000＝4 000（元）

因为乙产品剩余贡献毛益大于甲产品剩余贡献毛益，故南方公司应选择开发乙产品。

贡献毛益分析法比较简单，除常被应用于企业开发哪一种新产品的决策外，还常用于是否接受特殊价格追加订货决策分析，亏损产品是否停产、转产决策分析，尤其适用于多个方案的择优决策。

三、成本平衡点分析法

成本平衡点是指两个方案相关总成本相等时的业务量。成本平衡点分析法也叫成本无差别点分析法，是指在各备选方案收入相同（收入不变或为零）的前提下，相关业务量为不确定因素时，通过计算不同方案总成本相等时的业务量，也就是成本平衡点指标，并将之作为评价方案取舍标准的一种方法。

以 a 为固定成本，以 b 为单位变动成本，设方案一相关总成本方程为 $y_1=a_1+b_1x$，方案二相关总成本方程为 $y_2=a_2+b_2x$，令 $y_1=y_2$，则

$$\text{成本平衡点 } x=\frac{\text{两方案固定成本差额}}{\text{两方案单位变动成本差额}}=\frac{|a_1-a_2|}{|b_1-b_2|}=\frac{|\Delta a|}{|\Delta b|} \tag{7-4}$$

【例 7-5】 南方公司只生产一种产品，现有两种设备可供选择：一种是采用传统设备，每年的专属固定成本为 20 000 元，单位变动成本 15 元。另一种是采用先进设备，每年的专属固定成本为 30 000 元，单位变动成本 5 元。

要求：试进行决策分析。

【解析】 根据题意，建立总成本方程如下。

采用传统设备的总成本方程为 $y_1=20\,000+15x$，采用先进设备的总成本方程为 $y_2=30\,000+5x$，令 $y_1=y_2$，解方程 $20\,000+15x=30\,000+5x$，得到 $x=1\,000$ 件。

成本平衡点的生产量为 1 000 件，当产品生产量在 1 000 件以下时，采用传统设备生产的相关总成本较低，此时应选择传统设备；当产品生产量在 1 000 件以上时，采用先进设备生产的相关总成本较低，此时应选择先进设备。

成本平衡点分析法常被应用于业务量不确定时零部件取得方式的决策和生产工艺技术方案的决策。

第三节　产品生产决策分析

短期经营决策分析从具体内容来看，可分为产品生产决策分析、产品定价决策分析和存货决策分析等。本节和下一节分别对产品生产决策分析和产品定价决策分析进行介绍，

存货决策分析将在第八章进行专门讨论。

产品生产决策分析是企业生产管理的一项重要内容，涉及范围十分广泛，但归纳起来基本可划分为三类问题：其一，生产什么？其二，生产多少？其三，如何去生产？这三类问题决策的共同点都在于如何更有效地利用现有生产资源，给企业带来更大的经济效益。

一、生产什么的决策分析

生产什么产品是最重要的生产决策问题。此类问题具体包括：新产品开发决策、亏损产品是否停产的决策、半成品是否进一步加工的决策、是否接受追加订货的决策等。对于这些决策问题究竟该如何选择？选择的依据都是什么？这些将是本节需要解决的问题。

（一）新产品开发决策

随着市场竞争的日益激烈，老产品终将被新产品所替代，因此不断开发新产品是企业生存的关键。新产品开发的决策主要是利用企业现有的剩余生产能力或老产品腾出来的生产能力开发新产品，对不同的新产品开发方案进行的决策。至于通过投资设备、增加生产能力来开发新产品的，则属于长期决策的范围。

【例7-6】 某公司原设计生产能力为5 000机器工时，实际开工率只有原生产能力的80%，现准备将剩余生产能力用于生产新产品甲或新产品乙。老产品及甲、乙两种新产品的有关资料如表7-6所示。

表7-6 产品资料

产品名称	老产品	新产品甲	新产品乙
每件定额机器工时/小时	20	5	2
销售单价/(元/件)	60	82	44
单位变动成本/(元/件)	50	70	38
固定成本总额/元	14 000		

要求：根据上述资料做出开发哪种新产品较为有利的决策分析。

【解析】 这项决策可采用贡献毛益分析法。由于该公司是在生产能力有剩余的情况下生产新产品，并不增加固定成本，因此，创造贡献毛益总额最多的方案就是最优方案。分析过程如表7-7所示。

表7-7 分析表

产品名称	新产品甲	新产品乙
剩余生产能力/机器小时	5 000×(1−80%)=1 000	
每件定额机器工时/小时	5	2
最大产量/件	1 000/5=200	1 000/2=500
销售单价/(元/件)	82	44
单位变动成本/(元/件)	70	38
单位贡献毛益/(元/件)	12	6
贡献毛益总额/元	12×200=2 400	6×500=3 000

从表 7-7 的数据可见：新产品甲每件创造的贡献毛益较新产品乙大一倍，似乎开发新产品甲比较有利，但由于甲产品的产量只有乙产品的 40%，故就贡献毛益总额来说，还是开发乙产品比较好。

另外还应注意，这样的结论是以该企业的新产品生产多少就能销售多少为前提条件的。如按市场预测，情况并非如此，则应根据销售预测的数据进行修正。

（二）亏损产品是否停产的决策

某种产品发生亏损是企业常常遇到的问题。所谓亏损产品，是指其销售收入不能补偿其全部成本支出的产品。亏损产品按其亏损情况具体分为两类：一类是实亏产品，即销售收入低于变动成本，这种产品生产越多，亏损越多，一般不应继续生产；另一类是虚亏产品，即销售收入高于变动成本，这种产品对企业还是有贡献的，因为它能够为企业提供一定的贡献毛益，对于这一类亏损产品，企业应区分不同情况进行决策。

知识链接 7-3
亏损产品是否停产决策应注意的问题

▶ 1. 生产能力无法转移时，亏损产品应否停产的决策分析

生产能力无法转移，是指当亏损产品停产后，闲置下来的生产能力无法被用于其他方面，既不能转产，也不能将有关设备对外出租。此时，只要亏损产品的贡献毛益大于零就不应停产，而应继续生产。因为亏损产品停产，只能减少企业变动成本总额，固定成本总额并不减少，若继续生产亏损产品，亏损产品提供的贡献毛益就可以补偿一部分固定成本，而停产亏损产品不但不会减少亏损，反而会使亏损增加。

【例 7-7】 南方公司生产 A、B、C 三种产品，其中 A 产品亏损，B、C 产品盈利，有关资料如表 7-8 所示。

表 7-8 产品利润表   单位：万元

项 目	A 产品	B 产品	C 产品	合 计
销售收入	4 000	6 000	8 000	18 000
变动成本	3 000	3 000	4 000	10 000
直接材料	900	800	1 400	3 100
直接人工	800	700	800	2 300
变动制造费用	700	600	600	1 900
变动销售管理费用	600	900	1 200	2 700
贡献毛益	1 000	3 000	4 000	8 000
固定成本	1 500	1 600	2 400	5 500
固定制造费用	1 100	1 000	1 600	3 700
固定销售管理费用	400	600	800	1 800
税前利润	−500	1 400	1 600	2 500

要求：分析南方公司应否停产亏损的 A 产品？（假定 A 产品停产后，闲置下来的生产能力无法转移）。

【解析】 A 产品贡献毛益 = A 产品销售收入总额 − A 产品变动成本总额
= 4 000 − (900 + 800 + 700 + 600) = 1 000(万元)
A 产品分摊的固定成本 = 1 100 + 400 = 1 500(万元)
A 产品的利润 = 1 000 − 1 500 = −500(万元)

所以，A产品亏损500万元。但是如果停止生产A产品，A产品就不能提供1 000万元的贡献毛益了，而原来由A产品分摊的1 500万元固定成本只能分摊到B、C两种产品上，将使南方公司利润减少1 000万元。也就是说，无论A产品是否生产，该公司5 500万元的固定成本都要发生，只不过是由两种产品还是三种产品分摊的问题。因此，在生产能力无法转移的情况下，尽管A产品亏损，也不应停产，而应继续生产，分析数据如表7-9所示。

表7-9 产品利润表　　　　　　　　　　　　　　　　　　单位：万元

项　　目	B 产品	C 产品	合　　计
销售收入	6 000	8 000	14 000
变动成本	3 000	4 000	7 000
边际贡献	3 000	4 000	7 000
固定成本	2 357	3 143	5 500
税前利润	643	857	1 500

注：固定成本总额按各种产品销售收入占全部产品销售收入的比例分配。

▶ 2. 生产能力能够转移时，亏损产品应否停产的决策分析

如果亏损产品停产后其闲置生产能力能够转移，必须考虑继续生产亏损产品的机会成本因素，对备选方案进行比较分析后进行决策。

【例7-8】 承【例7-7】，假设南方公司生产A产品的设备可以转产D产品，也可以将该设备对外出租，每年可获租金1 000万元。D产品的资料如表7-10所示。

表7-10 D产品资料　　　　　　　　　　　　　　　　　　单位：万元

项　　目	金　　额
销售收入	5 000
变动生产成本	2 300
变动推销管理费用	700

要求：分析南方公司是继续生产A产品还是转产D产品，或是将此设备出租。

【解析】 D产品贡献毛益＝D产品销售收入总额－D产品变动成本总额
　　　　　　　　　　＝5 000－(2 300＋700)＝2 000(万元)

由表7-8资料可知：生产A产品的贡献毛益为1 000万元。现在转产D产品的贡献毛益为2 000万元，设备出租的租金为1 000万元。通过比较，转产D产品效益最好，所以南方公司应停止生产A产品而转产D产品。

(三) 半成品是否进一步加工的决策

在工业企业生产中，常常会遇到半成品是直接出售还是继续加工的问题。对于这类问题的决策，需视进一步加工后增加的收入是否超过进一步加工过程中追加的成本而定，如果前者大于后者，则进一步加工的方案较优；反之，如果前者小于后者，则应选择直接出售方案。

【例 7-9】 南方公司每年生产甲半成品 20 000 件，其变动成本是 30 元，销售单价 40 元。如果把甲半成品进一步深加工为乙产成品，需追加单位变动成本 6 元，追加固定成本 100 000 元，乙产成品销售单价为 70 元。若不进行深加工，可将追加固定成本的 100 000 元资金用于购买债券，每年可获得债券利息 15 000 元。

要求：做出甲半成品直接出售还是深加工的决策分析。

【解析】 本例中，甲半成品的成本属于无关成本，在决策中不必考虑。分析过程如表 7-11 所示。

表 7-11 差别损益分析表　　　　　　　　　　　　单位：元

项目	方案		差额
	直接出售甲半成品	深加工为乙产成品	
相关收入	40×20 000＝800 000	70×20 000＝1 400 000	600 000
相关成本			
其中：增量成本	0	6×20 000＝120 000	
专属成本	0	100 000	
机会成本	0	15 000	
合计	0	235 000	235 000
差别损益			365 000

通过以上分析可以看出，深加工为乙产成品比直接出售甲半成品要多获得利润 365 000 元，所以应深加工为乙产成品。

在实际生产过程中，还存在联合生产的情况，联合生产过程导致两种或者更多产品的诞生，称之为联产品。例如，土豆的加工过程可生产出薯条和淀粉，薯条和淀粉就属于土豆的两个联产品。在联产品是否深加工的决策中，联产品分离前的联合成本是无关成本不需要考虑，只需将联产品分离后发生的可分成本与进一步加工所增加的收入进行比较，来进行判断。

【例 7-10】 南方公司在一生产过程中生产出联产品甲、乙、丙三种，其有关资料如表 7-12 所示。

表 7-12 甲、乙、丙联产品的资料

产品名称	产量/件	联合成本/元	分离后立即出售的单价/(元/件)	分离后进一步加工的成本/元	加工后的销售单价/(元/件)
甲	800	8 000	20	11 000	40
乙	400	24 000	380	36 000	460
丙	200	2 000	18	1 000	25

要求：根据上述资料，分析哪些联产品分离后立即出售有利，哪些联产品进一步加工后再出售有利？

【解析】 根据上述资料，对甲、乙、丙产品进行分析，分析过程如表 7-13 所示。

表 7-13 对甲、乙、丙联产品的差别损益分析　　　　　　　　　单位：元

项目	产品		
	甲	乙	丙
差别收入 （加工－不加工）	40×800－20×800＝16 000	460×400－380×400＝32 000	25×200－18×200＝1 400
差别成本 （加工－不加工）	11 000－0＝11 000	36 000－0＝36 000	1 000－0＝1 000
差别损益	16 000－11 000＝5 000	32 000－36 000＝－4 000	1 400－1 000＝400

根据表 7-13 分析的结果可知，甲、丙两种联产品加工后出售有利；乙联产品则应分离后立即出售有利。

（四）是否接受追加订货的决策

如果企业有剩余的生产能力，除可开发新产品等用途外，还可以考虑是否接收客户的追加订货。这方面的决策可采用差别损益分析法，也可以采用贡献毛益分析法。原则上，如果客户给出的销售单价大于追加订货的单位变动成本，并能补偿其可能发生的专属固定成本和机会成本，即可接受；反之，则不接受。

【例 7-11】 南方公司的机械加工车间生产甲产品，年设计生产能力为 10 000 件。目前已接受订货 8 000 件，每件售价 40 元，预计单位成本为 38 元。其中单位产品变动成本为 30 元，单位产品固定成本 8 元。现有一用户前来要求订货 1 000 件，每件出价 35 元，而且这项订货还有一些特殊要求。如果接受这项订货需要为此购置一台价值为 1 200 元的专用设备，该设备无其他用途，报废时无残值。试根据上述资料做出应否接受这项追加订货的决策。

【解析】 对方要求追加订货的单位售价低于目前已接受订货 8 000 件产品的预计单位成本，而且如果接受此项订货还需要发生追加支出 1 200 元。这样粗略地看，接受此项订货似乎并不合算。但是由于企业车间还有剩余加工能力，接受此项订货并不会增加原有的产品的固定成本。只要对方出价略高于产品单位变动成本，并能补偿增加的固定成本就可以接受。具体如表 7-14 所示。

表 7-14 差别损益分析法　　　　　　　　　单位：元

项目	追加订货前	追加订货后	差异
销售收入	320 000	355 000	35 000
销售成本	304 000	335 200	31 200
变动成本	240 000	270 000	30 000
固定成本	64 000	65 200	1 200
利润	16 000	19 800	3 800

结果是差别收入为 35 000 元,差别成本为 31 200 元,差别损益为 3 800 元。由此可见追加订货还是有利可图的。

二、生产多少的决策分析

企业在决定了生产什么后,接下来就要决定生产多少。应当生产多少产品,当然要考虑市场的需求,但除此以外,还要根据企业本身的产品生产的具体情况,本着节约资源、降低消耗、提高效益的原则加以具体落实。企业在这方面面临的主要问题有产品最优组合决策以及产品最优生产批量决策。

(一)产品最优组合决策

生产多种产品的企业往往需要考虑如何将有限的生产资源充分利用并合理地在各种产品之间进行分配。由于企业的生产受设备能力、原材料来源、动力供应、生产场地面积、熟练劳动力等多种因素的限制,因而企业必须合理安排生产,使各种产品达到最优组合,从而实现最佳的经济效益。

【例 7-12】某企业有甲、乙两个生产部门,现有生产能力分别为 40 000 机器小时和 60 800 机器小时。企业从事 A、B 两种产品生产,这两种产品都要经过甲、乙两个生产部门的加工,有关资料如表 7-15 所示。

表 7-15 企业生产能力情况

产品	单位产品需用生产能力/(机时/件)		产品订货量/件	单位产品利润/(元/件)
	甲部门	乙部门		
A	20	10	1 800	18
B	8	16	3 800	15

根据上述资料,企业如何达到既充分利用现有生产能力,又使未来利润最高的目的,即企业应怎样安排 A、B 两种产品的生产数量?

下面用两种方法进行决策。

▶ 1. 逐次测试法

第一次测试。从表中资料无法了解 A、B 产品的数量为多少才最合算,可以假设首先安排 A 产品的生产,各部门生产能力如果有剩余,再用于生产 B 产品,看结果如何,再据以进一步调整测试,这样安排的结果如表 7-16 所示。

表 7-16 首次测试情况表

产品	产量/件	所用机器小时		利润/元
		甲部门	乙部门	
A	1 800	36 000	18 000	32 400
B	500	4 000	8 000	7 500
合计		40 000	26 000	39 900
可用机器小时		40 000	60 800	
剩余机器小时		0	34 800	

表 7-16 是第一次测试的结果,表明优先安排了 A 产品 1 800 件,然后再安排 B 产品 500 件,甲部门没有剩余生产能力,但乙部门有 34 800 小时的剩余生产能力。这样不符合充分利用生产能力的要求,于是再进行第二次测试。

第二次测试。第二次测试首先安排 B 产品的生产,如果有剩余生产能力再安排 A 产品的生产,看结果如何,再做调整测试。这样安排的结果如表 7-17 所示。

表 7-17　第二次测试情况表

产　品	产量/件	所用机器小时		利润/元
		甲部门	乙部门	
A	0	0	0	0
B	3 800	30 400	60 800	57 000
合计		30 400	60 800	57 000
可用机器小时		40 000	60 800	
剩余机器小时		9 600	0	

表 7-17 的结果表明,优先安排 B 产品生产,乙部门的生产能力正好用完,因而无力生产 A 产品,而甲部门还有 9 600 小时的剩余生产能力。这次测试的结果比第一次测试的结果要理想,因为剩余生产能力由 34 800 小时下降到 9 600 小时,利润总额从 39 900 元上升到 57 000 元。但仍不是最理想,应做第三次测试。

第三次测试。为使甲部门 9 600 小时的剩余生产能力得到充分利用,应缩减 B 产品的生产,增加 A 产品的生产,但缩减和增加的幅度为多少才能正好用完剩余生产能力呢?从该例中所给资料得知,少生产一件 B 产品,可以从乙部门腾出 16 小时用于生产 A 产品 1.6(16÷10)件,增加利润 13.8(1.6×18−1×15)元。

设 B 产品减少生产 x 件,则 A 产品可多生产 $1.6x$ 件,根据上述资料有
$$20 \times 1.6x + 8 \times (3\,800 - x) = 40\,000$$

解得:
$$x = 400 (件)$$

表 7-18 的计算结果表明,该企业为了充分利用现有生产能力,使利润额达到最多,应选择生产 A 产品 640 件,B 产品 3 400 件。

表 7-18　第三次测试情况表

产　品	产量/件	所用机器小时		利润/元
		甲部门	乙部门	
A	640	12 800	6400	11520
B	3 400	27 200	54 400	51 000
合计		40 000	60 800	62 520
可用机器小时		40 000	60 800	
剩余机器小时		0	0	

▶ 2. 线性规划图解法

上述问题如果用线性规划图解法求最优产品组合将更为简便和直观。线性规划是在满足用线性不等式表示的约束条件的情况下，使线性目标函数最优化的一种数学方法。如果只有两个变量，可以配合图解法来确定目标函数的最优化，现对上例运用线性规划图解法求解最优产品的组合。

设 x 代表 A 产品的产量，y 代表 B 产品的产量，p 代表可提供的利润，则目标函数为：

$$p = 18x + 15y$$

两种产品的产量受到如下约束条件的限制：

$$\begin{cases} 20x + 8y \leqslant 40\ 000 \\ 10x + 16y \leqslant 60\ 800 \\ 0 \leqslant x \leqslant 1\ 800 \\ 0 \leqslant y \leqslant 3\ 800 \end{cases}$$

将组成约束条件的各方程化为等式在平面直角坐标系中作图，如图 7-1 所示。

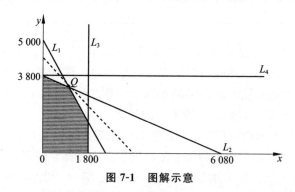

图 7-1 图解示意

图 7-1 中的 L_1，L_2，L_3，L_4 分别为上述各约束方程化为等式后的直线图，即 L_1 为甲部门的最高产量线，L_2 为乙部门的最高产量线，L_3 为 A 产品的最高订货量，L_4 为 B 产品的最高订货量，因此，满足上述各约束条件的可行解一定位于各直线的左下方，图中标明的阴影区域是约束方程组的可行解。

要使目标函数 $p = 18x + 15y$ 达到最大，就要在直线区域内寻找达到最大的点 (x, y)。因为目标函数的斜率为 -1.2（即 $-18/15 = -1.2$），所以可在图中作一组斜率为 -1.2 的平行线，这些平行线称为等利润线，如图中虚线所示。由此可见，最优解应是这一组等利润线中离原点最远、纵截距最大，又与直线区域相交的一条等利润线上的点，位于这条等利润线上又满足约束条件的点可在图中找到，即直线 L_1 和 L_2 交点 Q。Q 点的坐标可由直线 L_1 和 L_2 的联立方程组求解：

$$\begin{cases} 20x + 8y = 40\ 000 \\ 10x + 16y = 60\ 800 \end{cases}$$

解得：

$$x = 640,\ y = 3\ 400$$
$$p = 640 \times 18 + 3400 \times 15 = 62\ 520(元)$$

即生产 A 产品 640 件，生产 B 产品 3 400 件，既能使两个部门的生产能力得到充分利用，又能为企业提供最多的利润。

(二) 产品最优生产批量决策

尽管看单生产或称顾客化生产已不鲜见，分批生产仍是现代企业大生产的主流模式；在分批生产模式下，管理人员面临在全年总需要量一定的情况下，如何决定每批的批量及全年的批次的问题。由于全年总需求量确定，不同批量或批次方案之间并没有收入的差异，要分析的是成本的差异。而生产产品的单位变动成本和固定制造费用都和批量大小及批次多少无关。和批量或批次多少相关的成本费用包括两大类：生产准备成本和储存成本，最优生产批量或者经济生产批量是使这两类成本之和最小的生产批量。

知识链接 7-4
几种零配件或产品轮换分批生产的经济批量决策

生产准备成本是指每批产品生产开始前因进行准备工作而发生的成本，如调整机器、准备工卡模具、布置生产线、清理现场、领取原材料等发生的工资费用、材料费用等。在正常情况下，每次变更产品生产所发生的生产准备成本基本上是相等的，因此，年准备成本总额与生产批次成正比，与生产批量成反比。生产批次越多，年准备成本就越高；反之，就越低。

储存成本是指为储存零部件及产品而发生的仓库及其设备的折旧费、保险费、保管人员工资、维修费、损失等费用的总和。储存成本与生产批量成正比，与生产批次成反比。

从上述生产准备成本、储存成本的特点可以看出：若要降低年准备成本，就应减少生产批次，但减少批次必然要增加批量，从而提高与批量成正比的年储存成本；若要降低年储存成本，就应减少生产批量，但减少生产批量必然要增加批次，从而提高与批次成正比的年准备成本。因此，如何确定生产批量和生产批次，才能使年准备成本与年储存成本之和最低，就成为最优生产批量决策需要解决的问题。

下面讨论一种零配件（或产品）的最优生产批量决策。最优生产批量是使生产准备成本与储存成本总和最低的生产批量。

$$年生产准备成本 = 生产批次 \times 每批准备成本 \tag{7-5}$$

$$年储存成本 = 年均储存量 \times 单位年储存成本 \tag{7-6}$$

式中，年平均储存量 $= \frac{1}{2} \times$ 每批生产终了时的最高储存量。

为了计算方便，可以设定以下几个符号：

设 A 为全年产量；Q 为生产批量；Q^* 为最优生产批量；A/Q 为生产批次；S 为每批准备成本；X 为每日产量；Y 为每日耗用量（或销售量）；C 为每单位零配件（或产品）的年储存成本；T 为年储存成本和年准备成本之和（简称年成本合计）。根据以上符号，可计算如下：

$$年准备成本 = \frac{A}{Q} \cdot S \tag{7-7}$$

$$每批生产终了的最高储存量 = Q - \frac{Q}{X} \cdot Y = Q\left(1 - \frac{Y}{X}\right) \tag{7-8}$$

$$年平均储存量 = \frac{1}{2}Q\left(1 - \frac{Y}{X}\right) \tag{7-9}$$

$$年储存成本 = \frac{1}{2}Q\left(1 - \frac{Y}{X}\right)C \tag{7-10}$$

$$年成本合计\ T = \frac{1}{2}Q\left(1 - \frac{Y}{X}\right)C + \frac{AS}{Q} \tag{7-11}$$

确定最优生产批量，一般有列表法、公式法和图解法三种方法。

▶ 1. 列表法

根据上述公式列表计算生产零部件各批次的年成本合计数,年成本小的批次就是最优生产批次,相应的批量也就是最优生产批量。

【例 7-13】 某公司生产某产品每年需用甲零件 7 200 只,专门生产甲零件的设备每日生产 80 只,每日因组装该产品耗用甲零件 20 只,每批生产准备成本为 600 元,每年甲零件年储存成本为 8 元。要求:确定企业的最优生产批量。

【解析】 依题意,$A=7\ 200$ 只,$S=600$ 元,$C=8$ 元,$X=80$ 只,$Y=20$ 只。

经济批量的计算见表 7-19。

表 7-19 经济批量的计算表

项 目	生产批次					
	8	7	6	5	4	3
批量/件	900	1 028	1 200	1 440	1 800	2 400
平均储存量/件	337.5	385.5	450	540	675	900
年准备成本/元	4 800	4 200	3 600	3 000	2 400	1 800
年储存成本/元	2 700	3 084	3 600	4 320	5 400	7 200
年成本合计/元	7 500	7 284	7 200	7 320	7 800	9 000

可见,经济批量为 1 200 只,最优批次为 6 次,此时年成本合计为 7 200 元最低。

▶ 2. 公式法

经济批量的确定,也可以利用数学模型直接计算求得,即利用年成本合计 T 与批量 Q 的函数关系,用微分法求 T 为极小值时的 Q 值。根据极值的求解原理,要使成本 T 为最小值,需对最优生产批量 Q 求一阶导数并令其等于零,则:

$$\frac{1}{2}\left(1-\frac{Y}{X}\right)C-\frac{AS}{Q^{*2}}=0 \tag{7-12}$$

整理得:

$$\text{最优生产批量 } Q^*=\sqrt{\frac{2AS}{C\left(1-\frac{Y}{X}\right)}} \tag{7-13}$$

$$\text{批次}=\frac{A}{Q^*}=\sqrt{\frac{AC\left(1-\frac{Y}{X}\right)}{2S}} \tag{7-14}$$

$$T^*=\sqrt{2ASC\left(1-\frac{Y}{X}\right)} \tag{7-15}$$

以【例 7-13】为例,用相应公式计算最优生产批量、最优生产批次和最低年成本合计如下:

$$\text{经济生产批量 } Q^*=\sqrt{\frac{2\times 7\ 200\times 600}{8\times\left(1-\frac{20}{80}\right)}}=1\ 200(\text{只})$$

$$\text{最优批次}=\frac{A}{Q^*}=\frac{7\ 200}{1\ 200}=6(\text{批})$$

$$T^*=\sqrt{2\times 7\ 200\times 600\times 8\times\left(1-\frac{20}{80}\right)}=7\ 200(\text{元})$$

3. 图解法

由公式

$$\frac{1}{2}\left(1-\frac{Y}{X}\right)C - \frac{AS}{Q^{*2}} = 0 \tag{7-16}$$

整理可得：

$$\frac{AS}{Q} = \frac{1}{2}Q\left(1-\frac{Y}{X}\right)C \tag{7-17}$$

即：

$$\text{年生产准备成本} = \text{年储存成本} \tag{7-18}$$

由此可得出结论：当年生产准备成本与年储存成本相等时的生产批量是最优生产批量。所以，可以在直角坐标图中以生产批量为横坐标、以成本为纵坐标，分别绘制年生产准备成本线和年储存成本线，两线的交点即为年生产准备成本与年储存成本相等的点，两线交点对应的横坐标的读数就是最优生产批量，对应的纵坐标乘以 2 即为最低年成本合计。

根据【例 7-13】资料绘制经济批量图，如图 7-2 所示。

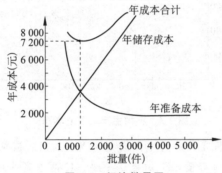

图 7-2 经济批量图

三、如何生产的决策分析

对于工业企业，除了生产什么、生产多少的决策外，还存在如何生产的决策问题。这方面的具体问题主要是生产工艺方案选择的决策。

生产工艺是指加工制造产品或零件所使用的机器、设备及加工方法的总称。同一种产品或零件，往往可以按不同的生产工艺进行加工。当采用某一生产工艺时，可能固定成本较高，但单位变动成本却较低；而采用另一种生产工艺时，则可能固定成本较低，但单位变动成本较高。于是，采用何种工艺能使该产品或零件的总成本最低，就成为实际工作中必须解决的问题。

一般而言，生产工艺越先进，其固定成本越高，单位变动成本越低；而生产工艺落后时，其固定成本较低，但单位变动成本却较高。这时，只要用成本无差别点分析法来确定不同生产工艺的成本分界点（不同生产工艺总成本相等时的产量点），就可以根据产量确定何种生产工艺最为有利。

【例 7-14】 某公司计划生产甲产品，共有 A、B、C 三个不同的工艺方案，其成本资料见表 7-20。要求：确定该公司采用哪个工艺方案生产甲产品更有利。

表 7-20　某公司生产 A，B，C 产品的相关成本资料

工艺方案项目	专属固定成本/元	单位变动成本/(元/件)
A	700	5
B	600	6
C	800	2

【解析】 依照题意，可得到 3 个不同方案的表达式，即

$$y_A = 700 + 5x$$
$$y_B = 600 + 6x$$
$$y_c = 800 + 2x$$

绘制生产工艺成本图，如图 7-3 所示。

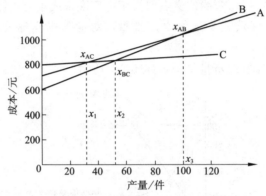

图 7-3　不同生产工艺成本图

由图 7-3 可知，A、B 两方案的成本无差别点是 x_{AB}，对应横轴上的点 x_3；B，C 两方案的成本无差别点是 x_{BC}，对应横轴上的点 x_2；A、C 两方案的成本无差别点是 x_{AC}，对应横轴上的点 x_1。根据成本无差别点的计算公式，则有

$$x_{AB}: x_3 = \frac{700 - 600}{6 - 5} = 100 \text{ 件}$$

$$x_{BC}: x_2 = \frac{600 - 800}{2 - 6} = 50 \text{ 件}$$

$$x_{AC}: x_1 = \frac{700 - 800}{2 - 5} = 33.3 \text{ 件}$$

于是，整个产量区域被划分为 33 件以下、33~50 件、50~100 件、100 件以上 4 个区域。从图 7-3 可以看出，产量在 50 件以下时 B 方案成本最低，所以 B 方案为最优方案；产量在 50 件以上的区域内，C 方案成本最低，所以 C 方案为最优方案。

第四节　产品定价决策分析

产品价格的高低直接影响企业的销售量，并进一步影响到企业的盈利水平，因此，确定合理的价格，进行正确的定价决策，会直接影响到企业

知识链接 7-5
影响价格的
基本因素

正常的生产经营活动，影响到企业的生存和发展。定价决策作为短期经营决策的内容之一，其基本决策原则就是看所确定的价格是否能给企业带来更多的利润。需要注意的是，管理会计定价决策中所指的价格是指"企业可控制价格"，即企业可以自行决定的价格，企业可控制价格才属于管理会计定价决策的范围。唯一合理的定价方法和策略并不存在，企业必须针对不同产品、不同情况具体分析，有针对性地选择定价策略。

一、需求导向的定价策略

需求导向定价是指以消费者对商品需求程度和可能支付的价格水平为依据来制定产品价格。它以消费需求为重点，通过分析市场需求、消费心理等多种因素，研究价格与需求的关系及对利润的影响，最终制定出产品价格。

（一）需求的价格弹性定价策略

我们知道，价格会影响市场需求，企业所制定价格的高低会影响企业产品的销售量。因此，有必要考虑需求的价格弹性。所谓需求的价格弹性是指产品需求量对价格变动做出反应的程度。一般来说，价格下降，需求量增加；价格上升，需求量减少。需求的价格弹性程度通常用需求量变动率与价格变动率之比，即需求的价格弹性系数来衡量。其计算公式为：

$$需求的价格弹性系数(E) = \frac{需求量变动率}{价格变动率} \tag{7-19}$$

需求的价格弹性系数恒为负值，其绝对值可以反映出需求与价格变动水平的关系：当$|E|>1$时，称为富有弹性，或弹性大，表明价格以较小幅度变动时，可使需求量产生较大幅度的反弹；当$|E|<1$时，称为缺乏弹性，或弹性小，表明价格变动幅度即使很大，需求量的变化幅度也不会太大；当$|E|=1$时，称为单一弹性，表明需求量受价格变动影响的幅度完全与价格本身变动幅度一致。

需求的价格弹性系数的大小，说明了产品价格与需求之间反方向变动水平的大小。对于弹性大的产品，提高价格将导致销售量迅速下降，而降低价格却会促使需求量大大提高，因此，应适当降低价格，刺激需求，薄利多销；对于弹性小的产品，当价格变动时，需求量的相应增减幅度很小，对这类产品不仅不应调低价格，相反，在条件允许的范围内应适当调高价格；对于单一弹性的产品，前两种价格策略均不适用，只能选择其他的价格策略。

（二）需求心理定价策略

需求心理定价策略是指运用心理学原理，根据消费者的需求心理制订产品价格的一种定价方法，主要有以下几种具体方法。

▶ 1. 尾数定价法

尾数定价法是指在定价时让产品价格的末尾数为非整数的定价方法，即以零头结尾，如599元、1 999元等，这种方法多用于中低档商品定价。

▶ 2. 觉察价值定价法

所谓觉察价值定价法，就是企业按照买方对价值的感觉，而不是按照卖方的成本费用水平来制定价格的方法。企业利用市场营销组合中的非价格变量（如产品质量、服务、广告宣传等）来影响购买者，使他们脑子里形成"觉察价值"，然后据此来制定价格。例如，不同的餐馆，其设备、环境气氛和服务等有所不同，则同样一杯饮料的价格就不同。觉察价值定价的关键在于：企业要正确估计"购买者所承认的价值"。如果企业对"购买者所承认的价值"估计过低，定价就会过低，这样固然可以增加销量，但收入就会减少。

▶ 3. 声望定价法

声望定价法是指根据消费者对某些产品的信任，以及消费者对名牌、高档产品形成的"价高必质优"的心理，把某些实际上价值不大的产品价格定得很高，以吸引消费者购买的方法。

▶ 4. 促销定价法

促销定价法是指利用消费者求廉心理，有意将某一种或几种商品减价，甚至以接近或低于成本的价格出售，目的在于扩大其他商品的销售的方法。

（三）差别对待定价策略

差别对待定价也称价格歧视，指企业根据消费者的不同需求而对同一种产品或劳务制定不同的价格。这种价格差异主要反映需求的不同，不反映成本费用上的差异。差别对待定价策略主要有以下四种具体方法。

▶ 1. 依消费者对象差别定价

依消费者对象差别定价即企业按照不同的价格把同一种产品或劳务卖给不同的消费对象。由于消费者的收入水平、需求层次不同，造成对同一产品或劳务的需求状况也不相同。为了满足不同层次的需求，企业对同一产品或劳务可以实行差别定价，公园、旅游景点等一般将顾客分为学生、年长者和普通顾客，对学生和年长者收取较低的门票费用，而对普通顾客收取正常门票费用。

▶ 2. 依产品型号或形式差异定价

依产品型号或形式差异定价是指对不同型号或形式的产品分别制定不同的价格，但是，这些不同型号或形式的产品其内部结构及成本大致相同。

▶ 3. 依据位置差异定价

依据位置差异定价就是依所处地理位置不同对同一产品或劳务分别制定不同的价格，即使这些产品或劳务的成本费用没有任何差异。如明星演唱会的座位，其成本费用都一样，但座位按其远近和偏斜程度制定不同的票价。

▶ 4. 依据时间差异定价

企业在不同季节、不同日期甚至不同钟点对于同一产品或劳务也分别制定不同的价格。如冬装在每年 11 月开始上市，价格比较贵，但是到了第二年 1 月下旬开始降价，到了 2 月下旬开始上春装后，冬装的价格则达到低谷并开始处理。

二、以成本为导向的定价策略

成本加成定价法的全称是按单位成本加成定价方法，即在单位产品成本的基础上按照一定的加成率计算相应的加成额，进而确定商品的价格的一种定价方法。其计算公式为：

价格＝单位产品成本＋加成额＝单位产品成本×(1＋成本加成率)　　　(7-20)

由于按全部成本法和变动成本法计算的单位产品成本内容不同，因而不同计算方法下的单位产品成本、成本加成率也各有所异。

（一）全部成本法下的成本加成定价法

在全部成本法下，单位产品成本就是单位生产成本，成本加成率为生产成本毛利率。

单位生产成本包括直接材料、直接人工、固定制造费用、变动制造费用。其计算公式为:

$$价格 = 单位产品生产成本 \times (1 + 成本毛利率) \tag{7-21}$$

【例 7-15】 南方公司准备采用完全成本法下成本加成定价法制定甲产品的售价,甲产品单位成本资料为:直接材料 40 元,直接人工 30 元,变动制造费用 20 元,固定制造费用 10 元,变动销售及管理费用 12 元,固定销售及管理费用 11 元。该公司希望甲产品的成本毛利率为 50%。请计算甲产品的单位售价。

【解析】 甲产品的单位生产成本 = 40 + 30 + 20 + 10 = 100(元)

甲产品的单位售价 = 100 × (1 + 50%) = 150(元)

(二) 变动成本法下的成本加成定价法

在变动成本法下,成本加成定价法是以单位变动制造成本为加成的基础定价的一种定价方法。这种方法既可以用于产品的正常定价,也可以用于产品特殊订货时的定价。

在实际工作中,我们可以将变动成本加成定价理解为按照产品的变动成本加上一定数额的贡献毛益来制定产品的销售价格。也就是说,只要产品的销售价格能够补偿其变动成本,并可以提供一定数额的贡献毛益,这一价格就可以接受。这种定价方法一般适用于企业利用剩余生产能力、接受追加订货时,决定方案取舍的价格。其计算公式如下:

$$拟定售价 = \frac{产品单位变动成本}{1 - 贡献毛益率} \tag{7-22}$$

【例 7-16】 若南方公司生产 B 产品,其单位成本为:直接材料 20 元,直接人工工资 10 元,变动性制造费用 14 元,固定性制造费用 8 元。假定 B 产品的贡献毛益率为 40%,该产品的售价应为多少?

【解析】

$$拟定售价 = \frac{20 + 10 + 14}{1 - 40\%} \approx 73.33(元)$$

本章小结

短期经营决策分析是指一个经营年度或经营周期内能够实现其目标的决策,主要包括生产决策、定价决策和存货决策等。

与短期经营决策分析相关的成本主要包括差量成本、机会成本、专属成本、边际成本、重置成本、付现成本、可递延成本、可避免成本、可分成本等;无关成本主要包括沉没成本、共同成本、联合成本、不可递延成本、不可避免成本等。

生产决策所涉及的内容可以归结为:生产什么、生产多少以及如何生产,生产决策常用的专门方法有差别损益分析法、贡献毛益分析法和成本平衡点分析法。差别损益分析法,是在计算两个备选方案之间产生的差别收入和差别成本的基础上,计算差别损益,以该差别损益指标作为评价方案取舍标准的一种方法。通常适用于两个备选方案之间的选择,如半成品或联产品是深加工还是直接出售的决策。贡献毛益分析法比较简单,除常被应用于企业开发哪一种新产品决策外,还常用于是否接受特殊价格追加订货决策分析,亏损产品是否停产、转产决策分析,尤其适用于多个方案的择优决策。成本平衡点分析法也叫成本无差别点分析法,是指在各备选方案收入相同(收入不变或为零)的前提下,相关业务量为不确定因素时,计算不同方案总成本相等时的业务量,也就是成本平衡点指标,将之作为评价方案取舍标准的一种方法。成本平衡点分析法常被应用于业务量不确定时零部件取得方式的决策和生产工艺技术方案的决策。

管理会计定价决策中所指的价格是指"企业可控制价格",即企业可以自行决定的价格,企业可控制价格才属于管理会计定价决策的范围。定价决策采用的主要方法有成本加成定价法。成本加成定价法是指以单位产品成本为基础并依照一定的加成率进行加成来确定单位产品售价的方法。

思考与练习

一、简答题

1. 怎样理解相关成本和无关成本?
2. 简述生产决策的方法及适用情况。
3. 简述定价决策的方法及适用情况。
4. 亏损产品要停产吗?为什么?

二、计算分析题

1. 某制造厂有一种通用设备,可以生产 A 产品,也可以生产 B 产品,两种产品预期的销售数量、销售单价和单位变动成本如表 7-21 所示。

表 7-21 两种产品数据资料

项 目	方案Ⅰ(A产品)	方案Ⅱ(B产品)
预期销售数量/件	1 000	500
预期销售单价/(元/件)	11	26
预期单位变动成本/(元/件)	8	22

要求:利用差量分析法对该企业应该选用哪个备选方案进行决策。

2. 某企业现有设备生产能力是 30 000 个机器工时,其利用率为 80%,现准备利用剩余生产能力开发新产品 A、B 或 C,三种产品的资料如表 7-22 所示。

表 7-22 A、B、C 三种产品数据资料

项 目	A 产品	B 产品	C 产品
单位产品定额工时/(小时/件)	2	3	5
单位销售价格/(元/件)	15	25	35
单位变动成本/(元/件)	5	15	20

另外,在生产 C 产品时,需增加设备投入 2 000 元,假设三种产品市场销售不受限制。
要求:利用贡献毛益分析法对企业开发哪个产品进行决策。

3. 某汽车齿轮厂生产汽车齿轮,可用普通铣床、万能铣床或数控铣床进行加工,有关资料如表 7-23 所示。

表7-23 三种铣床数据资料   单位：元

成本项目	普通铣床	万能铣床	数控铣床
变动成本	2.40	1.20	0.60
专属成本	90	180	360

要求：利用成本无差别点分析法进行加工方案决策。

4. 某企业生产A、B、C三种产品，年度会计决算结果表明，A产品盈利75 000元，B产品盈利19 000元，C产品亏损60 000元，其他有关资料如表7-24所示。

表7-24 A、B、C三种产品数据资料

项目	A产品	B产品	C产品	合计
销售量/件	1 000	1 200	1 800	
单位售价/(元/件)	900	700	500	
单位变动成本/(元/件)	700	580	450	
单位贡献毛益/(元/件)	200	120	50	
贡献毛益总额/元	200 000	144 000	90 000	434 000
固定成本/元	125 000	125 000	150 000	400 000
利润/元	75 000	19 000	−60 000	34 000

要求：分析C产品是否应停产。

在线自测

扫描封底刮刮卡 获取答题权限

第八章　存货决策分析

> **学习目标**
> 1. 了解存货决策分析需要考虑的成本因素及相关成本与存货决策的相关性。
> 2. 掌握经济订购批量模型及其应用。
> 3. 掌握经济订购批量模型的扩展,以解决特殊情况下存货决策问题。
> 4. 了解零存货管理的思想和方法。

为保证企业销售和生产的持续进行,生产加工制造业都必须储存一定数量的材料物资。存货数量的多少、质量的好坏,对企业财务状况和经营成果都有很大的影响。为此,如何使存货既能保证销售、生产的需要,而又能使资金占用得到最合理的安排,就成为管理会计的一项重要课题。

知识链接 8-1
存货的含义和作用

第一节　经济订购批量模型

企业的合理存货量应既能满足销售或生产的需要,同时,其所耗的总成本又可达到最低水平。合理的存货量取决于企业是否能确定一个合理的经济订货量。在介绍经济订购批量之前,有必要了解几个相关的成本概念。

知识链接 8-2
有效存货管理的必要条件

一、存货的成本

存货是企业为销售或耗用而储存的各种资产。在制造企业中,存货通常包括原材料、委托加工材料、包装物、低值易耗品、在产品、产成品等。存货对制造企业等绝大部分企业来说是必需的:首先,可保证企业不间断生产对原材料等的需要;其次,可满足产品销售批量化、经常化的需要;再次,可保证企业均衡生产并降低生产成本;最后,可避免或减少经营中可能出现的失误和意外事故对企业造成的损失。

存货管理的任务在于如何恰当地控制存货水平,在保证销售和耗用正常进行的情况下,尽可能节约资金、降低存货成本。因此,存货决策中通常需要考虑以下几项成本。

知识链接 8-3
不同情况下存货成本与存货决策的关系

(一) 采购成本

采购成本是指因购买存货而发生的由买价(购买价格或发票价格)和运杂费(运输费用和装卸费用)构成的成本,其总额取决于采购数量和单位采购成本。由于单位采购成本一般不随采购数量的变动而变动,因此,在采购批量决策中,存货的采购成本通常属于无关成本,但当供应商为扩大销售而采用数量折扣等优惠方法时,采购成本就成为与决策相关的成本。

设年采购成本为 TC_r,年需求总量为 A,可以得到如下公式。

(1) 当不存在数量折扣时,设单位产品采购成本为 p,则年采购成本为:

$$TC_r = pA \tag{8-1}$$

从这个公式可以看出,当不存在数量折扣时,年采购成本与年需求量正相关。当年需求量既定时,无论企业如何安排订货次数或每次订购量,存货的采购成本都是相对稳定的,对订货决策没有影响。在这种情况下进行订购决策时,存货的采购成本不需要考虑,属于决策无关成本。

(2) 当存在数量折扣时,设折扣率为 u,则单位产品采购成本为 $p(1-u)$,此时,年采购成本为:

$$TC_r = p(1-u)A \tag{8-2}$$

可见,当存在数量折扣时,采购成本不仅与年需求量有关,还与数量折扣的折扣率有关。在这种情况下,必须把采购成本纳入决策之中,充分考虑不同折扣率对订货总成本的影响。

(二) 订货成本

订货成本是指为订购货物而发生的各种成本,包括采购人员的工资、采购部门的一般性费用(如办公费、水电费、折旧费、取暖费等)和采购业务费(如差旅费、邮电费、检验费等)。订货成本可以分为两大部分:为维持一定的采购能力而发生的各期金额比较稳定的成本(如折旧费、水电费、办公费等),称为固定订货成本;随订货次数的变动而成比例变动的成本(如差旅费、检验费等),称为变动订货成本。

在订货批量决策中,一般无须考虑固定订货成本,因此订货成本通常指的是变动订货成本,即订货成本随订货次数的变化而变化,与每次订货数量无关。设年订货成本为 TC_a,每次订货的订货成本为 P,年需求总量 A 既定,每次订货数量为 Q,则年订货次数为:

$$N = A/Q \tag{8-3}$$

年订货成本为:

$$TC_a = NP = \frac{A}{Q}P \tag{8-4}$$

(三) 储存成本

储存成本是指为储存存货而发生的各种费用,通常包括两大类:一是付现成本,包括支付给储运公司的仓储费、按存货价值计算的保险费、陈旧报废损失、年度检查费用以及企业自设仓库发生的所有费用;二是资本成本,既包括由于投资于存货而不投资于其他可盈利对象所形成的机会成本,又包括用于购置存货的银行借款利息。储存成本也可分为两部分:凡总额稳定,与储存存货数量的多少及储存时间长短无关的成本,称为固定储存成本;凡总额大小取决于存货数量的多少及储存时间长短的成本,称为变动储存成本。

储存成本中的固定部分和变动部分,可依据历史成本资料,采用高低点法等方法进行分解。分解出的确定的固定储存成本属于存货决策中的无关成本,可不予考虑。变动储存成本随着存货储存数额的增减成正比例变动,如存货资金的应计利息、存货残损和变质的损失、存货的保险费用等,这类成本属于决策的相关成本。

若以 TC_c 代表年储存成本,C 为单位存货年存储成本,Q 为每次订货数量,则年储存成本可按下述两种情况分别计算。

当每次(批)订货一次全额到达,在订货间隔期(即供应周期)内陆续均衡耗时,年储存成本应为:

$$TC_c = \frac{Q}{2}C \qquad (8-5)$$

当每次(批)订货在一定的到货期间内分若干日(或若干个周期)均匀到达,且在订货间隔期内陆续均衡耗用时,年储存成本应为:

$$TC_c = \frac{Q}{2}\left(1-\frac{Y}{X}\right)C \qquad (8-6)$$

式中,X 为到货期间内每日到货量;Y 为供应周期内每日耗用量。

(四)缺货成本

缺货成本是指由于存货数量不能及时满足生产和销售的需要而给企业带来的损失。例如,因停工待料而发生的损失(如无法按期交货而支付的罚款、停工期间的固定成本等),由于商品存货不足而失去的创利额,因采取应急措施补足存货而发生的超额费用等。缺货成本大多属于机会成本,由于单位缺货成本往往大于单位储存成本,因此,尽管其计算比较困难,也应采用一定的方法估算单位缺货成本(短缺一个单位存货一次给企业带来的平均损失),以供决策之用。

缺货成本的多少与存货储备量的大小有关:当订购数量、保险储备量较大时,缺货的次数和数量就较少,缺货成本就较低;反之,缺货次数和数量就较多,缺货成本就较高。不过,当订购数量、保险储备量较大时,储存成本也较高;而当订购数量、保险储备量较小时,储存成本也较低。在允许缺货的情况下,缺货成本是与决策相关的成本,但在不允许缺货的情况下,缺货成本是与决策无关的成本。

若以 TC_s 代表年缺货成本,Q_s 为每次缺货量,K_u 为单位缺货成本,N_s 为年缺货次数,则年缺货成本可按下式计算:

$$TC_s = N_s Q_s K_u \qquad (8-7)$$

综上所述,年存货总成本(TC)可用下式表示:

$$T = TC_r + TC_a + TC_c + TC_s \qquad (8-8)$$

即:

年存货总成本=年采购成本+年订货成本+年储存成本+年缺货成本

$$(8-9)$$

该式将在后面的模型中反复使用,具体进入模型的变量视条件而定。

知识链接 8-4 有效产出会计与存货管理

二、基本经济订购批量模型

由上可知,企业存货的总成本由存货的采购成本、订货成本、储存成本和缺货成本构成,存货的订货次数和每批订货的数量影响每种成本的变化。在实际应用中,我们要通过存货管理的经济订购批量（Economic Order Quantity，EOQ）模型确定订购批量。所谓经济订购批量，是指在保证正常生产经营的前提下，能使企业在存货上花费的相关总成本最低的每次订货量。在不同条件下，经济订购量控制所考虑的相关成本的构成不同。下面首先介绍基本经济订购批量模型。

（一）基本假设

基本经济订购批量模型是存货管理中最简单的一个，用来辨识使持有库存的年储存成本与订货成本之和最小的订货批量。在这个模型中，涉及以下几个假定：(1)只涉及一种产品；(2)年需求量既定；(3)每批订货一次收到；(4)不考虑允许缺货的情况；(5)没有数量折扣。

在这个模型中，因为不存在数量折扣，在年需求总量一定的条件下，年采购成本是既定的，与订货批次的多少无关；同时由于不允许缺货，缺货成本也是决策无关成本。因此，最后进入模型的只有订货成本与储存成本，即：

$$年存货总成本 = 年订货成本 + 年储存成本 \qquad (8-10)$$

（二）基本经济订购批量模型

年需求量已定的情况下，降低订购批量，必然增加订货批次。一方面，存货的储存成本（变动储存成本）随平均储存量的下降而下降；另一方面，订货成本（变动订货成本）随订购批次的增加而增加。反之，减少订货批次必然要增加订购批量，在减少订货成本的同时，储存成本将会增加。可见，存货决策的目的就是确定使这两种成本合计数最低时的订购批量，即基本经济订购批量，如图8-1所示。

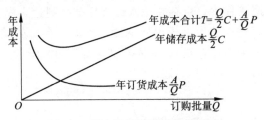

图 8-1 基本经济订购批量模型图

为了建立经济订购批量的数学模型，设 A 为某种存货全年需要量；Q 为订购批量；Q^* 为经济订购批量；A/Q 为订购批次；A/Q^* 为经济订购批次；P 为每批订货成本；C 为单位存货年储存成本；T 为年成本合计（年订货成本和年储存成本的合计）；T^* 为最低年成本合计。

由于年成本合计等于年订货成本与年储存成本之和，因此有：

$$T = \frac{Q}{2}C + \frac{A}{Q}P \qquad (8-11)$$

年订货成本、年储存成本及年成本合计的图形如图8-1所示，从图中可以看出，T（年成本合计）是一条凹形曲线，当其一阶导数为零时，其值最低。经济订购批量就是年成本合计最低时的订购批量，其计算公式为（推导过程略）：

$$经济订购批量\ Q^* = \sqrt{\frac{2AP}{C}} \qquad (8-12)$$

$$经济订购批次\ \frac{A}{Q^*} = \sqrt{\frac{AC}{2P}} \qquad (8-13)$$

$$年最低成本合计\ T^* = \sqrt{2APC} \qquad (8-14)$$

【例 8-1】 某公司全年需用甲材料 880 千克，单位采购成本为 5 元，每次订货成本为 28 元，年储存成本为每千克 90 元。试求该公司的经济订购批量、年最低存货成本及年经济订购批次。

【解析】 依题意有 $A=880$ 千克，$P=28$ 元，$C=90$ 元，根据公式计算如下：

$$\text{经济订购批量} \quad Q^* = \sqrt{\frac{2AP}{C}} = \sqrt{\frac{2\times 880 \times 28}{90}} \approx 23.40 \text{（千克）}$$

$$\text{经济订购批次} \quad \frac{A}{Q^*} = \sqrt{\frac{AC}{2P}} = \sqrt{\frac{880 \times 90}{2 \times 28}} \approx 38 \text{（次）}$$

$$\text{年最低成本合计} \quad T^* = \sqrt{2APC} = \sqrt{2 \times 880 \times 28 \times 90} \approx 2\,106 \text{（元）}$$

第二节 经济订购批量模型的扩展应用

在实际工作中，由于各种因素的影响，需要对前述基本经济订购批量模型进行扩展，以确定不同状况下的经济订购批量，从而降低成本。

一、一次订货，边进边出情况下的决策

前面推导确定的基本经济订购批量模型，其前提是假定一次订购的货物一次全部到达后再陆续使用。但在实际工作中，也存在一次订货后陆续到达入库并陆续领用的情况。这时，由于存货边进边出，进库速度大于出库速度，因此，存货的储存量低于订货批量（基本经济订购批量模型中的最高储存量）。其库存情况如图 8-2 所示。

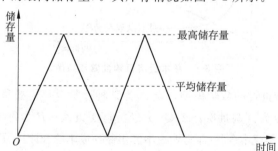

图 8-2 边进边出情况下存货量的变化

在存货边进边出模型中，决策相关成本包括订货成本和储存成本。其中，储存成本又与存货的每日进库量和每日消耗量相关。为了便于建立扩展数学模型，需要补充设定几个符号（其他符号的含义仍同基本数学模型）：X 为每日送达存货的数量，Y 为每日耗用存货的数量，则一次订货、边进边出时经济订购批量（Q^*）及最低年成本合计（T^*）的计算公式为（推导过程略）：

$$\text{经济订购批量} \quad Q^* = \sqrt{\frac{2AP}{C\left(1-\dfrac{Y}{X}\right)}} \qquad (8\text{-}15)$$

$$\text{年最低成本合计} \quad T^* = \sqrt{2APC\left(1-\dfrac{Y}{X}\right)} \qquad (8\text{-}16)$$

【例 8-2】 某企业生产甲产品,全年需用 B 零件 10 000 件,每次订购成本为 100 元,每个 B 零件年储存成本为 1.2 元。该零件在供应周期内每日进库量为 200 件,每日耗用量为 80 件。为使存货相关总成本最低,该企业应如何确定 B 零件的经济订购批量?

【解析】 将本例有关数据代入式(8-14),则:

$$经济订购批量\ Q^* = \sqrt{\frac{2AP}{C\left(1-\frac{Y}{X}\right)}} = \sqrt{\frac{2 \times 10\ 000 \times 100}{1.2 \times \left(1-\frac{80}{200}\right)}} \approx 1\ 667(件)$$

计算结果表明,该企业在存货边进边出条件下,B 零件的经济订购批量应为 1 667 件,此时该零件的存货总成本达最低值。

$$T^* = \sqrt{2APC\left(1-\frac{Y}{X}\right)} = \sqrt{2 \times 10\ 000 \times 100 \times 1.2 \times \left(1-\frac{80}{200}\right)} \approx 1\ 200(元)$$

二、有数量折扣时的决策

为了鼓励购买者多购买商品,供应商对大量购买的商品常常实行数量折扣价,即规定每次订购量达到某一数量界限时给予价格优惠。于是,购买者就可以利用数量折扣价,取得较低商品价、较低运输费和较低年订购费用,并且从大批量购买中折扣的节约部分可能超过储存成本。当存在数量折扣时,货物的采购成本随折扣的增加而减少,此时的经济订购批量模型就不仅包括订货成本和储存成本,还应该包括采购成本。即

$$年成本合计 = 采购成本 + 订货成本 + 储存成本 \tag{8-17}$$

这时,上述三种成本的年成本合计最低的方案才是最优方案。

【例 8-3】 某企业全年需用 A 零件 2 400 个,每件每年储存成本 0.6 元,每次订货成本 55 元。供应商规定:每次订货量达到 800 个时,可获 3% 的价格优惠;不足 800 个时,单价为 50 元。要求:对是否应考虑按数量折扣购买做出决策。

【解析】 (1)计算没有数量折扣时的经济订购批量。因为按一般原则,当有可能获取数量折扣价时,最低订购量可由经济订购批量 Q^* 来确定:

$$Q^* = \sqrt{\frac{2AP}{C}} = \sqrt{\frac{2 \times 2\ 400 \times 55}{0.6}} \approx 663(个)$$

于是,最佳订购量必然是 800 个或 663 个,没有其他订购数量比这两个数量更经济。

(2)计算不考虑数量折扣时的年成本合计。

由于 A 零件全年需要量为 2 400 个,而经济批量为 663 个,经济订货批次为 3.6 次(2 400÷663≈3.6)。实际工作中,按就近原则安排,因此订货批次为 4 次,每次采购数量为 600 个。即:

$$采购成本 = 2400 \times 50 = 120\ 000(元)$$
$$订货成本 = (2\ 400/60) \times 55 = 220(元)$$
$$存储成本 = (600/2) \times 0.6 = 180(元)$$
$$年成本合计 = 120\ 000 + 220 + 180 = 120\ 400(元)$$

(3)计算考虑数量折扣时的年成本合计。

$$采购成本 = 2\ 400 \times 50 \times (1-3\%) = 116\ 400(元)$$
$$订货成本 = (2\ 400/800) \times 55 = 165(元)$$

$$存储成本=(800/2)\times 0.6=240(元)$$
$$年成本合计=116\ 400+165+240=116\ 805(元)$$

比较(2)和(3)的结果可知，接受数量折扣可使存货成本降低 3 595(120 400－116 805)元，因此应选择接受数量折扣的方案。

三、订单批量受限时的决策

实际工作中，许多供应商只接受整数批量的订单，如按打、百件、吨等单位来计量。在这种情况下，采用经济订购批量基本数学模型计算出来的 Q^*，如果不等于允许的订购量之一，就必须在 Q^* 的两边确定两种允许数量，通过计算各自的年度成本总额来比较优劣。

【例 8-4】 某供应商销售 A 材料时，由于包装运输原因，只接受 200 件的整数倍批量的订单(如 200 件、400 件、600 件等)，不接受有零数或非 200 件整数倍的订单(如 500 件)。南方公司全年需用 A 材料 1 800 件，每次订货成本为 120 元，每件年储存成本为 2 元。要求：做出订购批量受限时的最优决策。

【解析】 (1)计算不考虑订单限制时的经济订购批量。

$$Q^*=\sqrt{\frac{2AP}{C}}=\sqrt{\frac{2\times 1\ 800\times 120}{2}}\approx 465(件)$$

由于经济订购批量为 465 件，不是供应商所要求的整数批量，因而只能在 465 件的左右选择 400 件和 600 件，通过比较这两个批量的年度总成本来确定最佳订购批量。

(2)订购 400 件时的年度总成本。

$$储存成本=\frac{Q}{2}C=\frac{400}{2}\times 2=400(元)$$

$$订购成本=\frac{A}{Q}P=\frac{1800}{400}\times 120=540(元)$$

$$年成本合计=400+540=940(元)$$

(3)订购 600 件时的年度总成本。

$$储存成本=\frac{Q}{2}C=\frac{600}{2}\times 2=600(元)$$

$$订购成本=\frac{A}{Q}P=\frac{1\ 800}{600}\times 120=360(元)$$

$$年成本合计=600+360=960(元)$$

由此可见，订购批量受限时的最佳决策是每次订购 400 件。上述情况可如图 8-3 所示。

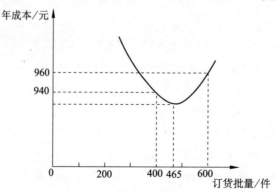

图 8-3 订单批量受限时的决策

四、储存量受限制时的决策

实际上,每个企业的储存空间是有限的,储存量不能无限制扩大。在这种情况下,如果计算确定的经济订购批量大于储存约束性因素的数值(超过现有最大储存量),那么最佳的订购批量就是该约束性因素的值。具体如图 8-4 所示。

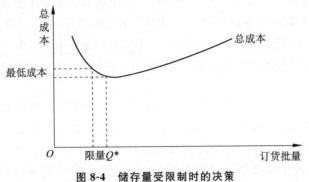

图 8-4　储存量受限制时的决策

当储存量含有约束性因素时,也可以通过某些方法(如租用新的库房、建造新的仓库等)来增加储存量,以达到最佳储存量(经济订购批量)的要求。但这样做在经济上是否合算呢?

【**例 8-5**】　某公司每年需要 A 材料 250 000 千克,每次订货成本 1 080 元,每千克全年储存成本为 0.6 元。该公司目前仓库最大储存量为 25 000 千克,考虑到业务发展的需要,已有意向租用一可储存 20 000 千克 A 材料的仓库,年租金约为 3 500 元。要求对此进行最优储存的决策?

【**解析**】　(1) 计算没有任何限制时的经济订购批量和年成本合计。

$$Q^* = \sqrt{\frac{2A \times P}{C}} = \sqrt{\frac{2 \times 250\,000 \times 1\,080}{0.6}} = 30\,000(千克)$$

$$T^* = \sqrt{2A \times P \times C} = \sqrt{2 \times 250\,000 \times 1\,080 \times 0.6} = 18\,000(元)$$

(2) 由于该公司目前仓库的最大储存量只有 25 000 千克,小于经济订购批量(30 000 千克),因此,需要在扩大仓储量和按目前最大储存量储存之间作出选择。

如果一次订购 25 000 千克(根据约束性因素的限制所能做到的最佳选择),其年成本合计为:

$$储存成本 = \frac{Q}{2} \times C = \frac{25\,000}{2} \times 0.6 = 7\,500(元)$$

$$订购成本 = \frac{A}{Q} \times P = \frac{250\,000}{25000} \times 1080 = 10\,800(元)$$

$$年成本合计 = 7\,500 + 10\,800 = 18\,300(元)$$

(3) 比较选择。由于不受任何限制时的最佳存货年成本合计为 18 000 元,而不扩大仓储时的限制存货的年成本合计为 18 300 元,因此,从增加仓储方案角度看预期可以节约 300 元。但由于增加仓储需要多支付租金 3 500 元。因此,不应增加仓储,而应按 25 000 千克的批量分批订购。

五、允许缺货条件下的经济订购批量模型

前面在对经济订购批量进行计算时,曾做过企业不允许缺货的假定。但是在实际生产经营过程中,由于种种原因,存货短缺的情况经常发生。因此,某些容易缺货的企业还需要在允许缺货的情况下计算经济订购批量。所谓允许缺货,是指由于某种原因导致存货短缺,但只需支付少量的缺货费用,对企业信誉、生产经营活动并不造成重大损失;或者为避免存货短缺而增加保险储备量所付出的代价,比因缺货而发生的经济损失还要大,此时,发生存货短缺在经济上对企业是有利的,故应当允许缺货。这时,企业管理者的职责就是:对存货短缺的具体情况进行分析,确定在允许缺货条件下的经济订货批量,以使其存货成本达到最低水平。

在允许缺货条件下,企业对经济订购批量的确定,除了要考虑订货成本与储存成本以外,还需对可能发生的缺货成本加以考虑,即能使三项成本总和最低的批量是经济订购批量。

设 U 代表缺货量,Q^* 代表经济订购批量,P 代表每次订货的订货成本,C 代表单位年储存成本,K_U 代表单位缺货年缺货成本,d 代表存货日消耗量,T_1 为不缺货的天数,T_2 为缺货天数,则一个购货周期 $T = T_1 + T_2$,如图 8-5 所示。

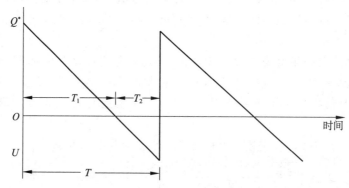

图 8-5 允许缺货条件下库存量的变化

如图所示:

T 时间段内最高库存量为 $(Q^* - U)$;T_1 时间内平均库存为 $\dfrac{Q^* - U}{2}$;T_2 时间内平均库存为 $\dfrac{U}{2}$,则:

$$T_1 = \frac{Q^* - U}{d} \tag{8-18}$$

$$T_2 = \frac{U}{d} \tag{8-19}$$

$$T = T_1 + T_2 = \frac{Q^* - U}{d} + \frac{U}{d} = \frac{Q^*}{d} \tag{8-20}$$

由此可得:

$$\text{平均库存量} = \frac{T_1 \dfrac{Q^* - U}{2}}{T} = \frac{\dfrac{Q^* - U}{d} \times \dfrac{Q^* - U}{2}}{\dfrac{Q^*}{d}} = \frac{(Q^* - U)^2}{2Q^*} \tag{8-21}$$

$$\text{平均缺货量} = \frac{T_2 \frac{U}{2}}{T} = \frac{\frac{U}{d} \times \frac{U}{2}}{\frac{Q^*}{d}} = \frac{U^2}{2Q^*} \tag{8-22}$$

则：

$$\text{订货成本} = \frac{A}{Q^*} P \tag{8-23}$$

$$\text{存储储成} = \frac{(Q^* - U)^2}{2Q^*} C \tag{8-24}$$

$$\text{缺货货成} = \frac{U^2}{2Q^*} K_U \tag{8-25}$$

此时，有：

存货总成本＝订货成本＋储存成本＋缺货成本

即：

$$T = TC_a + TC_C + TC_S \tag{8-26}$$
$$= \frac{AP}{Q^*} + \frac{(Q^* - U)^2 C}{2Q^*} + \frac{U^2 K_U}{2Q^*}$$

以 U 和 Q^* 为自变量，对 TC 求偏导，并令其为 0，可得（推导过程略）：

$$Q^* = \sqrt{\frac{2AP}{C} \times \frac{C + K_u}{K_u}} \tag{8-27}$$

【例 8-6】 某企业生产某种零件，全年需用某特种材料 9 000 千克，假设企业允许缺货，每次订货成本 40 元，每千克材料年储存成本为 0.5 元，其单位缺货损失为 2 元。为尽可能降低缺货条件下的存货成本，该企业应如何确定所需的某特种材料的经济订购批量？

【解析】 依题意有 $A=9\,000$，$P=40$，$C=0.5$，$K_U=2$，将以上数据代入式(8-26)，则允许缺货条件下的经济订购批量为：

$$Q^* = \sqrt{\frac{2AP}{C} \times \frac{C + K_u}{K_u}} = \sqrt{\frac{2 \times 9\,000 \times 40}{0.5} \times \frac{0.5 + 2}{2}} \approx 1\,342 \text{（千克）}$$

允许的缺货量为：

$$U = 1\,342 \times \frac{0.5}{0.5 + 2} \approx 268 \text{（千克）}$$

计算结果表明，某企业在目前允许缺货的条件下，某特种材料的经济订购批量为 1 342 千克，允许缺货量为 268 千克，这样可使其有关成本保持在最低水平。

第三节 再订购点及储存期控制

经济订购批量模型解决了每次订购多少货物的问题，但还没有回答何时订购，以及在何时必须清货的问题。在存货管理和控制过程中，通常会遇到发出订单与收到货物不在一个时点的情况，一般是发出订单若干天后，才会陆续到货。因此必须对再订购点进行确认。另外，对于某些易腐坏、易过期的商品而言，最长可以储存多久、何时打折或清货才能保证企业的预期利润或者弥补成本，是储存期控制所要解决的问题。下面分别对这两个存货管理的重要组成部分进行分析。

一、再订购点的确定

为了保证生产和销售活动的连续性,企业应在存货用完或售完之前再一次订货。订购下一批货物的存货存量(实物量或金额,下同)叫再订购点。如何使各种存货的成本之和达到最低限度,是再订购点决策所要解决的问题。

一般来讲,当库存存货量降到采购间隔期的耗用量加上安全库存量的总和时,就应再次订购货物。在这种情况下,当存货量降到上述水平时即发出订购单,在库存存货量等于安全库存量时,新的货物预期可运到。根据这一原理,再订购点的计算公式可确定如下:

$$再订购点 = (采购间隔日数 \times 平均每日用量) + 安全库存量 \qquad (8\text{-}28)$$

【例 8-7】 某种商品的安全库存量为 200 件,采购间隔期为 12 天,年度耗用总量为 12 000 件,假设每年有 300 个工作日,则:

$$该商品的再订购点 = \frac{12\ 000}{300} \times 12 + 200 = 680(件)$$

如果该商品的年储存成本为 1.5 元,每次订购成本为 240 元,则其最佳订购批量为:

$$Q^* = \sqrt{\frac{2AP}{C}} = \sqrt{\frac{2 \times 12\ 000 \times 240}{1.5}} \approx 1\ 960(件)$$

以上计算结果如图 8-6 所示。

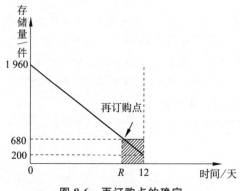

图 8-6 再订购点的确定

从图 8-6 可以看出,当存货降至 680 件时,即应按最佳订购批量(1 960 件)发出订单。在发出订单和收到订货的 12 天内,耗用速度是每天 40(12 000/300)件。如果能够按计划进行,12 天后,当新采购货物到达企业时,存货大约还有 200 件。图中 R 为再订购点。

二、储存期控制

对于某些容易腐烂的物品(如新鲜蔬菜、水果、海鲜)以及有效期短的物品(如报纸、杂志、专用仪器的备件等),在考虑订购批量和再订购点的同时,还必须考虑物品的储存期限。这些物品如果超期仍然未售出或未使用将会损害企业的利益。例如,一天没售出的烤面包往往会降价出售,剩余的海鲜可能会被扔掉,过期杂志则会廉价出售给旧书店。同时,处置剩余商品还会发生费用。这时,就需要对这些易过期的货物进行储存期控制。

储存期控制是根据本量利的平衡关系式来分析的,即:

利润＝毛利－固定储存费－销售税金及附加－每日变动储存费×储存天数　（8-29）

从式中可以看出，由于变动储存费随着存货储存期的延长而不断增加，造成了储存成本的增加，利润不断减少，利润与费用之间此增彼减的关系实际上是利润与变动储存费之间此增彼减的关系。当毛利扣除固定储存费和销售税金及附加后的差额，被变动储存费抵消到恰好等于企业目标利润时，表明存货已经到了保利期；当它完全被变动储存费抵消时，便意味着存货已经到了保本期。无疑，存货如果能够在保利期内售出，可获得的利润便会超过目标值；反之，将难以实现既定的利润目标。倘若存货不能在保本期内售出，企业便会遭受损失。

【例 8-8】 某海鲜批发市场购进某种鲜鱼 1 000 条，假设每条鱼的重量相等，平均进价为 10 元，售价 13.5 元，经销该批鲜鱼的一次性固定储存费用为 200 元，若货款均来自银行贷款，年利率 8.8%，该批存货的月保管费用率为 86.35%，价内的销售税金及附加为 80 元。

要求：(1) 计算该批存货的保本储存期。

(2) 若企业要求获得 2% 的投资利润率，计算保利期。

(3) 若该批存货实际储存了 9 天，能否实现 2% 的目标投资利润率？差额多少？

(4) 若该批存货亏损了 160 元，求实际储存天数。

【解析】 (1) 每日变动储存费＝购进批量×购进单价×日变动储存费率

$$=1\,000\times 10\times\left(\frac{8.8\%}{360}+\frac{86.35\%}{30}\right)\approx 290(元)$$

保本储存天数＝（毛利－固定储存费－销售税金及附加）÷每日变动储存费

$$=[(13.5-10)\times 1\,000-200-80]\div 290\approx 11.1(天)$$

(2) 利润＝投资额×投资利润率

$$=1\,000\times 10\times 2\%=200(元)$$

保利储存天数＝（毛利－固定储存费－销售税金及附加－目标利润）÷每日变动储存费

$$=[(13.5-10)\times 1\,000-200-80-200]\div 290\approx 10.4(天)$$

(3) 批进批出经销该商品实际获利额＝每日变动储存费×（保本储存天数－实际储存天数）＝290×(11.1－9)＝609(元)

$$\Delta 利润＝实际利润－目标利润＝580-200=380(元)$$

$$\Delta 利润率＝实际利润率－目标利润率$$

$$=\frac{580}{1\,000\times 10}-2\%=3.8\%\quad（能够超额完成）$$

(4) 实际储存天数＝保本储存天数－该批存货获利额÷每日变动储存费

$$=11.1-(-160)\div 290=11.6(天)$$

通过对存货储存期的分析与控制，可以及时了解企业的存货信息，比如有多少存货已过保本期或保利期、金额多大、比重多高。经营决策部门收到这些信息后，可以针对不同情况采取相应的措施。一般而言，凡是已经过了保本期的商品大多属于积压呆滞的存货，企业应当积极推销，压缩库存，将损失降至最低限度。对超过保利期但未过保本期的存货，应当首先检查销售状况，查明原因，分析是人为所致还是市场行情已经逆转，有无过期积压存货的可能，若有，需尽早采取措施。至于那些尚未超过保利期的存货，企业应密切监控，以防发生过期损失。财务部门还应当通过调整资金供应政策，促使经营部门调整产品结构和投资方向，推动企业存货结构的优化，压缩存货储存期，提高存货的投资效率。

第四节　零存货管理

一、零存货管理与传统存货管理

随着人们对生产过程控制能力的加强，要求存货管理的每一个步骤都应是满足生产经营所必需的——产品按顾客要求的时间交货、材料或部件按生产需要送达，从而产生了适时生产的要求(此时的生产系统称为适时制生产系统，即 just-in-time，JIT)。

适时制要求零存货管理，这与传统存货管理产生了差异。传统存货管理承认存货存在的合理性，要求按照各种模型确定的计划引入存货；而零存货管理则要求企业按需要引入存货，并通过不懈努力去减少存货、降低存货成本。可见，零存货管理与传统存货管理的理念是冲突的。传统存货管理提倡持有一定水平的存货，以达到相关成本最低；而零存货管理的最终目的是消除存货，以达到总成本最低。在适时制下，存货被认为对企业的经营存在负面影响。

（1）企业持有存货，占压流动资金。当企业持有大量存货时，相应数额的资金就会暂时沉淀下来，直到产成品销售出去才能重新参加周转。如果企业存货严重积压，为了支付工资、水电费等必要的开支，企业可能被迫增加举债，支付额外的利息；反之，如果企业能够大量减少存货，甚至是零存货，并将这部分资金运用到其他方面，如投资于证券等，则可以取得投资收益。可见，企业持有存货是存在机会成本的。

（2）企业持有存货，会发生仓储成本。大量存货必然要占用仓储空间，要耗费企业人工进行管理，存货本身在仓储过程中也可能发生损耗。这种仓储成本和管理成本都将提高企业的成本水平。

（3）企业持有存货，可能掩盖生产质量问题，掩盖生产的低效率，增加企业信息系统的复杂性。例如，企业在后一道工序加工过程中，如果发现从在产品库中取出的在产品有次品，则可以再去在产品库中取用合格品，这时次品的出现不会导致严重的后果，不会立即引起管理人员的重视，不利于企业寻找次品出现原因以不断提高产品质量。再如，假设企业生产效率低，当市场需要大量成品时，因为有库存成品起缓冲的作用，不利于督促企业提高生产效率。

持零存货管理观点的人还认为，适时制同样使生产准备成本和储存成本最小化，但看问题的角度完全不同：传统方法是在接受生产准备成本或订货成本的存在合理性的前提下，发现了企业成本最低的条件，即变动订货成本与变动储存成本、生产准备成本与变动储存成本相等；而适时制是在不接受生产准备成本或订货成本的前提下，试图使这些成本趋于零。其措施是缩减生产准备的时间和与供货商签订长期合同。一方面，通过和少数指定的供货商签订外供材料的长期合同，随时在需要时向指定供货商要求将生产材料直接运送至生产场所，定期结算，减少生产准备时间等，这样显然可以减少订货的数量及相应的订货成本。另一方面，缩减生产准备时间，要求公司为生产准备寻找更新、更有效率的方法。经验已经证明，生产准备时间是可以大幅缩减的。生产准备时间的缩减必然导致生产准备成本大大降低。如果生产准备成本和订货成本能够降至一个不重要的水平，那么唯一需要最小化的成本就是储存成本，而该成本随着存货的下降也会降到一个不重要的水平。显然，适时制生产系统下的企业成本会大大低于传统生产系统下的企业成本。

二、零存货管理的实施

要想顺利实施零存货管理，达到理想效果，必须先解决两个问题。

第一，如何能够实现很低的存货水平，甚至是零存货？如果企业不能有效地降低存货水平，实施零存货管理就失去了意义。

第二，在存货水平很低，甚至是零存货的情况下，如何能保持生产的连续性？这是实施零存货管理的前提条件。如果在生产需要时不能保证供应足够的原材料、在产品，或不能按销售合同规定的时间交付合格的产成品，将置企业于很不利的境地，企业实施零存货管理就会得不偿失。

所以，既能降低存货水平，又不影响企业生产的均衡进行，是零存货管理实施的关键。

（一）采用拉式生产系统或推式生产系统

对于加工装配式生产，产品由许多零件构成，每个零件要经过多道工序加工。组织这样的生产，可以采用两种不同的发送生产指令的方式：推式生产系统和拉式生产系统。

▶ 1. 推式生产系统

首先由计划部门按零件计算出需要量和各个生产阶段的生产提前期，确定每个零件的投入产出计划，按计划发出生产和订货的指令。每一生产车间和每一工作都按计划制造零件，将实际完成情况反馈到计划部门，并将加工完的零件送到后续生产车间和后一道工序，不管后续车间和工序当时是否需要。

对于推式生产系统，进行生产控制就是要保证按生产作业计划的要求按时完成任务，但实际上，一般不能做到每道工序都按时完成，这就需要取得实际进度和计划进度偏离的信息，并采取纠正措施。推式生产系统的生产提前期很难预测准确，因此本身有很大误差，即使是物料资源计划比较完善的推式生产系统，也难以做到准时生产。

在传统的推式生产系统中，员工致力于减少在自己工序中堆积的存货。每一个工序的员工从在产品库中取得原料、完成加工后，将产品放入另一个在产品库中，这样就转移给了下一道工序，员工注重的是自己所在工序的生产效率。在推动式系统中，各个工序之间相互独立，在产品存货量较大，可以满足不同生产效率的各个工序的生产需求，如果出现次品或废品，可弃置一旁，而不会打断生产，引起机器的停工待料。推动式生产系统一般适用于供应小于需求的卖方市场状况。由于结构性问题在于生产不出来而不是卖不出去，因此，重视生产、刺激效率提升就成为提高经济效益的唯一重心。

▶ 2. 拉式生产系统

首先从产品装配出发，每道工序和每个车间按照当时的需要向前一道工序和车间提出要求，发出工作指令，前面的工序和车间完全按这些指令进行生产。

在拉式生产系统中，每一个工序的员工致力于补充后续工序的员工耗用掉的存货，绝对禁止生产超量的存货。当存货量达到确定的上限时，该工序要停止工作，直到后续工序从在产品库中取走在产品为止。因此，后续工序从在产品库中取走在产品这一行为决定了该工序继续生产。在这一方法下，存货水平较低，因而需要全体员工的努力。为了避免停工，必须保持均衡的加工速度和良好的设备工作状态。此外，还要能及时发现和解决出现的质量问题。

为使拉式生产系统运作起来，管理者必须接受这样一个观念，即宁可让员工闲着，也不要让他们生产出超出限额的存货。在生产间歇，工人可以对机器设备进行保养，防止在生产进程中出现由于机器故障而停产的现象。拉式生产系统还需要管理者周密地计划、员工积极地参与决策以及由注重每个工序的绩效到注重整个过程的绩效的转变。如果每道工序都按其后一道工序的要求，在适当的时间按需要的产品和数量生产，就可以实现真正的按需生产。

拉式生产系统一般适用于供应大于需求的买方市场状况，由于结构性问题在于卖不出去而不是生产不出来，因此，重视销售、以销定产就成为提升经济效益的唯一和重心。

（二）改变材料采购策略

按照传统的管理会计模式，在企业根据生产需要外购原材料时，一般首先是使用经济订购批量模型，确定企业采购的最佳批量。随后，采购部门根据已确定的材料品种、规格、数量去联系供货商。下一步是根据几个供货商所提出的价格和结算条件等进行比较，选择其中较为理想的供货商签订合同，经过提货、发运至企业后，组织人力进行材料检验，检查材料质量，核对数量、规格等是否与合同规定相符，决定是否入库，并根据合同规定的结算条件与供货商结算材料价款。在传统方式下，企业一般持有一定水平的原材料存货，其中除了供日常耗用，还包括一部分保险储备。企业与供货商的关系是不确定的，企业所需的材料没有固定的供货商。

在适时制下，既要求企业持有尽可能低水平的存货，只在需要的时间购进需要的材料，又不允许企业因原材料供应中断影响到生产正常进行。这就给企业的采购部门提出了很高的要求：一是材料供应的及时性，即必须能够在生产部门有原材料需求时，将所需原材料迅速、准时地采购并运至企业，否则就会引起停工待料现象的产生；二是采购的原材料在质量上必须有保证。根据这两个基本要求，企业就不能采用传统方式下的采购模式，因为按照传统模式，从寻找合适的供货到订货、交货，即使一切顺利，也要经过较长一段时间，不能保证供货的及时性。企业对供货商情况不了解，不可能保证订购材料的质量。为了解决这一问题，适时制为企业和供货商之间建立了一种全新的利益伙伴关系。建立这种关系的原则为：

（1）在原材料采购上，只与少数比较了解的供应商发展长期合作关系。

（2）在选择供货商时既要考虑其供货的价格，同时也应考虑其服务质量和材料质量。在选择供货商问题上，价格因素当然起十分重要的作用，但供货商服务的质量（即供货商能否在企业随时提出需求时，都能快速交货，保证供货的及时性）和所供应原材料的质量，企业也应同样予以重视，这是适时制本身的特点所决定的。

（3）建立生产员工直接向经批准的供货商订购生产所需原材料的流程。

（4）将供货商的供货直接送至生产场所。这样做的好处有：缩短了从订购到投入生产的时间，增强了供货的及时性；生产工人直接从车间取得材料，缩短了搬运距离，节约了人工搬运成本。

（5）为达到缩减原材料存货的理想效果，企业和供货商都需要付出很多努力。制造企业和供货商必须相互信任并树立信心，同时双方必须有团队精神。制造企业在选择供货商问题上应慎重并全盘考虑，侧重考虑的因素主要包括供货的价格、质量和及时性。确定供货商以后，应和供货商签订长期合同，直接与指定供货商联系原材料的购进，生产员工也必须参与决策。原材料的供货商必须明确一点：供货商的经济利益是与购货商的经济利益密切相关的，供需双方紧密的长期合作关系对两方都是有利的。制造企业为供货商提供了一个稳定的销售市场，制造企业的发展壮大必然带动供货企业的发展壮大，因此供货商应尽可能为制造商提供服务。适时制的目的也并不是要把存货的仓储成本转嫁给供货商。买方提供给卖方的生产计划信息同样可使供货商减少存货，并最终使成本最小化。这样，供货商就能够保持经常性的小批量生产，而不是间歇性的大批量生产。

（三）建立无库存的生产制造单元

为了减少库存，提高工作效率，需要对车间进行重新布置与整理。对车间进行重新布置的一个重要内容是建立制造单元，制造单元是按产品对象布置的。一个制造单元配备有各种不同的机床，可以完成一组相似零件的加工。

制造单元有两个明显的特征。一是在该制造单元内，工人随着零件走，从零件进入单元到加工完毕离开单元，是一个工人操作。工人不是固定在某一台机器上，而是逐次操作多台不同的机器。这与一般的多机床操作不同。一般的多机床操作是由一个工人操作多台相同的机器。二是无库存生产的制造单元具有很大的柔性，它可以通过制造单元内的工人数量使单元的生产率与整个系统保持一致。

每个工序都要有一个入口存放处和一个出口存放处。要依据所生产的产品和零件的种类将设备重新排列，使每个零件从投料、加工到完工都有一条明确的流动路线。零件必须放置在指定位置，并附有明显标记。

无库存制造单元在一定程度上起到了仓库的作用。出口存放处放置着本单元已加工完毕的在产品，入口存放处放置着待加工的原材料或在产品。工人看到他们加工的零件还没有为下道工序所用时，就不会盲目地生产。下一步是不断减少工序间的在产品库存，使仓库逐步消失，以实现无库存生产。

（四）减少不增加价值成本，缩短生产周期

企业的经营活动多种多样，从总体上可分为两种：一种经营活动是在生产过程中使物料实体发生改变，增加了产品价值，如制造加工和包装，与这种经营活动相对应的成本即为增加价值成本；另一种经营活动不改变物料的实体，只是使物料的地理位置等发生改变，不增加产品的价值，如检验和仓储，与这种经营活动相对应的成本是不增加价值成本。适时制肯定增加价值成本，因为它增加产品价值，认为它所对应的经营活动的进行是合理的；而后者由于不增加产品价值，因而是一种浪费，企业应致力于不断减少和消除这种成本所对应的经营活动的发生。

从原材料投入生产至产成品完工以前的产品形态称为在产品。生产一件或一批产品所需的全部时间称为生产周期。缩短生产周期可以有效地减少在产品存货，降低成本。生产周期由生产准备时间、加工时间、搬运时间、等候时间和检验时间构成。生产准备时间是为生产特定产品准备机器设备所需的时间；加工时间是生产产品所耗费的时间；搬运时间是在生产场所之间或检验场所之间搬运产品所耗费的时间；等候时间是产品在等待加工、搬运或检验、暂时存储时所耗费的时间；检验时间是产品接受检验耗费的时间。在生产周期的五个构成要素中，只有在加工时间内才会实现产品增值，在其他时间内的经营活动都不会增加产品价值，应予以压缩。缩短生产周期对连续性生产和批量生产都是适宜的。

缩减生产准备时间能够直接缩减生产周期，降低生产准备成本，在生产准备成本下降

的范围内,还会降低经济批量的规模。减少生产准备时间的关键在于提高生产系统的柔性,而提高生产系统的柔性有两个途径:一是改变劳动工具,购置本身具有柔性的加工设备,如数控机床、柔性制造单元等;二是改变劳动对象,运用成组技术,组成相似零件族进行成组加工。将这两个途径结合起来,就可以提高生产系统的柔性,使加工中的转换时间减少,也就减少了生产准备时间。

(五) 快速满足客户需求

在适时制下,客户订单是整个企业开始生产的最原始动力和指令。收到了客户订单,按照拉式生产方式,从生产的最后一道工序开始生产,通过看板制使生产按工序依次向前一道工序展开,直至原材料和零部件的采购环节。

当企业收到客户订单时,由于企业持有的产成品存货数量是非常有限的,如何能够保证在合同规定的时间内交付给客户高质量的产成品?这一问题的解决完全依赖于适时制的生产效率。当企业在材料采购、生产上采用一系列措施,有效地缩短了生产订购原材料时间、等候时间、检验时间、搬运时间等,进而有效地缩短了生产周期(即从接到订货到交货的时间)时,企业就可以保证接到订单之后在很短的时间内生产出客户所需要的产成品。

(六) 保证生产顺利进行,实施全面质量管理

质量是实行适时制的基本保证。当企业库存很低甚至是零存货时,如果某道工序出现了大量废品,存货又不够补充,则后续工序将立即停工,等候前一道工序补充生产,这样就完全打乱了生产节奏。所以,要保证生产顺利进行,就必须保证加工质量,消灭废品。

关于产品,传统的质量管理方法是:加工零件或生产产品→检验→以合格品交货→不合格品返修、降等或报废。可见,传统方法主要依靠事后检验来保证质量。与传统质量管理不同,全面质量管理强调事前预防不合格品的产生,从操作者、机器、工具、材料和工艺过程等方面保证不出现不合格品。其原则是:开始就把必要的工作做正确,强调从根源上保证质量。

三、运用零存货管理应注意的问题

近年来,适时制的支持者对经济订购批量和经济生产批量模型提出了批评。他们认为管理人员应致力于使存货最少,而非批量最优。批评意见的根源在于许多管理人员在现有成本结构之上,只是简单地套用数学模型,而不是通过熟悉经营并进一步改变成本数字,达到优化的目的。如果管理人员不能减少订货成本和生产准备成本(这种减少可降低经济批量),即使企业使用了数学模型,企业的竞争能力仍无法提高。

应该注意的是,零存货在本质上可以说是一种思想,而非数学模型。我们应学习的是适时制下努力降低存货、提高质量、不断改进的精髓,将这种先进的管理思想与企业的实际情况结合起来,达到提高经济效益的目的。不顾企业管理水平和企业外部环境,生搬硬套零存货管理方式是很危险的。在实践中究竟应将企业的存货保持在多少为最优,需要视企业外部经营环境和内部管理水平而定。

对于零存货并不是没有反对意见,反对的原因理所当然地归结到零存货下低存货所带来的风险上。例如,美国苹果电脑公司就反零存货之道而行,特意增加各种电脑成品存货。苹果公司解释这样做的原因是:苹果的仓库比任何日本电器生产商的仓库都要有效率。通过集中放置存货,增强了满足不同国家、不同需求的能力。因为苹果公司多种多样

的产品组合(仅仅个人计算机就有 27 种机型)及其产品市场的不断变化,很容易储存错误的产品,因此,通过储存接近完工的产品,就能够对市场做出最快速的反应。

对于适时制的缔造企业日本丰田公司来讲,也并不是总能够从中获益。20 世纪 70 年代,由于适时制的极大成功,丰田公司一度把库存压得很低,但在 20 世纪 80 年代初的一次地震后,当市场需求突然增大时,丰田公司由于不能及时供货而蒙受了损失。经过那次事件之后,丰田公司适度增加了库存。零库存的做法在市场稳定的情况下,在中小公司也许是能够做到的。但实践证明,这对于大公司是不现实的。显然,对于库存量和在产品有一个最佳值,这是一个运筹问题,而非经验问题。

虽然适时制的创造者和实施者为实现零存货设计了各种措施,但在现实中,实现零存货几乎是不可能的。在现实的企业中,库存是无处不在的,而且是不可避免的。

从理论上讲,存货的存在是一种资源的浪费;从现实来看,存货的存在又是不可避免的,甚至有利于生产经营活动的正常进行。因此,一方面应该不断改善经营管理,为最终实现零存货而奋斗;另一方面又应该面对现实,使库存维持在某一特定水平上,做到浪费最少而又能保证生产经营正常进行,这才是企业存货管理的较高境界。

知识链接 8-6
ABC 存货管理

本章小结

存货是企业为销售或耗用而储存的各种资产。在制造企业中,存货通常包括原材料、委托加工材料、包装物、低值易耗品、在产品、产成品等。存货管理的任务在于如何恰当地控制存货水平,在保证销售和耗用正常进行的情况下,尽可能节约资金、降低存货成本。企业存货的总成本由存货的采购成本、订货成本、储存成本和缺货成本构成,存货的订货次数和每批订货的数量影响每种成本的变化。在实际应用中,我们要通过存货管理的经济订购批量模型确定订购批量。所谓经济订购批量,是指在保证正常生产经营的前提下,能使企业在存货上花费的相关总成本最低的每次订货量。

基本经济订购批量模型是存货管理中最简单的一个,用来辨识使持有库存的年储存成本与订货成本之和最小的订货批量。在实际工作中,由于各种因素的影响,需要对前述基本经济订购批量模型进行扩展,以确定不同状况下的经济订购批量,从而降低成本。包括:一次订货,边进边出情况下的决策;有数量折扣时的决策;订单批量受限时的决策;储存量受限制时的决策以及允许缺货条件下的经济订购批量模型。

为了保证生产和销售活动的连续性,企业应在存货用完或售完之前再一次订货。订购下一批货物的存货存量(实物量或金额)叫再订购点。对于某些容易腐烂的物品以及有效期短的物品,在考虑订购批量和再订购点的同时,还必须考虑物品的储存期限。

适时制要求零存货管理,零存货管理要求企业按需要引入存货,并通过不懈努力去减少存货、降低存货成本。零存货管理的最终目的是消除存货,以达到总成本最低。

思考与练习

一、简答题

1. 简述在存货决策中需要考虑的成本类型。

2. 你认为在经济订购批量确认中应该注意的问题是什么？
3. 在储存量受限制的情况下，如何才能做出正确的决策？

二、计算分析题

1. 某公司的会计资料如下：

表 8-1 某公司的会计资料

项　目	价　格	
购买价格	每单位	5 元
外部运费	每单位	0.5 元
电话订货费	50 元	
装卸费	每单位	0.5 元
存货保险	每年按存货价值的 10% 计算	
内部运费（材料运到公司的自营费用）	200 元	
仓储人员的月工资	600 元	
仓库租金	每月	1 000 元
仓储年平均损失	每单位	1.1 元
资本成本	每年	15%
每月处理的订单份数	500 份	

上述数据中，有的与决策相关，有的与决策无关，该材料年需求总量为 5 000 单位。

要求：计算每次订货成本、单位材料年储存成本、经济订购批量、年最低成本合计。

2. 某企业生产甲产品，全年需要 A 材料 20 000 千克，每日送货量 100 千克，每日消耗量 90 千克，每次订货成本 200 元，每千克 A 材料年储存成本为 5 元。

要求：计算其经济订购批量和年成本合计。

3. 某公司每年需要 A 材料 360 000 千克，每次订货成本为 1 111 元，每千克全年储存成本为 0.5 元。该公司目前仓库最大储存量为 30 000 千克。考虑到业务发展需要，已与其他单位达成意向，租用一间可储存 20 000 千克 A 材料的仓库，年租金约为 4 000 元。

要求：进行最优储存的决策。

4. 某种产品的安全库存量为 500 件，采购间隔期为 10 天，年度耗用总量为 12 000 件，假设每年有 300 个工作日。

要求：计算该商品的再订购点。

在线自测

扫描封底刮刮卡　获取答题权限

第九章　长期投资决策分析

> **学习目标**
> 1. 了解长期投资决策的概念和特点。
> 2. 理解货币时间价值的概念及其实质，掌握复利现值、年金现值的计算公式以及学习如何使用货币时间价值系数表。
> 3. 全面理解现金流量的概念，掌握静态评价方法和动态评价方法并能进行长期投资决策的敏感性分析。

长期投资是指投资期在一年以上的资本性支出。长期投资需要企业投入大量资金，且回收期长、风险大，因此，相对于短期经营决策而言，长期投资决策属于企业战略性决策，其决策正确与否对企业能否保持长期获利能力、实现可持续发展甚至生死存亡具有决定性的影响。由此，长期投资决策分析也就成为管理会计的重要研究内容之一。

第一节　长期投资决策分析概述

一、长期投资决策的概念

长期投资是指涉及投入大量资金，投资所获得报酬要在长时期内逐渐收回，能在较长时间内影响企业经营获利能力的投资。与长期投资项目有关的决策，叫作长期投资决策。广义的长期投资包括固定资产投资、无形资产投资和长期证券投资等内容，其中固定资产投资在长期投资中所占比例较大，所以狭义的长期投资特指固定资产投资，本章主要论述狭义的长期投资决策。

企业在日常经营中，会发生这样一些投资支出：投资金额大，对以后影响时间长，投资支出通常不能由当年的营业收入来补偿。这类支出在会计中称为"资本性支出"，其特点是在支出发生的当期一般不能直接转化为本期费用并全部由当期营业收入补偿，而是在未来若干期内分期补偿收回、分期确认费用。由此，长期投资决策也称为资本支出决策。

二、长期投资决策的特点

长期投资决策相对于短期投资决策来说，具有如下特点。

（一）投资金额大

长期投资需要的金额一般都较大，往往是企业多年的资金积累，通常是涉及企业生产能力变更的投资，在企业总资产中占到很大比重。因此长期投资对企业未来的财务状况和现金流量起到相当大的影响。因此，企业必须合理安排资金预算，适时筹措资金，从而保证及时足额地满足长期投资决策项目所需要的全部资金。

（二）影响时间长

长期投资是一次性的，而收回却是多次的，这就使长期投资占用的资金具有相对的固定性，因此大大地限制了企业资产的流动性。长期投资决策一经做出，便会在较长时间内影响企业，少则几年，多则几十年，并有可能对企业的前途产生决定性的影响。

（三）变现能力差

长期投资不管是形成生产设备，还是建造房屋、建筑物，一旦完成，要想改变往往为时已晚，不是无法实现，就是代价太大。因此长期投资具有不可逆转的特点，其变现能力也相对较差。

（四）投资风险大

长期投资项目由于项目周期长，面临的不确定因素很多，如原材料供应情况、市场需求、技术进步、行业竞争、通货膨胀等都会影响投资的效果。所以固定资产投资面临较高的投资风险。

长期投资不仅需要投入较多的资金，而且影响的时间长，投入资金的回收和投资所得的收益都要经历较长的时间才能完成。在进行长期投资决策时，一方面要对各方案的现金流入量和现金流出量进行预测，正确估算出每年的现金净流量；另一方面要考虑资金的时间价值，还要计算出为取得长期投资所需资金将付出的代价，即资金成本。因此货币时间价值、资本成本和现金净流量是影响长期投资决策的重要因素。

三、长期投资决策的分类

（一）战术型投资和战略型投资

从影响的深远程度来看，长期投资可以分为战术型投资和战略型投资。战术型投资是指一般不改变企业经营方向，只限于局部条件的改善，不会影响企业前途命运的投资。这类投资大多由中低层管理人员提出，高层管理部门参与制定。战略型投资是指可能改变企业经营方向、对企业全局会产生重大影响的投资，一般由企业最高管理层提出并做出决策。

（二）诱导型投资和主动型投资

诱导型投资是由于投资环境条件的改变、科技的进步，由生产本身激发出的投资类型。主动型投资是指完全由经营者本人主观决定的投资。

（三）确定型投资、风险型投资和不确定型投资

按照投资条件的肯定程度进行分类，长期投资又可分为确定型投资、风险型投资和不确定型投资。对于投资所涉及方案的各项条件都是已知的，并且每个方案只有一个确定的结果的投资就是确定型投资；而如果涉及多个方案的条件都是已知的，且每个方案虽然会出现两个或两个以上的结果，但是各种结果的概率可以确定，这种投资是风险型投资；如

果各种方案的条件和结果只能凭借经验来判断,则这种投资就是不确定型投资。

四、长期投资决策分析的基本方法

长期投资决策分析的基本方法一般分为两类:一类是不考虑货币时间价值的静态分析方法,也称为非贴现的方法,包括静态投资回收期法和年平均投资报酬率法;另一类是考虑货币时间价值的动态分析方法,即贴现的方法,包括净现值法、现值指数法和内含报酬率法。

知识链接 9-1 投资的风险报酬

第二节 货币的时间价值

一、货币时间价值的含义

货币时间价值是决定企业筹集资金成本和使用资金成本多少的一个重要因素,同时也是研究资金流量的基础。只有认真研究货币时间价值,企业才能以尽可能少的资金耗费取得尽可能多的资金使用,实现理想的筹资收益。所谓货币时间价值是货币在周转使用中由于时间因素而形成的增值。在现实经济生活中,等量货币在不同时期具有不同价值。年初的 1 万元,经过生产运营以后,到年终其价值要高于 1 万元。这是因为货币的使用者把资金投入生产经营以后,劳动者借以生产新的产品,创造新的价值,会带来利润,实现增值。货币周转使用的时间越长,所获得的利润越多,实现的增值额就越大。由此可得,货币时间价值的实质是货币作为生产资金(或资本)投入到生产和流通领域,参与再生产过程,就有可能会带来收益,得到增值。

知识链接 9-2 长期投资决策分析时,为什么要考虑货币的时间价值?

正确理解货币的时间价值,还应注意以下几点。

(1) 货币时间价值是货币的增值部分,一般情况下可理解为利息。

(2) 货币的增值是在货币被当作投资资本的运用过程中实现的,不当作资本利用的货币不可能自行增值。

(3) 货币时间价值的大小与时间成正比,与利息率也成正比。

注意:货币时间价值可以用绝对数表示,也可以用相对数表示,即以利息额和利息率表示。实际工作中通常以利息率进行计量,利息率的实际内容是社会平均资金利润率。通常情况下,货币的时间价值被认为是没有风险和没有通货膨胀条件下的社会平均资金利润率,这是利润平均化规律作用的结果。由于货币时间价值的计算方法与利息的计算方法相同,因而人们常常将货币时间价值与利息混为一谈。实际上,利率不仅包括时间价值,而且也包括风险价值和通货膨胀的因素。

二、货币时间价值的计算

由于货币有时间价值,因此,在进行长期投资决策时,不能直接比较发生在不同时点上的现金流量,而要将不同时点上收到或付出的货币价值转换到同一时点,为了实现这些转化，需要掌握各种终值和现值的计算方法。

终值是指现在一定量现金在未来某一时点上的价值，俗称本利和。现值又称本金，是未来某一时点上的一定量现金折合到现在的价值。

（一）一次性收付款项终值和现值的计算

一次性收付款项是指在某一特定时点上一次性支付（或收取），经过一段时间后再相应地一次性收取（或支付）的款项。例如，年初存入银行一年定期存款 10 000 元，年利率 10%，年末取出 11 000 元，就属于一次性收付款项。11 000 元本利和即为终值，本金 10 000 元即为现值。

▶ 1. 单利的计算

单利是指在规定期限内仅就本金计算利息的一种计息方法。以 P 为现值，即 0 年（第一年年初）的价值；F 为终值，即第 n 年年末的价值；i 为利率，n 为计息期数，I 为利息，则单利终值的计算公式为：

$$F = P + I = P + P \cdot i \cdot n = P(1 + i \cdot n) \tag{9-1}$$

单利现值的计算同单利终值的计算是互逆的。由终值求现值，叫作贴现，而利率 i 为贴现率。单利现值的一般计算公式为：

$$P = F(1 + i \cdot n)^{-1} \tag{9-2}$$

▶ 2. 复利的计算

在复利计算方式下，本金能生利，利息在下期则转列为本金与原来的本金一起计息。复利的终值是一定量的本金按复利计算若干期后的本利和。以 P 为现值，即 0 年（第一年年初）的价值；F 为终值，即第 n 年年末的价值；i 为利率；n 为计息期数。复利终值的一般计算公式为：

$$F = P(1 + i)^n \tag{9-3}$$

式(9-3)中的 $(1+i)^n$ 被称为复利终值系数或 1 元的复利终值，用符号 $(F/P, i, n)$ 表示，其数值可查阅"复利终值系数表"（见本书附表一）。

复利现值是复利终值的逆运算，它是指今后某一特定时期收到或付出的一笔款项，按折现率 (i) 所计算的现在时点价值。其计算公式为：

$$P = F(1 + i)^{-n} \tag{9-4}$$

式(9-4)中的 $(1+i)^{-n}$ 被称为复利现值系数或 1 元的复利现值，用符号 $(P/F, i, n)$ 表示。在实际计算时，其数值可以查阅"复利现值系数表"（见本书附表二）。

【例 9-1】 现在借入资金 1 000 元，年利率为 7%，按复利计算 5 年后的本利和为多少？

【解析】 $F = P(1+i)^n = P(F/P, i, n) = 1\,000 \times (1+7\%)^5 = 1\,000 \times 1.402\,6 = 1\,402.6$（元）

【例 9-2】 某项投资 4 年后可得收益 40 000 元，按复利年利率 5% 计算，其现值应为多少？

【解析】 $P = F(1+i)^{-n} = F(P/F, i, n) = 40\,000 \times 0.822\,7 = 32\,908$（元）

（二）年金终值和现值的计算

年金是指在一定时期内，每间隔相同时间，连续存入或支取等额款项，系列收支。年金的形式多种多样，如折旧、租金、利息、保险金、养老金、等额分期收款、等额分期付款、零存整取或整存零取储蓄等通常都采取年金的形式。

年金按其每次收付发生的时点不同，可分为普通年金、预付年金、递延年金、永续年金等。其中，普通年金应用最为广泛，其他几种年金均可在普通年金的基础上进行推算。

▶ 1. 普通年金终值和现值的计算

普通年金，又称后付年金，是指一定时期每期期末收入或支出相等金额的款项。一般不做特殊说明的年金均指普通年金。

(1)普通年金终值。普通年金终值是指一定时期内每期期末等额款项的复利终值之和。例如，企业每年年末存入资金 A，年利率为 i，每年复利一次，则 n 年后的普通年金终值如图 9-1 所示。

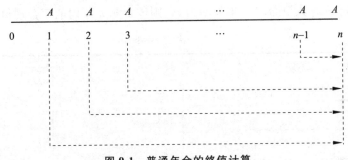

图 9-1 普通年金的终值计算

设年金为 A，利率为 i，期数为 n，年金终值为 F，则：

第 1 年年末的 A 折算到第 n 年年末的终值为 $A(1+i)^{n-1}$。

第 2 年年末的 A 折算到第 n 年年末的终值为 $A(1+i)^{n-2}$。

第 3 年年末的 A 折算到第 n 年年末的终值为 $A(1+i)^{n-3}$。

……

第 $n-1$ 年年末的 A 折算到第 n 年年末的终值为 $A(1+i)^1$。

第 n 年年末的 A 折算到第 n 年年末的终值为 $A(1+i)^0$。

由此得到年金终值的计算公式为：

$$F=A(1+i)^{n-1}+A(1+i)^{n-2}+A(1+i)^{n-3}+\cdots+A(1+i)^2+A(1+i)+A \quad (9\text{-}5)$$

等式两边同乘以 $(1+i)$，即：

$$(1+i)F=A(1+i)^n+A(1+i)^{n-1}+A(1+i)^{n-2}+\cdots+A(1+i)^3$$
$$+A(1+i)^2+A(1+i)^1 \quad (9\text{-}6)$$

上述式(9-6)—式(9-5)，即：

$$(1+i)F-F=A(1+i)^n-A$$

$$F=A \cdot \frac{(1+i)^n-1}{i} \quad (9\text{-}7)$$

式(9-7)中，$\frac{(1+i)^n-1}{i}$ 称为年金终值系数，记续 $(F/A,i,n)$，可直接查阅"年金终值系数表"(见本书附表三)。

【例 9-3】 张先生每年年末存入银行 1 000 元，连续 5 年，年利率 10%，如果按复利计算，则5年满期后，张先生可得本利和为多少？

【解析】 第1年年末的终值＝1 000×(1+10%)⁰＝1 000（元）

第2年年末的终值＝1 000×(1+10%)¹＝1 100（元）

第3年年末的终值＝1 000×(1+10%)²＝1 210（元）

第4年年末的终值＝1 000×(1+10%)³＝1 331（元）

第5年年末的终值＝1 000×(1+10%)⁴＝1 464（元）

5年满期后可得本利和为6 105元。

或直接按普通年金终值计算公式计算：

5年期满后可得本利和＝1 000×(F/A，10%，5)＝1 000×6.105 1＝6 105.1(元)

(2) 普通年金现值。普通年金现值是一定时期内每期期末等额收付款项的复利现值之和。

设企业每年年末存入资金A，年利率为i，则该企业n年内的年金现值如图9-2所示。

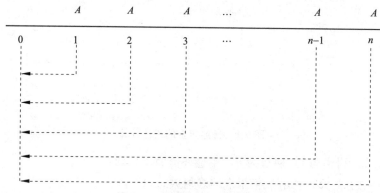

图9-2 普通年金的现值计算

第1年年末的A折算到第1年年初的现值为$A(1+i)^{-1}$。

第2年年末的A折算到第1年年初的现值为$A(1+i)^{-2}$。

第3年年末的A折算到第1年年初的现值为$A(1+i)^{-3}$。

……

第$n-1$年年末的A折算到第1年年初的现值为$A(1+i)^{-(n-1)}$。

第n年年末的A折算到第1年年初的现值为$A(1+i)^{-n}$。

由此得到年金现值的计算公式为：

$$P=A(1+i)^{-1}+A(1+i)^{-2}+\cdots+A(1+i)^{-(n-1)}+A(1+i)^{-n} \quad (9\text{-}8)$$

等式两边同乘以$(1+i)$，即：

$$P(1+i)=A+A(1+i)^{-1}+\cdots A(1+i)^{-(n-2)}+A(1+i)^{-(n-1)} \quad (9\text{-}9)$$

上述式(9-9)－式(9-8)，即：

$$P(1+i)-P=A-A(1+i)^{-n}$$

$$P=A\cdot\frac{1-(1+i)^{-n}}{i} \quad (9\text{-}10)$$

式(9-10)中，P为普通年金现值，A为年金，i为折现率，n为期数，$\frac{1-(1+i)^{-n}}{i}$称为普通年金现值系数，用符号$(P/A,i,n)$表示，实际计算时，可直接查阅"年金现值系数表"（见本书附表四）。

【例9-4】 张先生每年末收到租金1 000元,为期5年,年利率10%,若按复利计算,张先生所收租金的现值为多少?

【解析】 $P=1\,000\times(P/A,10\%,5)=1\,000\times3.790\,8=3\,790.8(元)$

【例9-5】 某投资项目于20×1年年初动工,设当年投产,从投产之日起每年可得收益10 000元,年利率6%,如果按复利计算,根据年金现值系数,计算预期10年收益的现值。

【解析】 $10\,000\times(P/A,6\%,10)=10\,000\times7.360\,1=73\,601(元)$

▶ 2. 预付年金终值和现值的计算

预付年金又称先付年金或即付年金,指从第一期起,每期期初等额发生的系列收付款项,它与普通年金的区别仅在于收付款的时点不同,如图9-3所示。

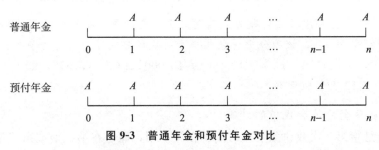

图9-3 普通年金和预付年金对比

从图9-3可见,n期的预付年金与n期的普通年金,其收付款次数是一样的,只是收付款时点不一样。如果计算年金终值,预付年金要比普通年金多计一期的利息;如果计算年金现值,则预付年金要比普通年金少折现一期,因此,只要在普通年金的终值、现值的基础上,乘上$1+i$便可计算出预付年金的终值与现值。

(1)预付年金终值。预付年金终值是指一定时期内每期期初等额收付款项的复利终值之和。预付年金终值的计算公式为:

$$F=A(F/A,i,n)(1+i)=A\frac{(1+i)^n-1}{i}(1+i)$$

即:

$$F=A\left[\frac{(1+i)^{n+1}-1}{i}-1\right] \tag{9-11}$$

式(9-11)中,$\frac{(1+i)^{n+1}-1}{i}-1$是预付年金终值系数,它是在普通年金终值系数基础上,期数加1、系数减1所得的结果,通常记作$[(F/A,i,n+1)-1]$。通过查阅"年金终值系数表"可得$n+1$期的值,然后减去1,便可得到对应的预付年金终值系数的值。

【例9-6】 南方公司有一投资项目,每年初投入资金10万元,共投资5年,假定年利率为8%,则5年后预付年金的终值是多少?

【解析】 $F=A[(F/A,i,n+1)-1]=10\times[(F/A,8\%,6)-1]=10\times(7.335\,9-1)=63.359(万元)$

(2)预付年金现值。预付年金现值是一定时期内每期期初等额收付款项的复利现值之和。其计算公式为:

$$P = A(P/A, i, n)(1+i)$$
$$= A\left[\frac{1-(1+i)^{-n}}{i}\right](1+i)$$
$$= A\left[\frac{1-(1+i)^{-(n-1)}}{i}+1\right]$$

即：

$$P = A\left[\frac{1-(1+i)^{-(n-1)}}{i}+1\right] \tag{9-12}$$

式(9-12)中，$\frac{1-(1+i)^{-(n-1)}}{i}+1$ 是预付年金现值系数，它是在普通年金现值系数的基础上期数减1、系数加1所得的结果，通常记作$[(P/A, i, n-1)+1]$。通过查阅"年金现值系数表"查得 $n-1$ 期的值，然后加1，即可得到预付年金现值系数。

【例 9-7】 王先生采用分期付款方式购商品房一套，每年年初付款 15 000 元，分 10 年付清。若银行利率为 6%，该项分期付款相当于一次现金支付的购价是多少？

【解析】 $P = A[(P/A, i, n-1)+1] = 15\,000 \times [(P/A, 6\%, 9)+1] = 15\,000 \times (6.801\,7+1) = 117\,025.5$(元)

▶ 3. 递延年金终值和现值的计算

递延年金是指第一次收付款发生时间不在第一期，而是在第二期或第二期以后才开始发生的等额系列收付款项。它是普通年金的特殊形式。递延年金与普通年金的区别如图 9-4 所示。

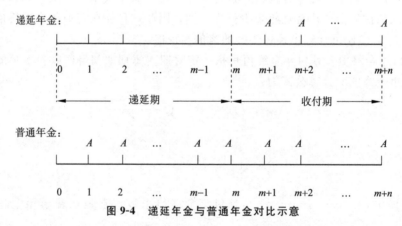

图 9-4 递延年金与普通年金对比示意

从图 9-4 中可知，递延年金与普通年金相比，尽管期限一样，都是 $m+n$ 期，但普通年金在 $m+n$ 期内，每个期末都要发生等额收付款。而递延年金在 $m+n$ 期内，前 m 期无等额收付款项发生，称为递延期，只在后 n 期才发生等额收付款。

(1) 递延年金终值。递延年金终值的计算方法与普通年金终值的计算方法相似，递延年金终值的大小，与递延期无关，只与收付期有关，即：

$$F = A(F/A, i, n) \tag{9-13}$$

(2) 递延年金现值。递延年金现值的计算方法有两种。

第一种方法，计算公式为：

$$P = A\left[\frac{1-(1+i)^{-(m+n)}}{i} - \frac{1-(1+i)^{-m}}{i}\right] \quad (9\text{-}14)$$
$$= A[(P/A, i, m+n) - (P/A, i, m)]$$

式(9-14)是先计算出 $m+n$ 期的普通年金现值，然后减去前 m 期的普通年金现值，即得递延年金的现值。

第二种方法，计算公式为：

$$P = A\left[\frac{1-(1+i)^{-n}}{i}\right](1+i)^{-m} \quad (9\text{-}15)$$
$$= A(P/A, i, n)(P/F, i, m)$$

式(9-15)是先将递延年金视为 n 期(有收付款项的期数)普通年金，求出递延期末的现值，然后再将此现值折算到第一期期初，即得递延年金的现值。

【例 9-8】 王先生年初存入银行一笔钱，从第 4 年年末起每年取 100 元，至第 7 年取完。如果年利率为 10%，若按复利计算，现在应一次性存入多少？

【解析】 按第一种方法计算出的递延年金现值为：

$$P = 100 \times [(P/A, 10\%, 3+4) - (P/A, 10\%, 3)]$$
$$= 100 \times (4.8684 - 2.4869) = 238.15(元)$$

按第二种方法计算出的递延年金现值为：

$$P = 100(P/A, 10\%, 4) \times (P/F, 10\%, 3)$$
$$= 100 \times 3.1699 \times 0.7513 = 238.15(元)$$

▶ 4. 永续年金现值的计算

永续年金是指无限期等额收付的特种年金，即期限趋于无穷的普通年金。由于永续年金持续期无限，没有终止的时间，因而没有终值，只有现值。永续年金的现值可以通过普通年金现值的计算公式导出：

$$P = A \cdot \frac{1-(1+i)^{-n}}{i} \quad (9\text{-}16)$$

当 $n \to \infty$ 时，$(1+i)^{-n}$ 的极限为零，故式(9-16)可写成：

$$P = A \cdot \frac{1}{i} \quad (9\text{-}17)$$

【例 9-9】 某学校拟建立一项永久性的奖学金，每年计划颁发 10 000 元奖学金。若利率为 10%，则现在应存入多少钱？

$$P = A \cdot \frac{1}{i} = \frac{10\,000}{10\%} = 100\,000(元)$$

第三节 现金流量

一、现金流量的含义

(一) 现金流量的定义

现金流量也称现金流动量。在长期投资决策中，现金流量是指投资项目从筹建、设计、施工、投产直至报废的整个期间内，因资本循环而可能或应该发生的各项现金流入量和现金流出量的总称。现金流量是进行项目投资决策评价的主要指标和重要信息之一。现金流入量与流出量的差额为净现金流量。

知识链接9-3
长期投资决策分析时，为何应以现金流量而不是会计利润作为项目取舍的衡量标准？

现金流量是以收付实现制为基础，以广义的现金流动为内容的。所谓广义的现金，就是不但包括我们通常所说的现金，还包括银行存款和其他货币资金。因此，必须注意的是，本书介绍的现金流量，与财务会计中现金流量表所表示的现金流量相比，无论是具体构成内容还是计算口径都存在较大差异，要注意区分。

（二）现金流量的有关假定

▶ 1. 全投资假定

按投资项目的范围确定现金流量的内容，将整个投资项目的自有资金和借入资金都视为投资额，作为现金流出计算。

▶ 2. 项目计算期假定

投资项目从开始建设到最后报废清理的全部时间称为项目计算期。项目计算期分为建设期和生产经营期两个阶段。项目计算期的第1年年初一般记为0年，称为建设起点，第1年年末记为1，第2年年末记为2，依此类推，最后1年年末称为终结点，假定项目最终报废清理均发生在终结点。

▶ 3. 时点假定

为便于进行货币时间价值的计算，不论时点指标还是时期指标，均假定为时点指标处理。

▶ 4. 现金流量符号的假定

假定现金流入用正值表示，现金流出用负值表示。

二、现金流量的内容

（一）初始现金流量

初始现金流量是指投资项目开始投资时所发生的现金流量，包括以下几个部分。

▶ 1. 固定资产投资

固定资产投资是指建设期内按照一定生产经营规模和建设内容进行的固定资产投资，包括厂房的建造成本、机器设备的购买费用以及运输费用、安装费用等。

▶ 2. 垫支的流动资金

这种投资既可能发生在建设期内，又可能发生在经营期内，而不像固定资产投资那样集中在建设期发生，包括现金、应收账款、存货等流动资产和应付账款等流动负债。

▶ 3. 其他投资费用

其他投资费用是指与长期投资项目相关的谈判费、注册费等筹建费用，以及员工的培训费。

▶ 4. 原有固定资产的变价收入

原有固定资产的变价收入是指在固定资产更新决策时，变卖原有旧资产所得的现金收入，属于现金流入量。在核算时，要注意是税后的净现金流量。

上述全部现金流出量扣除现金流入量，就是初始现金净流出量。

（二）经营现金流量

经营现金流量是指投资项目建成投产后，在其经济寿命期内，由于开展生产经营活动所带来的现金流入量和现金流出量。经营现金流量一般按年度进行计算，主要包括以下内容。

▶ **1. 固定资产投产后，每年计提的折旧**

因为该项折旧计入产品成本后，即随着产品的出售而转化为现金流入。

▶ **2. 营业净收益**

营业净收益是营业收入与营业成本的差额。在企业中，对于营业收入一般按照不含增值税的净价计算；营业成本有时也称为付现成本，它等于企业某个会计期间的总成本费用扣除该期间折旧额、无形资产摊销等项目后的差额。

▶ **3. 各项税款**

各项税款是指项目投产后依法缴纳、单独列示的各项税款，包括营业税、消费税、所得税等。新建项目通常只估算所得税。

根据上述内容，有关营业净现金流量的计算公式如下：

$$\text{该年营业现金净流量}=\text{该年营业收入}-\text{该年付现成本}-\text{该年所得税} \tag{9-18}$$

（三）终结现金流量

终结现金流量是指投资项目期限结束时所发生的各项现金回收，主要包括固定资产变价收入或残值收入，期初垫支的流动资金的收回。

【例9-10】 某公司准备购置一条生产线。有关预计资料如下：固定资产投资320万元，经济寿命期10年，固定资产按直线法计提折旧，预计残值20万元；流动资本增加50万元；该项目投产后，每年增加的销售收入为500万元，每年增加的付现成本为380万元；企业所得税税率为30%。

要求：计算该公司各年的净现金流量。

【解析】 根据上述资料，计算现金流量过程如下。

（1）初始投资的净现金流量：固定资产为－320万元，流动资产为－50万元，合计－370万元。

（2）各年的营业净现金流量：

$$\text{每年折旧费}=(320-20)/10=30(\text{万元})$$

①每年销售收入为500万元；②每年付现成本为380万元；③每年折旧为30万元；④税前利润＝①－②－③＝90万元；⑤所得税＝④×30%＝27万元；⑥税后净利润＝④－⑤＝63万元；⑦营业净现金流量＝①－②－⑤＝⑥＋③＝93万元。

（3）终结现金流量：

$$\text{项目期限结束时的回收额}=50+20=70(\text{万元})$$

对于一个企业来说，如果企业对一个长期投资方案进行决策，那么，现金流量是必须考虑的因素。企业应当谨慎估计各个方案的现金流入量和流出量，然后通过计算来评估投资项目未来的现金净流量现值能否补偿企业当前所付出的投资成本。如果未来的现金净流量现值能够补偿当前企业的投资成本，甚至还能为企业创造额外的经济效益，那么基本上可以说，该投资项目值得进行尝试，否则，企业尽早放弃为好。那么，是不是企业

知识链接9-4
现金流量的估计

在进行长期投资决策时只是单一地看待现金净流量现值与当前投资成本的关系呢？以下我们将继续讨论长期投资决策的分析评价方法。

第四节 长期投资决策分析方法

长期投资决策分析方法，按照是否考虑货币时间价值因素可以分为两大类：一类不考虑货币时间价值因素，即静态分析法，又称为非贴现的现金流量法；另一类考虑货币时间价值因素，即动态分析法，又称为贴现的现金流量法。

知识链接 9-5
实践中的投资决策指标

一、静态分析法

在静态分析法下，对于长期投资方案的分析，不考虑货币时间价值，把不同时间点的货币收支看成是等效的，借以评价投资经济效益。这是在选择方案时起辅助作用的方法。

静态分析法主要包括年平均投资报酬率法和静态投资回收期法。

（一）年平均投资报酬率法

年平均投资报酬率(average rate of return，ARR)是指平均每年的净利润与原始投资额的比率。其计算公式为：

$$ARR = \frac{年平均净利润}{原始投资额} \times 100\% \tag{9-19}$$

年平均投资报酬率是正指标，这个指标越高，说明投资方案的获利能力越强。

在采用年平均投资报酬率法进行决策分析时，首先要确定企业所希望达到的期望报酬率，然后计算投资方案的年平均投资报酬率，如果投资方案的报酬率达到或超过期望报酬率，则该方案可行；反之，则不可行。在多方案决策时，如果有两个或两个以上方案的报酬率超过了期望报酬率，则应选择投资报酬率最高的方案。

【例 9-11】某企业投资一个生产设备，投资额为 10 000 元，具体资料如表 9-1 所示。该公司希望达到年平均投资报酬率为 20%。要求：计算该方案的年平均投资报酬率，并进行方案的可行性分析。

表 9-1 预测利润表　　　　　　　　单位：万元

年　　份	年 净 利 润
1	3 000
2	2 600
3	2 000
4	1 200

【解析】年平均投资报酬率 $= \dfrac{(3\,000 + 2\,600 + 2\,000 + 1\,200) \div 4}{10\,000} \times 100\% = 22\%$

该方案年平均投资报酬率为 22%，大于该企业的期望年平均投资报酬率(20%)，所以该方案可行。

年平均投资报酬率法的优点是计算简单,易于理解。其缺点在于:①没有考虑货币时间价值因素,把不同时期内的现金流量看成具有相等的价值;②只考虑固定资产投资,未考虑流动资产投资,因而容易导致决策失误。这种方法在实际工作中已经应用较少,只作为一种辅助的决策方法。

(二)静态投资回收期法

静态投资回收期(Payback Period,PP)简称回收期,通常以年来表示,是指以投资项目引起的现金净流入抵偿原始投资额所需要的全部时间。投资决策时将方案的投资回收期与预先确定的基准投资回收期(或决策者期望投资回收期)进行比较,若方案的投资回收期小于基准投资回收期,方案可行;若方案的投资回收期大于基准投资回收期,方案不可行。一般来说,投资回收期越短,表明该投资方案的投资效果越好,则该项投资在未来时期所冒的风险越小。它的计算可分为两种情况。

▶ **1. 经营期年净现金流量相等**

其计算公式为:

$$静态投资回收期 = \frac{原始投资总额}{每年相等的净现金流量} \tag{9-20}$$

【**例 9-12**】 某企业购入一台机器设备,价值 10 万元,年现金净流入量为 4 万元,可用 5 年。请计算投资回收期。

【**解析**】 投资回收期 $= 10 \div 4 = 2.5$(年)

▶ **2. 经营期年净现金流量不相等**

如果经营期各年的净现金流量不相等,则需计算逐年累计的净现金流量,然后通过列表计算出投资回收期。

【**例 9-13**】 假设例 9-12 资料中,5 年中每年的净现金流入量分别为 3 万元、4 万元、5 万元、6 万元、7 万元。要求:计算投资回收期。

【**解析**】 列表计算净现金流量和累计净现金流量如表 9-2 所示。

表 9-2 净现金流量和累计净现金流量计算表　　　　　单位:万元

项目计算期	现金净流量(NCF)	累计现金净流量
0	−10	−10
1	3	−7
2	4	−3
3	5	2
4	6	8
5	7	15

从表 9-2 可得出,到第 2 年年末累计净现金流量为 −3 万元,表明第 2 年年末尚有 3 万元投资没有回收,而第 3 年的净现金流入量为 2 万元;说明不到 3 年就能回收全部投资,回收期在第 2 年和第 3 年之间。用公式计算如下:

$$投资回收期 = 2 + \frac{|-3|}{5} = 2.6(年)$$

静态投资回收期的优点主要是简单易算,并且投资回收期的长短也是衡量项目风险的一种标志,所以在实务中被广泛使用。其缺点在于:一是没有考虑货币时间价值;二是仅考虑了回收期以前的现金流量,没有考虑回收期以后的现金流量,而有些长期投资项目在中后期才能得到较为丰厚的收益,投资回收期不能反映其整体的营利性。

二、动态分析法

动态分析法又称贴现的现金流量法。这种方法的特点是综合考虑了货币时间价值和现金流量两个因素的影响。常用方法有净现值法、现值指数法、动态投资回收期法等。

(一) 净现值法

净现值(net present value,NPV)就是按照一定的贴现率,把项目投产后各期的净现金流量折算成投资初始日的现值合计,然后与原始投资额比较得出的差额。其意义在于把各期净现金流量都统一在与原始投资额的投入时间相同的时点上,从而使投资方案净现金流量同原始投资额具有可比性。具体公式如下。

▶ 1. 各年的净现金流量相等时

$$\text{净现值(NPV)} = \text{各年相等的 NCF} \times \text{年金现值系数} - \text{原始投资额} \quad (9-21)$$

▶ 2. 各年的净现金流量不相等时

$$\text{净现值(NPV)} = \sum (\text{各年 NCF} \times \text{各年现值系数}) - \text{原始投资额} \quad (9-22)$$

净现值法就是以净现值的大小来评价方案优劣的方法。当净现值大于等于零时,说明方案可行;净现值越大,方案越优。当净现值小于零时,则拒绝该方案。

【例 9-14】 某企业有甲、乙两个方案可供选择,甲方案原始投资额为 22 000 元,5 年内每年的净现金流量均为 7 000 元;乙方案的原始投资额也为 22 000 元,各年的净现金流量分别为 6 000 元、8 000 元、9 000 元、10 000 元、15 000 元。若贴现率为 10%,则计算甲、乙方案的净现值并进行评价。

【解析】 甲方案各年的 NCF 相等,则:

NPV = 7 000 × (P/A,10%,5) − 22 000 = 7 000 × 3.791 − 22 000
     = 26 537 − 22 000 = 4 537(元)

乙方案各年的 NCF 不相等,则:

NPV = 6 000 × (P/F,10%,1) + 8 000 × (P/F,10%,2) + 9 000 × (P/F,10%,3)
     + 10 000 × (P/F,10%,4) + 15 000 × (P/F,10%,5) − 22 000
     = 6 000 × 0.909 + 8 000 × 0.826 + 9 000 × 0.751 + 10 000 × 0.683 + 15 000 × 0.621 − 22 000
     = 34 966 − 22 000
     = 12 966(元)

由上面的计算可知,两个方案的净现值均大于 0,故都是可取的;但乙方案的净现值大于甲方案,故企业应选用乙方案。

净现值法的优点是考虑了货币的时间价值,能够反映各投资方案的净收益,因而是一种较好的方法;缺点是不能体现各投资方案所能达到的盈利水平。因此,衡量方案的优劣不能仅以净现值的多少来判断,还要运用现值指数法来进行分析。

(二) 现值指数法

现值指数(present value index，PVI)，指未来报酬总现值与初始投资额的比率，也称为现值比率、获利指数。

$$现值指数(\text{PVI}) = \frac{经营期净现金流量的现值合计}{初始投资额的现值合计} \tag{9-23}$$

若 PVI≥1，则方案是可行的；若 PVI<1，则方案是不可行的，现值指数越大，方案越优。

【例 9-15】 仍采用例 9-14 的已知条件，且方案甲、乙所要求的报酬率均为 10%，企业采用现值指数法来进行决策，计算过程如下。

【解析】 方案甲：

$$\text{PVI} = \frac{26\ 537}{22\ 000} = 1.206$$

方案乙：

$$\text{PVI} = \frac{34\ 966}{22\ 000} = 1.589$$

由于乙方案的现值指数大于甲方案的现值指数，说明乙方案优于甲方案，该企业应选择乙方案进行投资。

现值指数法的优点是考虑了货币的时间价值，能够真实地反映单位货币的现在投资能够获得的未来报酬的现值，但是只能判断出投资方案的报酬率是高于还是低于所用的资金成本，不能确定各方案本身能达到多大的报酬率。

(三) 动态投资回收期法

以动态法确定投资回收期的思路与静态法相似，不同的地方是要考虑货币的时间价值，即以贴现后的年净现金流入量为基础计算的投资回收年限。动态投资回收期法在计算中考虑了货币时间价值因素，但仍未考虑回收期之后项目的净现金流量，仍然有一定的片面性。

【例 9-16】 根据例 9-14，计算甲方案的动态投资回收期。

【解析】 求出使投资额正好回收，即净现值为零的年金现值系数。

$$(P/A, 10\%, n) = 22\ 000/7\ 000 = 3.142\ 9$$

查年金现值系数表可知：

$$(P/A, 10\%, 3) = 2.486\ 9$$
$$(P/A, 10\%, 4) = 3.169\ 9$$

投资回收期在 3~4 年之间，采用插值法计算得：

$$投资回收期 = 3 + \frac{3.142\ 9 - 2.486\ 9}{3.169\ 9 - 2.486\ 9} = 3.96(年)$$

3.96 年<5 年，因此，投资回收期小于设备的使用寿命期，可以初步判断可行。

【例 9-17】 根据例 9-14 的资料，计算乙方案的动态投资回收期。

【解析】 根据例 9-14 的资料，用累计现值法计算投资回收期如表 9-3 所示。

表 9-3 累计现值法计算动态投资回收期

年 份	各年 NCF	复利现值系数	现值/元	累计现值/元
第 1 年	6 000	0.909	5 454	5 454

续表

年　份	各年 NCF	复利现值系数	现值/元	累计现值/元
第 2 年	8 000	0.826	6 608	12 062
第 3 年	9 000	0.751	6 759	18 821
第 4 年	10 000	0.683	6 830	25 651
第 5 年	15 000	0.621	9 315	34 966

从表 9-3 可知，三年的累计现值是 18 821 元，四年的累计现值是 25 651 元，投资额 22 000 元，显然投资回收期在 3～4 年之间。采用插值法计算：

$$动态投资回收期 = 3 + \frac{22\,000 - 18\,821}{25\,651 - 18\,821} = 3.47（年）$$

第五节　长期投资决策分析的综合应用

一、固定资产更新的决策

在企业长期投资决策分析中，最主要的应是固定资产的相关决策分析。因为企业的任何固定资产在使用一段时间后都要发生损耗，进而产生效能低下的问题。因此，企业为了提高生产效率、提高产品质量，就必然要对一些固定资产进行更新和改造，如果进行改造的价值不大，或者成本过高，则可以进行更新。

固定资产更新决策需要注意的问题如下。

（1）项目的计算期由旧设备可继续使用的年限决定。

（2）需要考虑在建设起点旧设备可能发生的变价净收入，并以此作为估计继续使用旧设备至期满时净残值的依据。

（3）固定资产的原始成本是沉没成本，决策时不予考虑；现有固定资产在市场上的实际价值（不是账面价值）是决策的相关成本，与决策相关，需要考虑。

（4）在此类项目中，所得税后净现金流量比所得税前净现金流量更有意义。

（5）在利用差额投资内部收益率法时，更新改造项目差额内部收益率指标大于或等于基准折现率或设定的折现率时，应当进行更新；反之，就不应当更新。

（6）在固定资产更新决策中，若旧的固定资产和可以取代它的新固定资产寿命期不相等时，需要计算、对比年均使用成本后再进行决策。

【例 9-18】　某企业生产线上有一旧设备，有关数据如表 9-4 所示。现生产部提出更新要求，若贴现率为 10%，请做出是否需要更新的决策。

表 9-4　企业新旧设备对比资料

各项数据	旧设备	新设备
原值/元	50 000	80 000

续表

各项数据	旧设备	新设备
预计使用年限/年	8	8
已经使用年限/年	5	0
变现价值/元	6 000	80 000
期末残值/元	2 000	4 000
年营运成本/元	22 000	12 000

【解析】 本例中没有给出各年的净现金流入,无法计算净现值。当收入相同时,通常可以比较总成本,但由于使用年限不同,因此比较总成本无意义。但本例可以比较继续使用旧设备与更新设备的年均成本,而各项成本不是发生在同一时点上,必须将其折算到同一时点,一般是折算到第一年年初。

旧设备的原值与净值是沉没成本,与决策无关,应考虑其变现价值,变现价值是机会成本,为决策的相关成本。

$$继续使用旧设备的年均成本 = \frac{6\,000 + 22\,000 \times (P/A, 10\%, 3) - 2\,000 \times (P/F, 10\%, 3)}{(P/A, 10\%, 3)}$$

$$= \frac{6\,000 + 22\,000 \times 2.486\,9 - 2\,000 \times 0.751\,3}{2.486\,9}$$

$$= 23\,808.44(元)$$

$$采用新设备的年均成本 = \frac{80\,000 + 12\,000 \times (P/A, 10\%, 8) - 4\,000 \times (P/F, 10\%, 8)}{(P/A, 10\%, 8)}$$

$$= \frac{80\,000 + 12\,000 \times 5.334\,9 - 4\,000 \times 0.466\,5}{5.334\,9}$$

$$= 26\,645.82(元)$$

由于采用新设备的年均成本高于继续使用旧设备的年均成本,因此应该继续使用旧设备。

上例中,年均成本的计算还可用于判断固定资产的最佳更新期。例如,某设备可用8年,只需分别计算出使用1年、2年,直至8年的八个方案的年均成本,哪一个方案的年均成本最低,该年即为最佳更新期。

二、扩充性投资方案的决策分析

扩充性投资方案是指需要企业投入新资产来提高销售收入、增加企业的现金流量的投资方案。扩充性投资方案的决策通常包括增加现有产品产量和生产新产品两种情况。

【例 9-19】 南方公司根据目前市场的需求情况决定增设一条生产线,从而增加产量,扩大现有销售量。预计该生产线的成本为1 000万元,运输安装等费用共计10万元。该生产线的期限为5年,期满预计有净残值15万元,公司按直线法计提折旧。该设备投入使用后,可使公司每年增加销售收入900万元,每年增加营业付现成本为600万元,企业所得税率为30%。该公司要求的投资报酬率为9%。

要求:用净现值法为南方公司分析该项投资方案是否可行。

【解析】 根据上述资料，计算分析程序如下。

(1) 计算各年的净现金流量(NCF)：

$$设备原值 = 1\,000\,万元 + 10\,万元 = 1\,010\,万元$$

$$则初始投资的净现金流量(NCF_0) = -1\,010\,万元$$

$$每年设备折旧费 = (1\,010\,万元 - 15\,万元)/5 \approx 199\,万元$$

①每年增加销售收入为900万元；②每年增加付现成本为600万元；③每年增加折旧为199万元；④每年增加税前利润＝①－②－③＝101万元；⑤所得税＝④×30％＝30.3万元；⑥每年增加税后净利润＝④－⑤＝70.7万元；⑦每年营业净现金流量＝①－②－⑤或＝⑥＋③＝269.7万元。

(2) 项目期限末净残值收入为15万元，则：

第1~4年的净现金流量(NCF)都是269.7万元。

而第5年的净现金流量(NCF)则为284.7万元(269.7＋15)。

(3) 计算净现值(NPV)：

$$\begin{aligned}NPV &= 269.7 \times (P/A, 9\%, 4) + 284.7 \times (P/F, 9\%, 5) - 1\,010 \\ &= 269.7 \times 3.239\,7 + 284.7 \times 0.649\,9 - 1\,010 \\ &= 48.77(万元)\end{aligned}$$

由于该投资方案的净现值为正数，故方案可行。

本章小结

长期投资决策具有投资金额大、影响时间长、变现能力差、投资风险大等特征，在进行长期投资决策时，一方面要对各方案的现金流入量和现金流出量进行预测，正确估算出每年的净现金流量；另一方面要考虑资金的时间价值，还要计算出为取得长期投资所需资金所付出的代价，即资金成本。因此，货币时间价值、净现金流量和资本成本是影响长期投资决策的重要因素。

货币时间价值的计算需要掌握单利、复利和年金的计算，其中年金又分为普通年金、预付年金、递延年金和永续年金。现金流量的计算是资本预算中最关键的步骤，现金流入量与流出量的差额，为净现金流量(NCF)。净现金流量分为建设期、经营期、结束期进行计算。

长期投资决策的分析方法一般分为静态分析法和动态分析法。静态分析法又称为非贴现的现金流量法。这种方法不考虑货币的时间价值因素，常用方法有年平均投资报酬率法(ARR)和静态投资回收期法。动态分析法又称贴现的现金流量法。这种方法的特点是综合考虑了货币时间价值和现金流量两个因素的影响。常用方法有净现值法(NPV)、现值指数法(PVI)和动态投资回收期法等。

思考与练习

一、简答题

1. 长期投资决策需要考虑的重要因素有哪些？
2. 长期投资决策的评价指标有哪些？分别有哪些优缺点？

3. 什么是货币时间价值？为什么进行长期投资决策时要考虑货币时间价值？

4. 什么是现金流量？现金流量包含哪些内容？长期投资决策时为什么用现金流量而不用利润作为计算评价指标的基础？

5. 长期投资决策的评价指标有哪些？分别有哪些优缺点？

二、计算分析题

1. 某企业准备购置一套生产设备，共需 170 万元，另需相应投入 20 万元的流动资金。该设备预计使用年限为 8 年，采用直线法计提折旧，预计净残值 10 万元。投产后，每年可获 80 万元的销售收入，且第 1 年付现成本为 40 万元，从第 2 年起需要增加设备维修费用 1 万元，此后设备维修费用逐年递增 1 万元。企业所得税税率为 25%。要求：计算投资项目的现金流量。

2. 某企业拟建造一项目，预计建设期为 1 年，所需原始投资 200 万元于建设之初一次投入。该项目预计使用寿命为 5 年，使用期满报废清理时无残值，采用直线法计提折旧；该项目投产后每年增加净利润 60 万元；适用的行业基准折现率为 10%。要求：

(1) 计算该项目各年的现金流量；

(2) 计算该项目的净现值，并评价其财务可行性。

3. 某企业有甲、乙两个项目，它们的现金流量情况如表 9-5 所示。该企业的资本成本为 10%。

表 9-5　甲、乙两个项目有关现金流量的资料　　　　　　　　　　单位：元

年序	0	1	2	3	4	5
现金流量(甲)	-900 000	150 000	250 000	280 000	240 000	210 000
现金流量(乙)	-980 000	180 000	400 000	380 000	280 000	250 000

要求：运用现值指数法，对甲、乙两个项目进行分析评价。

4. 某投资项目在未来 8 年内每年可取得 10 000 元的收益，假设投资报酬率为 8%。

要求：计算该项目的现值。

在线自测

第十章 全面预算

> **学习目标**
> 1. 明确全面预算的内容和体系，理解全面预算的概念。
> 2. 掌握销售预算、生产预算、期末存货预算、销售及管理费用预算、现金收支预算、预计利润表和预计资产负债表的编制方法。
> 3. 理解并掌握弹性预算、零基预算、滚动预算的编制方法。

在我国，随着社会主义市场经济的发展和企业经营管理机制的转变，企业已经由原来的"以产定销"转变为"以销定产"。在这种形势下，企业制定切实可行的全面预算是必须要做的重要工作。我们可以看出，企业的全面预算是管理中控制和评价的重要一环。只有全面了解预算的性质和作用，把握生产经营全面预算的编制方法，才能使预算和企业经营的目标及战略计划协调配合。

第一节 全面预算概述

一、全面预算的概念及其体系

全面预算是在预测与决策的基础上，按照企业既定的经营目标和程序，规划与反映企业未来的销售、生产、成本、现金收支等各方面活动，其目的是对企业特定计划期内全部生产经营活动有效地进行具体组织与协调。全面预算也可称为"企业全部计划的数量说明"，通常表现为一整套预计的财务报表及其他附表。

知识链接 10-1
全面预算管理

利用全面预算，不仅可以明确工作目标，协调各部门之间的关系，而且能够控制各部门的日常经济活动，考核各部门的工作业绩。一般而言，全面预算按其体系可以分为业务预算、资本支出预算和财务预算。

（一）业务预算

业务预算也称营业预算，是对企业日常发生的基本业务活动的预算，是全面预算的编制基础。主要包括与企业日常业务直接相关的销售预算、生产预算、直接材料及采购预算、直接人工预算、制造费用预算、产品成本预算、期末存货预算、销售及管理费用预算等。其中，销售预算又是业务预算的编制起点。

(二) 资本支出预算

资本支出预算也称专门决策预算,是对企业那些在预算期内不经常发生的、一次性业务活动所编制的预算,主要包括根据长期投资决策结论编制的与购置、更新、改造、扩建固定资产决策有关的资本支出预算,与资源开发、产品改造和新产品试制有关的生产经营决策预算等。

(三) 财务预算

财务预算主要反映企业预算期现金收支、经营成果和财务状况的各项预算,包括现金预算、预计利润表和预计资产负债表。财务预算是依赖于业务预算和专门决策预算而编制的,是整个预算体系的主体,因而又被称为总预算,其他预算被称为分预算或辅助预算。

企业全面预算的编制就是使每个职能部门的管理人员知道在计划期内应该做些什么,以及怎样去做,从而保证各个部门和整个企业工作的顺利进行。例如,企业销售部门为完成销售目标,保证目标利润的实现,根据客户订单需求和企业情况,进行销售预算。生产部门根据销售预算,确定生产足够数量的产品,产量不能过多,也不能过少。过多将造成库存积压,增加仓储、保险、利息等费用;过少则有可能造成市场上脱销而减少了利润。同理,采购部门必须有足够的合格材料保证产品生产的需要;财务部门一定要有足够的货币资金支付到期的材料款、工资和其他业务费用,以及偿还债务、购买固定资产、支付股息及利息等。为了把所有这些预期的经济活动协调起来,完成总的战略目标(目标利润),就必须编制全面预算。各种预算在全面预算中的关系可以用图10-1表示。

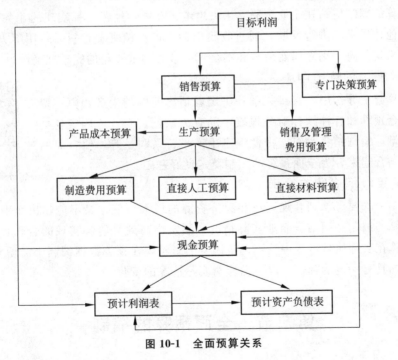

图 10-1　全面预算关系

二、全面预算的作用

编制全面预算的作用,概括起来有以下三点。

（一）明确企业经营目标，控制经济业务

控制经济业务是企业编制预算的主要目的，企业经营目标一旦确定，就需要各部门协同配合，而全面预算则借助货币计量等手段将决策目标具体化，使各部门人员明确自己的职责和任务，从而更好地保证经营目标的实现。

（二）沟通与协调企业各职能部门的工作

为了完成总体战略目标，企业各职能部门、各项活动必须密切配合，相互沟通与协调。全面预算能促使各部门管理人员检查本部门的工作，以及与其他各部门之间的关系，分析可能出现的薄弱环节，充分估计可能发生的障碍和阻力。一般情况下，企业初步制订全面预算时，经常会出现种种不平衡的现象，需要经过反复推敲与协商调节，不断修改预算内容，最后定稿，使各部门利益服从企业整体利益，实现企业目标。

（三）评价企业工作成绩

全面预算一经确定进入实施阶段，工作重心则转入控制阶段，全体职工必须将预算指标作为今后工作的准绳。职工实际工作完成的好坏，即以预算所规定的水平作为考核的依据。

总之，全面预算有利于改善企业内部的沟通与协调，便于把企业各主要职能部门包括生产、采购、销售、运输和财务部门的工作协调起来，有利于均衡地完成企业的总体目标。

三、全面预算的编制原则

（一）预算资料应完整准确

全面预算的编制应站在企业全局立场去思考，对影响经营目标实现的业务、事项都要以货币或其他计量手段进行反映，通过收集前期生产、销售、存货、费用等方面的资料，进行综合分析与预测，剔除偶然因素和不合理因素，力求资料的完整准确性。

（二）以销售预算为中心

销售预算起主导作用，直接关系并决定着预算期内的生产预算、费用预算、现金预算和各种预计财务报表中的有关数据。企业应确定各类产品的销售量，编制销售预算，由此确定生产量、采购量等，使企业的供产销有机结合起来，为全面预算的编制奠定良好基础。

知识链接 10-2
全面预算管理系统

（三）预算数据应留有余地

预算编制中既要考虑到客观环境和经济资源的最大可能，又不能超出企业现实水平，这就要求预算的编制必须结合企业实际情况，制定出高效且能够实现的合理预算。同时，应考虑到预算在实际执行过程中受不确定因素的影响，在预算数据编制中需留有余地，使各项预算指标具有一定的弹性，以灵活应对实际情况的变化。

第二节　全面预算的编制

全面预算管理是以全面预算为依托，在预算编制、执行和控制过程中来规划企业的全部经济活动及其成果。全面预算管理主要包括全面预算的编制、执行与控制以及评价与激励三个部分。全面预算一般包括业务预算、专项预算和财务预算三大类。

一、业务预算

业务预算(operating budget)是反映企业在计划期间日常发生的各种具有实质性的基本活动的预算。主要包括销售预算、生产预算、直接材料预算、直接人工预算、制造费用预算、产成品成本预算、销售费用及管理费用预算等。

(一) 销售预算

传统的全面预算体系是建立在销售预算的基础上的,也就是说销售预算是全面预算的关键和起点。销售预算需要根据企业年度目标利润确定的预计销售量、销售价格和销售额等参数编制。

在单一产品的企业里,销售预算反映产品的销售数量、销售价格和销售额。在多品种的企业里,销售预算通常只需要列示全年及各季的销售总额,并根据各种主要产品的销售量和销售单价分别编制销售预算的附表。

通常情况下,还应当根据销售预算编制与销售收入有关的现金收入预计表,用以反映全年及各季销售所得现销收入和回收以前期间应收账款的现金数额。

【例 10-1】 南方公司在 20×3 年度只生产和销售一种产品,销售单价为 20 元,每季度的商品销售在当期收到货款的 70%,其余 30% 在下季度收回。20×2 年末的应收账款余额为 40 000 元。该公司 20×3 年度的分季销售预算如表 10-1 所示。

表 10-1 中的销售量、销售价格来自对计划期销售情况的预测,每期收到现金数占销售收入金额的比率一般根据以往经验确定。

表 10-1 南方公司销售预算
20×3 年度

项 目		第一季度	第二季度	第三季度	第四季度	全 年
预计销售量/件		5 000	15 000	20 000	10 000	50 000
预计销售价格/(元/件)		20	20	20	20	20
预计销售额/元		100 000	300 000	400 000	200 000	1 000 000
预计现金收入计算表	期初应收账款(20×2 年 12 月 31 日)/元	40 000				40 000
	第一季度销售收入/元	70 000	30 000			100 000
	第二季度销售收入/元		210 000	90 000		300 000
	第三季度销售收入/元			280 000	120 000	400 000
	第四季度销售收入/元				140 000	140 000
	现金收入合计/元	110 000	240 000	370 000	260 000	980 000

(二) 生产预算

生产预算编制的主要依据是预算期各种产品的预计销售量以及存货资料。在正常情况下,企业预计的生产量和销售量往往存在不一致现象,企业就需要储备一定数量的产成品存货。因此,在预计生产量时要考虑产成品期初存货和期末存货的水平。可以按照式(10-1)确定本期的预计生产量:

预计生产量＝计划销售量＋计划期末预计存货量－计划期初存货量　　(10-1)

【例 10-2】 依前例，假定南方公司 20×3 年的生产预算中，各季度期末产成品存货数量用下期销售数量乘以一定比率计算得出，本例中为 20%；年末产成品存货数量则是根据下一年第一季度销售数量的估计数计算出来的；期初产成品存货数量即上期期末产成品存货数量。该公司 20×3 年度的生产预算如表 10-2 所示。

表 10-2　南方公司生产预算

20×3 年度　　　　　　　　　　　　　　　　　　　　　单位：件

项　　目	第一季度	第二季度	第三季度	第四季度	全　年
预计销售量（表 10-1）	5 000	15 000	20 000	10 000	50 000
加：期末产成品存货数量	3 000	4 000	2 000	2 000	2 000
产成品需要量合计	8 000	19 000	22 000	12 000	52 000
减：期初产成品存货数量	1 500	3 000	4 000	2 000	1 500
生产量	6 500	16 000	18 000	10 000	50 500

期末产成品存货数量的预算对企业来说也相当重要，如果期末剩余存货过多，既占用大量资金，又会增加仓储、保管等各方面费用，造成不必要的浪费；存货太少又可能造成下期生产过于紧张，甚至无法满足销售需要。因此，对期末存货数量的合理预测至关重要。

（三）直接材料预算

直接材料的预算是为规划直接材料的采购活动和消耗情况而编制的，其编制依据是生产预算、材料单耗等资料。

由于企业预算期的生产耗用量和采购量存在不一致的情况，企业一般会保持一定数量的材料库存，以满足生产的变化需要。预计材料采购量可以按照式(10-2)：

本期购买材料预计数量＝本期生产耗用材料数量＋

期末材料存货数量－期初材料存货数量　　(10-2)

同时，为了以后编制财务预算的方便，根据直接材料采购的预算情况，需要编制现金支出预算。

【例 10-3】 依前例，假定南方公司单位产品的材料消耗定额为 4 千克，计划单价 0.5 元。每季度的购料款当季度支付 60%，余下部分在下季度支付。各季度的期末存料按下一季度生产需要量的 10% 计算，各季度期初存料与上期期末存料相等，期初应付购料款为 9 500 元。现根据生产预算中的预计生产量，结合期初、期末存料水平，以及单位产品的材料消耗定额编制直接材料预算，如表 10-3 所示。

表 10-3　南方公司直接材料预算

20×3 年度

项　　目	第一季度	第二季度	第三季度	第四季度	全　年
生产量（表 10-2）/件	6 500	16 000	18 000	10 000	50 500
单位产品直接材料耗用量/千克	4	4	4	4	4

续表

项 目	第一季度	第二季度	第三季度	第四季度	全 年
总耗用量/千克	26 000	64 000	72 000	40 000	202 000
加：期末直接材料存货数量/千克	6 400	7 200	4 000	5 500*	5 500*
总需要量/千克	32 400	71 200	76 000	45 500	207 500
减：期初直接材料存货数量/千克	5 000	6 400	7 200	4 000	5 000
直接材料采购量/千克	27 400	64 800	68 800	41 500	202 500
直接材料单位价格/(元/件)	0.5	0.5	0.5	0.5	0.5
直接材料采购金额/元	13 700	32 400	34 400	20 750	101 250
预计现金支出计算表 应付账款/元	9 500				9 500
预计现金支出计算表 第一季度付现额/元	8 220	5 480			13 700
预计现金支出计算表 第二季度付现额/元		19 440	12 960		32 400
预计现金支出计算表 第三季度付现额/元			20 640	13 760	34 400
预计现金支出计算表 第四季度付现额/元				12 450	12 450
预计现金支出计算表 现金支出合计/元	17 720	24 920	33 600	26 210	102 450

注：*为估计数。

（四）直接人工预算

直接人工预算也是根据生产预算编制的，用于对计划期内直接生产工人的人工耗费进行规划，以便合理进行人员安排以满足生产需要。如果事先不对此做好准备可能会出现因人手短缺而影响生产的情况，而临时招聘工人一方面可能付出较高代价，另一方面工人未经必要的培训匆忙上岗会造成生产效率的降低。

通常情况下，企业往往需要雇用不同工种的人工，直接人工预算就应该按不同工种分别计算，然后合计。计算公式如下：

$$预计直接人工成本总额 = 预计生产量 \times \sum(单位工时工资率 \times 单位产品工时定额)$$

(10-3)

【例10-4】 依前例，假定南方公司在计划期内所需直接人工只有一个工种，单位产品的工时定额为0.8小时，单位工时的工资率为5元，现根据计划期生产预算的预计产量，编制直接人工预算，如表10-4所示。

表10-4 南方公司直接人工预算

20×3年度

项 目	第一季度	第二季度	第三季度	第四季度	全 年
生产量(表10-2)/件	6 500	16 000	18 000	10 000	50 500
单位产品直接人工工时/小时	0.8	0.8	0.8	0.8	0.8
直接人工工时合计/小时	5 200	12 800	14 400	8 000	40 400
单位工资率/(元/小时)	5.0	5.0	5.0	5.0	5.0
直接人工耗费总额/元	26 000	64 000	72 000	40 000	202 000

（五）制造费用预算

制造费用预算也是根据生产预算编制的，是对生产成本中直接人工费用和直接材料费用以外的其他生产费用的规划。编制制造费用预算的主要依据是计划期预计生产量、制造费用标准消耗量和标准价格。

编制制造费用预算首先应按照制造费用的成本性态划分为变动制造费用和固定制造费用。对于变动费用项目，在一般情况下，应以计划期的一定业务量为基础，规划它们的具体预算数字；对于固定费用项目，则大多根据基期的实际开支水平，再结合上级下达的成本降低率，进行折算填入预算表内。另外，在这张预算正表下面还要附有预计现金支出计算表，以便今后编制财务预算类的现金预算。但是固定资产折旧费属于固定制造费用，不属于现金支出项目，故在编制附表时应剔除。

【例 10-5】 依前例，假定南方公司制造费用的变动部分按计划年度所需直接人工小时总数进行规划，固定部分则根据基期的实际开支数，按上级下达的成本降低率 3% 进行计算。编制四个季度支出相等的制造费用预算，固定制造费用在各季度之间平均分配，如表 10-5 所示。

表 10-5 南方公司制造费用预算

20×3 年度

成本项目		金额/元	费用分配率计算
变动制造费用	间接人工费用	20 800	变动制造费用分配率＝变动制造费用预算合计/标准总工时＝80 800/40 400＝2(元/小时)
	间接材料费用	30 000	
	维修费	13 000	
	水电费	17 000	
	合计	80 800	
固定制造费用	折旧费	25 000	固定制造费用分配率＝固定制造费用预算合计/标准总工时＝101 000/40 400＝2.5(元/小时)
	维护费	21 000	
	管理费	45 000	
	保险费	10 000	
	合计	101 000	

项目	第一季度	第二季度	第三季度	第四季度	全年合计
预计直接人工工时/小时	5 200	12 800	14 400	8 000	40 400
变动制造费用分配率/元	2	2	2	2	2
预计变动制造费用/元	10 400	25 600	28 800	16 000	80 800
预计固定制造费用/元	25 250	25 250	25 250	25 250	101 000
预计制造费用/元	35 650	50 850	54 050	41 250	181 800
减：折旧费用/元	6 250	6 250	6 250	6 250	25 000
现金支出的制造费用/元	29 400	44 600	47 800	35 000	156 800

(六)产成品成本预算

编好以上五种业务预算表以后,产成品的预算成本即可得出,但在实际工作中要求企业必须实行标准成本制度,因而产成品成本的预算就是单位产品的"标准成本单"。所谓标准成本,就是按成本项目反映的单位产品的目标成本。因为通过成本预测确定的目标总成本不便于进行日常控制和考核,所以在实际工作中,目标总成本还必须交给设计、技术、生产、供销和会计部门具体落实,并分别按成本项目逐一详细地制定成本标准,即标准成本。

西方的标准成本通常只针对产品生产成本中的直接材料、直接人工和制造费用三大项目制定,至于管理费用和销售费用则采用编制费用预算的方法进行控制,一般不制定标准成本。料、工、费三大项目应根据企业的总体目标制定相应的标准。

(1) 直接材料的标准成本

$$直接材料的标准成本 = 计划单价 \times 消耗定额 \quad (10\text{-}4)$$

(2) 直接人工的标准成本

$$直接人工的标准成本 = 工资率 \times 工时定额 \quad (10\text{-}5)$$

其中

$$工资率 = 预计支付直接人工工资总额 / 标准总工时 \quad (10\text{-}6)$$

(3) 制造费用的标准成本

$$变动制造费用的标准成本 = 变动费用分配率 \times 工时定额 \quad (10\text{-}7)$$

$$固定制造费用的标准成本 = 固定费用分配率 \times 工时定额 \quad (10\text{-}8)$$

产成品成本预算(标准成本单)编写的方法很简单,只需将料、工、费三大项目的价格标准与用量标准分别相乘,然后加以汇总即可填入预算表内。另外,在实际工作中,往往还需在正表下面附期末存货预算,可根据生产预算中的期末存货数量乘上产品的标准成本得出,如表10-6所示。

表 10-6 南方公司产成品成本预算

20×3 年度

项 目	单位成本			生产成本/元	期末存货成本/元	销货成本/元
	单价/元	单位耗用量/件	成本/元	(50 500 件)	(2 000 件)	
直接材料(表10-3)	0.5	4.0	2.0	101 000	4 000	100 000
直接人工(表10-4)	5.0	0.8	4.0	202 000	8 000	200 000
变动制造费用(表10-5)	2.0	0.8	1.6	80 800	3 200	80 000
固定制造费用(表10-5)	2.5	0.8	2.0	101 000	4 000	100 000
合计			9.6	484 800	19 200	480 000

注:销货成本=期初产成品存货成本+本期生产成本-期末产成品存货成本,经计算得出,期初产成品存货为1500件。

(七)销售费用及管理费用预算

这项预算是对计划期内发生的产成品成本以外的一系列其他费用所做的预算。其中,销售费用预算是指对为实现销售预算而需要支出的费用所做的预算,在编制时应以销售预算为基础,对过去发生的销售费用进行细致分析,运用本量利分析等方法分析销售收入、销售利润与销售费用之间的关系,以合理安排销售费用,使之得到最有效的使用。管理费用预算是对企业运营过程中需要支出的管理费用所做的预算,在编制时应以过去发生的实际支出为参考，结合分析企业的业务情况，使费用支出更合理、更有效。如果销售费用及管理费用预算包括的项目太多，也可以对各部分分别编制预算。

销售费用及管理费用应区分变动费用和固定费用，对于变动费用可以根据销售量在各季度之间分配，固定费用则可以在四个季度平均分配或列入实际支付的季度，混合成本应在分解为变动费用和固定费用后分别列入预算的变动部分和固定部分。南方公司20×2年度销售费用及管理费用预算如表10-7所示。

表 10-7 南方公司销售费用及管理费用预算

20×3 年度

项　　目	第一季度	第二季度	第三季度	第四季度	全　　年
预计销售量/(件，表10-1)	5 000	15 000	20 000	10 000	50 000
单位变动销售及管理费用耗用额/元	1.5	1.5	1.5	1.5	1.5
预计变动销售及管理费用耗用额/元	7 500	22 500	30 000	15 000	75 000
固定销售及管理费用/元：					
广告费	25 000	25 000	45 000	25 000	120 000
管理人员工资	32 000	32 000	32 000	32000	128 000
保险费	20 000		10 000		30 000
财产税/元				12 000	12 000
固定销售及管理费用合计/元	77 000	57 000	87 000	69 000	290 000
预计销售及管理费用合计/元	84 500	79 500	117 000	84 000	365 000

说明：销售费用及管理费用全部在发生当期以现金支付。

二、专项预算

专项预算(special decision budget)是指企业为不经常发生的长期投资决策项目或筹资项目所编制的预算。

（一）资本支出预算

资本支出预算是对未来期间选择和评价长期资本投资活动的相关原则和方法步骤的规划。简要地说，成功的资本投资应该遵循以下步骤：(1)投资意向的产生；(2)估计战略、市场和技术因素，预计现金流量；(3)评价现金流量；(4)在可接受的标准基础上选择项目；(5)执行计划；(6)在投资项目的现金流量和经济状况被接受以后，不断重新评价，或进行事后审计。

所以，资本支出预算就是对上述步骤在未来期间做一个全面考虑，并把相应指标量化，供管理人员进行决策。资本支出预算编制时的评价和专业水平需要达到什么层次，由企业的规模以及资本支出的规模和甄选标准决定。资本支出量越大，需要进行的甄选层次越多。分公司的经理人有权决定本公司内部中等规模的投资项目，更高级别的管理人员可以决定更大型的投资。不同企业的投资甄选管理程序各不相同，集权和分权的企业之间、紧凑型和松散型管理的企业之间，各级别管理人员的决策权都有很大的区别。

【例10-6】 依前例,假设南方公司董事会批准在计划期间的第二季度用自有资金购置一台固定设备的投资项目,需支付50 000元,分4个季度付款。资本支出预算如表10-8所示。

表10-8 南方公司资本支出预算

20×3年度 单位:元

项 目	预计购买日期	预计成本	第一季度	第二季度	第三季度	第四季度	全 年
动力设备	第一季度	50 000					50 000
现金支出			20 000	10 000	10 000	10 000	50 000

(二)筹资预算

筹资预算是关于单位在预算期内需要新借入的长短期借款、经批准发行的债券,以及原有借款、债券还本付息的预算,主要依据单位有关资金需求决策资料、发行债券审批文件、期初借款余额及利率等编制。单位经批准发行股票、配股和增发股票,应当根据股票发行预算、配股预算和增发股票预算等资料单独编制预算。股票发行费用应当在筹资预算中分项做出安排。

【例10-7】 依前例,假定南方公司根据计划期间现金收支情况,预计第一季度初需向银行借款94 000元,第三、第四季度分别偿还本金和利息。另外,根据税法规定,计划期间每季末预付所得税17 000元,全年68 000元。公司在第一、三季度发放现金股利10 000元。该公司20×3年度筹资预算如表10-9所示。

表10-9 南方公司筹资预算

20×3年度 单位:元

项 目	第一季度	第二季度	第三季度	第四季度	全 年
筹措资金①	94 000②				94 000
归还资金			50 000	44 000	94 000
偿还利息			3 750③	4 400	8 150
预付所得税④	17 000	17 000	17 000	17 000	68 000
预付股利	10 000		10000		20 000

①假设借款应为1 000元的整数倍,假定所有借款发生在期初,还款发生在期末。
②公司最低现金余额为30 000元,上年度现金余额为−63 620元,因此第一季度借款额为:63 620+30 000=93 620(元),由于借款应为1 000元的整数倍,故取整为94 000元。
③借款年利率为10%,偿付的利息就当期偿还的本金部分计算,因此本例中第三季度偿付的利息为:50 000×10%×(3÷4)=3 750(元);第四季度偿付的利息为:44 000×10%=4 400(元)。
④所得税支出根据计划期销售情况及利润情况的分析估计得出。

三、财务预算

财务预算(financial budget)是指企业在计划期内反映有关现金收支、经营成果和财务状况的预算。财务预算实际上就是对企业整体的预算,即总预算,各种业务预算和专门预算则称为分预算。财务预算主要包括现金预算、预计损益表和预计资产负债表三种。

(一)现金预算

现金预算是为反映企业在计划期间预计的现金收支的详细情况而编制的预算,包括四个部分：现金收入、现金支出、现金的余缺与资金融通和期末现金余额。

现金收入包括：(1)计划期的期初现金余额；(2)计划期内的预计现金收入(可从表10-1销售预算的附表中获得该项数据)。

现金支出是指计划期内预计可能发生的一切现金支出，包括用现金支付的材料采购费、直接人工费用、制造费用、销售费用、管理费用、固定资产购置以及所得税支出和股利的发放等，其数据来源于业务预算的表10-3、表10-4、表10-5、表10-7，确定了业务预算和目标利润，所得税支出和股利的发放金额就很容易确定。

现金的多余或不足反映的是现金收入与支出之间的差额。如果现金收入小于支出即发生现金不足，企业需要向银行或其他单位借款以应付现金的需要；如果现金收入大于支出即发生现金多余，企业则应考虑如何安排多余的现金，可用于短期投资或偿还借款。资金融通是对计划期内出现现金多余或不足时所做的具体现金安排。对计划期内的资金融通预先安排可以避免企业在需要用款时由于现金短缺而陷入麻烦，或可有效利用暂时多余的资金进行投资获取利益。其数据在现金预算表中直接填列。

期末现金余额是用计划期的现金收入总额减去现金支出总额，再减去资金投放或归还总额，或加上资金筹措总额。

现金预算是企业预算的一个重要部分，为了对现金收支进行有效的控制和调度，企业应尽可能缩短现金预算的编制时间，大多数企业按月或季编制现金预算，有些则按周甚至按天编制。

【例10-8】 依前例，假定南方公司是按年份季度编制现金预算的，该公司规定计划期间现金的最低库存余额为30 000元，现根据以上各种预算中的有关资料编制现金预算，如表10-10所示。

表10-10 南方公司现金预算

20×3年度 单位：元

项 目	数据来源	第一季度	第二季度	第三季度	第四季度	全 年
期初现金余额	转入	31 000	30 380	30 360	39 210	130 950
加：销售现金收入	表10-1	110 000	240 000	370 000	260 000	980 000
现金收入合计		141 000	270 380	400 360	299 210	1 110 950
减：现金支出						
直接材料	表10-3	17 720	24 920	33 600	26 210	102 450
直接人工	表10-4	26 000	64 000	72 000	40 000	202 000
制造费用	表10-5	29 400	44 600	47 800	35 000	156 800
销售与管理费用	表10-7	84 500	79 500	117 000	84 000	365 000
所得税		17 000	17 000	17 000	17 000	68 000
购置生产设备	表10-8	20 000	10 000	10 000	10 000	50 000
发放股利	表10-9	10 000		10 000		20 000
现金支出合计		204 620	240 020	307 400	212 210	964 250
资金融通前现金余额		(63 620)	30 360	92 960	87 000	146 700
资金融通						
借款		94 000				94 000
还款	表10-9			50 000	44 000	(94 000)
偿还利息				3 750	4 400	(8 150)
资金融通合计		94 000		53 750	48 400	
期末现金余额		30 380	30 360	39 210	38 600	138 550

(二) 预计损益表

预计损益表是用货币金额来反映企业在计划期间全部经营活动及其最终财务成果而编制的预算，也称利润预算，是整个预算体系中的重要组成部分。它的格式与实际的损益表相同，只是数据来源于上述各项具体预算而不是实际。

【例10-9】 依前例，南方公司根据以上预算表的有关资料，编制20×3年度的预计损益表，如表10-11所示。

表10-11 南方公司预计损益表

20×3年度　　　　　　　　　　　　　　单位：元

项　目	数据来源	金　额
销售收入	表10-1	1 000 000
减：变动成本		
变动生产成本	表10-3、表10-4、表10-5	384 050
变动销售及管理费用	表10-7	75 000
边际贡献总额		540 950
减：期间成本		
固定制造费用	表10-5	101 000
固定销售及管理费用	表10-7	290 000
营业净利		149 950
减：利息费用	表10-9	8 150
利润总额		141 800
所得税	表10-9	68 000
净利润		73 800

预计损益表中的所得税金额是在对企业利润进行预测分析时估算出的，并非通过预计损益表中的利润总额与所得税税率计算得出。这是由于该项支出已列入现金预算，并对利息费用产生影响，而预计损益表又利用了现金预算的有关数据，如果在编制预计损益表时根据利润与所得税税率重新计算所得税，就需要根据计算出的新结果修改现金预算，继而影响现金预算中的有关数据并反过来对预计损益表产生影响，结果又要修改预计损益表，如此一来就会陷入无休止的循环之中。

(三) 预计资产负债表

预计资产负债表是为反映企业在计划期末预计的财务状况而编制的预算。预计资产负债表是根据计划期的销售预算、生产预算等具体预算对期初资产负债表进行适当调整编制而成的。

【例10-10】 依前例，根据上述相关资料，编制南方公司的20×3年度预计资产负债表，如表10-12所示。

表 10-12 南方公司预计资产负债表

20×3 年度　　　　　　　　　　　　　　　　　　　　单位：元

资产			负债与所有者权益		
项目	期初余额	期末余额	项目	期初余额	期末余额
流动资产：			流动负债：		
现金（表 10-10）	31 000	38 600	应付账款（表 10-3）	9 500	8 300②
应收账款（表 10-1）	40 000	60 000①	流动负债总额	9 500	8 300
直接材料（表 10-3）	2 500	2 750	长期负债：		
产成品（表 10-6）	14 400	19 200	长期借款③	100 000	100 000
流动资产总额	87 900	120 550	长期借款总额	100 000	100 000
固定资产：			负债总额	109 500	108 300
土地③	80 000	80 000	所有者权益：		
房屋与设备	150 000	194 950	普通股股本③	100 000	100 000
减：累计折旧	64 000	89 000	未分配利润（表 10-9、表 10-11）	44 400	98 200④
固定资产总额	166 000	185 950	所有者权益总额	144 400	198 200
资产总额	253 900	306 500	负债与所有者权益总额	253 900	306 500

① 期末应收账款＝第四季度销售额×30％＝200 000×30％＝60 000（元）。

② 期末应付账款＝第四季度材料采购金额×40％＝20 750×40％＝8 300（元）。

③ 土地、长期借款、普通股股本三项未发生变动；房屋与设备等数据结合表 10-5 综合得出。

④ 期末未分配利润＝期初未分配利润（转入）＋本期净利润－本期发放股利＝44 400＋73 800－20 000＝98 200（元）。

第三节　全面预算的编制方法

预算可以根据不同的预算项目，分别采用相应方法进行编制，主要方法如下。

一、固定预算与弹性预算

固定预算与弹性预算的主要区别在于固定预算是针对某一特定业务量编制的，弹性预算是针对一系列可能达到的预计业务量水平编制的。

（一）固定预算

固定预算又称静态预算，是把企业预算期的业务量固定在某一预计水平上，以此为基础来确定其他项目预计数的预算方法。

固定预算法存在适应性差和可比性差的缺点。一般适用于经营业务稳定，生产的产品产销量稳定，能准确预测产品需求及产品成本的企业，也可用于编制固定费用预算。

（二）弹性预算

弹性预算法又称动态预算法，是在成本性态分析的基础上，依据业务量、成本和利润之间的联动关系，按照预算期内可能的一系列业务量（如生产量、销售量、工时等）水平编制系列预算的系列预算方法。

编制弹性预算,要选用一个最能代表生产经营活动水平的业务量计量单位。

弹性预算法所采用的业务量范围,视企业或部门的业务量变化情况而定,务必使实际业务量不至于超出相关的业务量范围。一般来说,可定在正常生产能力的70%~110%之间,或以历史上最高业务量和最低业务量为其上下限。弹性预算法编制预算的准确性,在很大程度上取决于成本性态分析的可靠性。

与按特定业务量水平编制的固定预算相比,弹性预算有两个显著特点:第一,弹性预算是按一系列业务量水平编制的,从而扩大了预算的适用范围;第二,弹性预算是按成本性态分类列示的,在预算执行中可以计算一定实际业务量的预算成本,便于预算执行的考核和评价。

运用弹性预算法编制预算的基本步骤如下:

(1) 选择业务量的计量单位;
(2) 确定适用的业务量范围;
(3) 逐项研究并确定各项成本和业务量之间的数量关系;
(4) 计算各项预算成本,并用一定的方式来表达。

弹性预算法又分为列表法和公式法两种具体方法。

▶ 1. 列表法

列表法是在预计的业务量范围内将业务量分为若干个水平,然后按不同的业务量水平编制预算。

列表法的优点是不管实际业务量多少,不必经过计算即可找到与业务量相近的预算成本;混合成本中的阶梯成本和曲线成本,可按总成本性态模型计算填列,不必用数学方法修正为近似的直线成本。但是,运用列表法编制预算,在考核和评价实际成本时,往往需要使用插补法来计算"实际业务量的预算成本",比较麻烦。

【例10-11】 南方公司生产工时(业务量)分别为6 000小时、7 000小时、8 000小时、9 000小时和10 000小时。假设固定性制造费用数额不变,已知管理人员工资3 000元,折旧费10 000元,保险费2 000元,共计15 000元。变动性制造费用为3元/小时,其中:间接人工0.5元/小时,间接材料0.4元/小时,维修费0.4元/小时,水电费0.6元/小时,固定资产租金1.1元/小时。

要求:编制制造费用的弹性预算。

【解析】 以列表法编制造费用的弹性预算,如表10-13所示。

表10-13 南方公司制造费用弹性预算　　　　　　　　单位:元

	项　目	业务范围(生产工时)				
		6 000小时	7 000小时	8 000小时	9 000小时	10 000小时
变动制造费用	间接人工/(0.5元/小时)	3 000	3 500	4 000	4 500	5 000
	间接材料/(0.4元/小时)	2 400	2 800	3 200	3 600	4 000
	维修费/(0.4元/小时)	2 400	2 800	3 200	3 600	4 000
	水电费/(0.6元/小时)	3 600	4 200	4 800	5 400	6 000
	固定资产租金/(1.1元/小时)	6 600	7 700	8 800	9 900	11 000
	小计/(3元/小时)	18 000	21 000	24 000	27 000	30 000

续表

项目		业务范围（生产工时）				
		6 000 小时	7 000 小时	8 000 小时	9 000 小时	10 000 小时
固定制造费用	管理人员工资	3 000	3 000	3 000	3 000	3 000
	折旧费	10 000	10 000	10 000	10 000	10 000
	保险费	2 000	2 000	2 000	2 000	2 000
	小计	15 000	15 000	15 000	15 000	15 000
合 计		33 000	36 000	39 000	42 000	45 000

▶ **2. 公式法**

公式法是运用总成本性态模型，测算预算期的成本费用数额，并编制成本费用预算的方法。根据成本性态，成本与业务量之间的数量关系可用公式表示为：

$$y = a + bx \tag{10-9}$$

式中，y 表示某项预算成本总额；a 表示该项成本汇总的预算固定成本额；b 表示该项成本中的预算单位变动成本额；x 表示预计业务量。

公式法的优点是便于计算任何业务量的预算成本。但是，阶梯成本和曲线成本只能用数学方法修正为直线后，才能应用公式法。必要时，还需在"备注"中说明适用不同业务量范围的固定费用和单位变动费用。

【**例 10-12**】 某企业产销一种产品，销售量范围为 1 000～2 000 件，销售单价 100 元/件，单位变动成本为 30 元/件，固定成本总额为 10 000 元。

要求：按公式法编制弹性利润预算。

【**解析**】 选取业务量间距为 200 件，编制弹性利润预算如表 10-14 所示。

税前利润＝销售收入－变动成本－固定成本＝贡献毛益－固定成本

表 10-14 弹性利润预算

项 目	销售量/件					
	1 000	1 200	1 400	1 600	1 800	2 000
销售收入/元	100 000	120 000	140 000	160 000	180 000	200 000
变动成本/元	30 000	36 000	42 000	48 000	54 000	60 000
贡献毛益/元	70 000	84 000	98 000	112 000	126 000	140 000
固定成本/元	10 000	10 000	10 000	10 000	10 000	10 000
税前利润/元	60 000	74 000	88 000	102 000	116 000	130 000

二、增量预算和零基预算

增量预算与零基预算的区别：增量预算是以基期成本费用水平为基础；零基预算是一切从零开始。

（一）增量预算

增量预算法又称调整预算法，是指以基期水平为基础，分析预算期业务量水平及有关影响因素的变动情况，通过调整基期项目及数额，编制相关预算的方法。

增量预算方法的前提条件如下:
(1) 现有的业务活动是企业所必需的;
(2) 原有的各项业务都是合理的。

增量预算法的缺点是当预算期的情况发生变化,或预算数额受到基期不合理因素的干扰时,可能导致预算的不准确,不利于调动各部门达成预算目标的积极性。

(二) 零基预算

零基预算法是"以零为基础编制预算"的方法,采用零基预算法在编制费用预算时,不考虑以往期间的费用项目和费用数额,主要根据预算期的需要和可能分析费用项目和费用数额的合理性,综合平衡编制费用预算。

应用零基预算法编制费用预算的优点是,不受前期费用项目和费用水平的制约,能够调动各部门降低费用的积极性。但其缺点是编制工作量大。

【例 10-13】 南方公司决定采用零基预算法编制下年度的管理费用预算。管理部门根据上年度的经验数据预计预算期内将要发生的部分费用项目支出如下:职工培训费 24 000 元,律师及财务顾问费 38 000 元,日常办公费 12 000 元,房租 44 000 元。保险费 8 000 元,共计 126 000 元。假设该公司可用于上述项目的资金仅有 108 000 元。

要求:制订管理费用预算。

【解析】 在费用项目中,日常办公费、房租、保险费是企业必不可少的开支,属于经营能力成本,或称为约束性固定成本,必须足额保证;职工培训费、律师及财务顾问费属于酌量性固定成本,可以采用成本—效益分析法来合理确定剩余资金在这两个项目间的分配。成本—效益分析表如表 10-15 所示。

表 10-15 成本—效益分析表　　　　　　　　　　　　　　单位:元

项目	成本金额	收益金额
职工培训费	1	3
律师及财务顾问费	1	5

约束性固定成本 = 12 000 + 44 000 + 8 000 = 64 000(元),剩余资金 = 108 000 − 64 000 = 44 000(元),职工培训费可分配资金 = $44\,000 \times \frac{3}{8}$ = 16 500(元)

律师及财务顾问费可分配资金 = $44\,000 \times \frac{5}{8}$ = 27 500(元)

综合上述结果,采用零基预算法编制管理费用预算如表 10-16 所示。

表 10-16 零基法编制管理费用预算　　　　　　　　　　　　单位:元

项目	金额
日常办公费	12 000
房租	44 000
保险费	8 000
职工培训费	16 500
律师及财务顾问费	27 500
合计	108 000

三、定期预算和滚动预算

定期预算与滚动预算的区别：定期预算一般以会计年度为单位定期编制；滚动预算不将预算期与会计年度挂钩，而是连续不断向后滚动，始终保持十二个月。

（一）定期预算

定期预算法是以固定不变的会计期间（如年度、季度、月份）作为预算期间编制预算的方法。

采用定期预算法编制预算，保证预算期间与会计期间在时期上配比，便于依据会计报告的数据与预算的比较，考核和评价预算的执行结果。但不利于前后各个期间的预算衔接，不能适应连续不断的业务活动过程预算管理。

（二）滚动预算

滚动预算又称永续预算，其主要特点在于：不将预算期与会计年度挂钩，而是始终保持十二个月，每过去一个月，就根据新的情况进行调整和修订后几个月的预算，并在原预算基础上增补下一个月预算，从而逐期向后滚动，连续不断地以预算形式来规划未来经营活动。

采用滚动预算法编制预算，按照滚动的时间单位不同可分为逐月滚动、逐季滚动和混合滚动。

▶ 1. 逐月滚动

逐月滚动方式是指在预算编制过程中，以月份为预算的编制和滚动单位，每个月调整一次预算的方法。按照逐月滚动方式编制的预算比较精确，但工作量较大。

▶ 2. 逐季滚动

逐季滚动方式是指在预算编制过程中，以季度为预算的编制和滚动单位，每个季度调整一次预算的方法。逐季滚动编制的预算比逐月滚动的工作量小，但精确度较差。

▶ 3. 混合滚动

混合滚动方式是指在预算编制过程中，同时以月份和季度作为预算的编制和滚动单位的方法。这种预算方法的理论依据是：人们对未来的了解程度具有对近期把握较大，对远期的预计把握较小的特征。

【例10-14】 假定20×2年第一个月为预算执行期，南方公司按月编制的滚动预算如图10-2所示。

【解析】

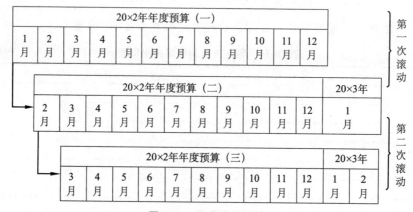

图10-2 逐月滚动预算

本章小结

全面预算是企业为实现未来一定时期的经营目标,以货币及其他数量形式反映的各项目标行动计划和相应措施的数量说明,按其体系可以分为业务预算、资本支出预算和财务预算。财务预算是依赖于业务预算和专门决策预算而编制的,是整个预算体系的主体,因而又被称为总预算,其他预算被称为分预算或辅助预算。

全面预算的编制是一个环环相扣的过程,是由一系列单项预算组成的有机整体,销售预算是全面预算的关键和起点,然后依次进行生产预算、期末存货预算、销售及管理费用预算、现金收支预算、预计利润表和预计资产负债表的编制。

预算根据不同的预算项目,主要编制方法有固定预算与弹性预算、增量预算和零基预算、定期预算和滚动预算等。

思考与练习

一、简答题

1. 简述零基预算的主要优缺点。
2. 简述滚动预算的主要优缺点。
3. 业务预算包括哪些主要内容?为什么说销售预算是关键?
4. 为什么要编制弹性预算?

二、计算分析题

1. 假设现金期末最低余额为 5 000 元,银行借款起点为 1 000 元,贷款利息每年为 5%,还本时付息。

要求:将表 10-17 中现金预算的空缺数据按照其内在的联系填补齐全。

表 10-17 现金预算表　　　　　　　　　　　　　　　　单位:元

项　目	1 季度	2 季度	3 季度	4 季度	全　年
期初现金余额	4 500				
加:现金收入	10 500		20 000		66 500
可动用现金合计					
减:现金支出					
直接材料费用	3 000	4 000	4 000		15 000
直接人工费用		1 500			
间接制造费用(付现)	1 200	1 200	1 200	1 200	
销售和管理费用	1 000	1 000	1 000	1 000	4 000
购置设备	5 000	—	—	—	
支付所得税	7 500	7 500	7 500		30 000
现金支出合计	19 000		15 300		64 800
现金多余或不足					
筹措资金					

续表

项目	1季度	2季度	3季度	4季度	全年
向银行借款		1 000			
归还借款			5 000	5 000	
支付利息					
期末现金余额		5 800			

2. 某公司1月、2月销售额分别为10万元,自3月起月销售额增长至20万元。公司当月收款20%,次月收款70%,余款在第3个月收回。公司在销售前一个月购买材料,并且在购买后的下一个月支付货款,原材料成本占销售额的70%,其他费用如表10-18所示。

表10-18 其他费用

单位:元

月份	工资	租金	其他费用	税金
3	15 000	5 000	2 000	—
4	15 000	5 000	3 000	80 000

若该公司2月底的现金余额为50 000元,且每月现金余额不少于50 000元。

要求:根据以上资料编制3月、4月的现金预算。

3. 某公司年末预计下一年的销售收入与当年销售收入相同,均为240万元,全年销售额均衡。请根据以下信息编制预计利润表和预计资产负债表。

(1)期初、期末最低现金余额为10万元。
(2)销售额的平均收现期为60天。
(3)存货一年周转8次。
(4)应付账款为一个月的购买金额。
(5)各项期间费用总计60万元。
(6)下年末固定资产净值为50万元。
(7)长期负债为30万元,明年偿还7.5万元。
(8)目前账面未分配利润为40万元。
(9)实收资本20万元。
(10)销售成本为销售额的60%。
(11)销售成本中的50%为外购原材料成本。
(12)企业所得税税率为25%。

| 在线自测 |

扫描封底刮刮卡 获取答题权限

第十一章　成　本　控　制

> **学习目标**
> 1. 了解成本控制的含义、分类及方法。
> 2. 理解标准成本法的基本原理，掌握标准成本的制定。
> 3. 掌握成本差异的计算与分析。

成本控制是企业生产经营管理中的一项重要工作。企业能否盈利，在其他因素相对稳定的情况下，最重要的就是看成本控制的水平如何。产品成本控制是企业竞争的关键之处，更是企业取得市场竞争优势的基本立足点。上一章我们学习了全面预算，重点在于掌握预算管理的框架及预算编制环节。本章将在上一章基础之上，进一步讲授企业全面预算在执行过程中，如何利用标准成本系统对企业产品的成本进行有效控制并进行成本差异分析，通过成本差异原因分析和改进措施的提出，最大程度实现企业的盈利目标。

第一节　成本控制概述

一、成本控制的概念及分类

（一）成本控制的概念

成本控制的概念有广义和狭义之分。

广义的成本控制是对企业生产经营的各个方面、各个阶段以及各环节的所有成本的控制。它不仅要控制产品生产阶段的成本，而且要控制产品的设计试制阶段的成本和销售及售后服务阶段的成本；不仅要控制产品成本，而且要控制产品以外的成本，如质量成本和使用寿命周期成本；不仅要加强日常的反馈性成本控制，而且要做好事前的前馈性成本控制。

狭义的成本控制是指对生产阶段产品成本的控制，即运用一定的方法对产品生产过程中构成产品成本的一切耗费，进行科学严格的计算、限制和监督，将各项实际耗费限制在预先确定的预算、计划或标准的范围内，并分析造成实际脱离计划或标准的原因，积极采取对策，以实现全面降低成本目标的一种会计管理行为或工作。狭义的成本控制比较看重对日常生产阶段产品成本的限制。

（二）成本控制的分类

成本控制可以按照不同的标准分类。

▶ 1. 按照控制原理分类

按照控制原理分类，可将成本控制分为前馈控制、防护控制和反馈控制。

前馈控制是对产品设计、试制阶段进行的成本控制。防护控制是一种制度控制，它是通过建立企业内部章程制度来控制成本。反馈控制是产品成本发生过程中的成本控制，属于日常成本控制。

▶ 2. 按照成本控制阶段分类

按照成本控制阶段分类，一般分为设计、试制阶段成本控制，生产阶段成本控制和销售及售后服务阶段的成本控制。

设计、试制阶段成本控制也称为事前成本控制，是指在产品投产前，通过价值工程分析，确定目标成本，依据它进行成本控制。这一阶段的成本控制是降低成本最有效的途径。生产阶段成本控制和销售及售后服务阶段的成本控制均属于日常成本控制，是在产品成本及费用形成过程中，按照目标成本衡量实际成本支出，两者若有偏差，应及时找出差异的类型及原因，同时对实际成本超支的偏差及时纠正。

▶ 3. 按照控制内容分类

按照控制内容分类，分为产品成本控制和质量成本控制。

产品成本控制是对产品生产过程的全面控制。质量成本控制是质量控制与成本管理的有机结合，通过确定最优质量成本而达到控制成本的目的。

二、成本控制的意义

成本控制的好坏直接关系到企业的生存与发展，因为成本控制最直接的结果就是可以降低成本，当售价不变而成本降低时，就意味着利润的绝对增加，可提高经济效益；降低成本，可以降低保本点，扩大安全边际，增强抗风险能力和竞争能力；降低成本，可以减少资金占用，降低社会消耗。总之，成本控制是对企业生产经营的各个方面、各阶段、各环节的全部成本的控制，在产品生命周期的每个阶段都要进行成本控制。

三、成本控制的程序和方法

成本控制的程序是指实施成本控制需要依次经过的步骤，通常包含以下程序：确定成本控制的目标或标准、分解落实成本控制目标、计算并分析成本差异、进行考核评价。

成本控制的方法有绝对成本控制、相对成本控制、全面成本控制、定额法、成本控制即时化、标准成本法、经济采购批量、预算成本控制法和责任成本控制法等。

第二节　标准成本控制

一、标准成本控制的含义

标准成本控制是以标准成本为核心，通过在事前制定标准成本，在实际执行过程中将实际成本与标准成本进行比较分析，找出差异产生的原因，并据以加强成本控制和业绩评价的一种成本控制系统。

标准成本控制的内容包括标准成本的制定、成本差异的计算与分析、成本差异的账务处理三部分。通过标准成本的制订可以实现成本的事前控制；通过成本差异的计算与分析可以实现成本的事中控制；通过成本差异的账务处理不仅可以实现事后控制，而且还可以为下期的标准成本制订提供重要资料。

知识链接11-1
标准成本的作用

二、标准成本的类型

标准成本是指在现有条件下按照成本项目制定的应达到的单位产品成本，它是计算成本差异的关键，意义重大。

在确定企业成本控制标准时，根据管理者要求达到的效率不同，可以把标准成本分为以下三类。

（一）理想的标准成本

理想的标准成本是一种理论标准，是指在现有技术、设备和经营管理达到最佳状态下的目标成本水平。"最佳状态"是指在资源无浪费、设备无事故、产品无废品、工时全有效、生产能力达到充分利用的前提下，以最少的耗用量、最低的费用水平生产出最大的产出量。在该生产水平下制定的标准成本是最理想的，但由于条件苛刻，在现实工作中无论员工怎样努力都难以达到该标准，这将削弱员工的积极性，因此它不宜作为现行标准成本。

（二）现实的标准成本

现实的标准成本也是正常的标准成本，它是根据现有的生产技术水平和正常生产经营能力制订的标准成本。该标准适当地考虑了企业的一些不能完全避免的成本。因此，这一标准比较符合实际，只要企业员工尽最大努力就能达到。

（三）基本的标准成本

基本的标准成本是以过去一段时间的实际成本作为标准的成本，用来衡量产品在以后年度的成本水平，并结合未来的变动趋势而制定的标准成本。由于它的水平偏低，所以在实际中较少采用。

三、标准成本的制定

标准成本是成本控制的目标和衡量实际成本的依据，基于产品成本的构成，标准成本通常是由直接材料、直接人工和制造费用三部分构成。标准成本的确定取决于数量标准和价格标准两部分，是以"价格"标准乘以"数量"标准得到有关项目的标准成本。

知识链接11-2
标准成本的
制定原理

（一）直接材料的标准成本

$$\text{直接材料标准成本} = \text{单位材料的价格标准} \times \text{单位产品的用量标准} \tag{11-1}$$

其中，材料的价格标准是以订货合同的价格为依据，并考虑市价及未来市场情况的变动来确定的。该价格是材料的采购价格，包括买价及附带成本。

材料的用量标准即标准消耗量，主要由生产技术部门制定，并参考执行标准的部门和职工意见。它是现有技术条件下生产单位产品所需的材料数量，其中包括必不可少的消耗及各种难以避免的损失。

【例 11-1】 南方公司生产某产品的主要原材料的耗用量标准和价格标准如表 11-1 所示。

表 11-1 原材料耗用量标准和价格标准

标　　准		甲　材　料
单位产品用量标准/千克	主要材料用量	10
	辅助材料用量	5
	必要损耗	1
价格标准/(元/千克)	预计发票价格	6
	检验费	1
	正常损耗	1

要求：计算该产品直接材料的标准成本。

【解析】 单位产品甲材料标准用量＝10＋5＋1＝16(千克)

甲材料标准单价＝6＋1＋1＝8(元/千克)

单位产品甲材料标准成本＝16×8＝128(元)

(二) 直接人工的标准成本

单位产品直接人工标准成本＝单位小时工资率标准×单位产品工时标准　　(11-2)

标准工资率＝工资总额÷标准总工时　　(11-3)

其中，工资率标准是价格标准，通常由企业人力资源部门制定，包括员工的基本工资及规定的附加内容。当企业采用计件工资制时，工资率标准就是单位产品应支付的计件单价；当采用计时工资制时，工资率标准就是每一标准工时应分配的工资。

工时标准就是用量标准，即单位产品的工时定额，一般由企业的工程技术部门制定，包括直接加工工时、工人必要的休息时间、机器停工以及难以避免的废品所耗用的工时。

【例 11-2】 南方公司生产某产品的直接人工用量标准和价格标准如表 11-2 所示。

表 11-2 直接人工标准成本

标　　准		甲　材　料
标准工资率	每月总工时/小时	4 000
	每月工资总额/元	2 000
单位产品工时标准/小时	理想作业时间	1.2
	调整设备时间	0.6
	工作间息	0.2

要求：计算该产品直接人工的标准成本。

【解析】 标准工资率＝2 000÷4 000＝0.5(元/小时)

单位产品工时合计＝1.2＋0.6＋0.2＝2(小时)

直接人工标准成本＝0.5×2＝1(元)

(三)制造费用的标准成本

制造费用标准成本＝制造费用分配率标准×单位产品人工工时标准　　(11-4)

制造费用分配率＝标准制造费用总额÷标准总工时　　(11-5)

式中，制造费用按成本性态分类，分为固定性制造费用和变动性制造费用；制造费用工时标准一般可借用直接人工工时标准。

【例 11-3】 南方公司生产某产品的制造费用标准成本如表 11-3 所示。

表 11-3　制造费用标准成本

项目	标准	备注
①月标准总工时	24 000 小时	
②标准变动制造费用总额	48 000 元	
③标准变动制造费用分配率	2 元/小时	②÷①
④单位产品工时标准	0.8 小时	
⑤变动制造费用标准成本	1.6 元	③×④
⑥标准固定制造费用总额	528 000 元	
⑦标准固定制造费用分配率	22 元/小时	⑥÷①
⑧固定制造费用标准成本	17.6 元	④×⑦
⑨单位产品制造费用标准成本	19.2 元	⑤+⑧

产品成本中直接材料、直接人工、制造费用项目标准成本确定以后，即可编制该产品的标准成本单。

【例 11-4】 汇总南方公司产品的标准成本，如表 11-4 所示。

表 11-4　产品标准成本单

成本项目	价格标准	用量标准	标准成本/元
直接材料	8/(元/千克)	16 千克	128
直接人工	0.5/(元/小时)	2 小时	1
变动制造费用	2/(元/小时)	0.8 小时	1.6
固定制造费用	22/(元/小时)	0.8 小时	17.6
单位产品标准成本/元			148.2

四、标准成本的差异分析

成本差异是指产品实际成本与标准成本的差额。如果实际成本超过标准成本，所形成的差异称为不利差异，通常用字母 U 表示；如果实际成本低于标准成本，所形成的差异称为有利差异，通常用字母 F 表示。

基于成本的性态分类，标准成本差异分析可以分为变动成本差异分析和固定成本差异分析两部分。变动成本差异分析包括直接材料成本差异分析、直接人工成本差异分析和变动制造费用成本差异分析。固定成本差异分析即固定制造费用差异分析。

在标准成本制定的过程中，任何一项费用的标准成本都是由价格标准和用量标准这两个因素决定的。因此，差异分析就应该从价格差异和用量差异两方面进行分析。

$$总成本差异＝实际成本－标准成本$$
$$＝实际价格×实际用量－标准价格×标准用量 \quad (11-6)$$
$$价格差异（或分配率差异）＝（实际价格－标准价格）×实际用量 \quad (11-7)$$
$$用量差异＝（实际用量－标准用量）×标准价格 \quad (11-8)$$
$$总差异＝价格差异（或分配率差异）＋用量差异 \quad (11-9)$$

（一）直接材料成本差异的分析

直接材料成本差异，包括材料的用量差异和材料的价格差异，用量差异是实际耗用量偏离标准耗用量引起的，价格差异是由该材料的实际价格偏离标准价格引起的。其计算公式如下：

知识链接11-3
材料成本差异分析中应注意哪些问题？

$$直接材料成本差异＝实际总成本－实际产量下的标准成本 \quad (11-10)$$
$$直接材料价格差异＝（实际价格－标准价格）×实际用量 \quad (11-11)$$
$$直接材料用量差异＝（实际用量－标准用量）×标准价格 \quad (11-12)$$

【例 11-5】 南方公司生产产品所用的甲材料的实际耗用为 900 千克，实际产量为 300 件，原材料实际价格为每千克 11 元，该产品的标准成本资料如表 11-4 所示。

要求：计算材料成本差异并进行分析。

【解析】
$$直接材料价格差异＝(11－8)×900＝2\ 700(元)$$
$$直接材料用量差异＝(900－16×300)×8＝－31\ 200(元)$$
$$直接材料成本差异＝2\ 700－31\ 200＝－28\ 500(元)$$
$$总成本差异＝实际成本－标准成本＝900×11－16×300×8＝－28\ 500(元)$$

计算表明，直接材料总成本差异为有利差异 28 500 元，即实际成本比标准成本节约了 28 500 元，其中价格差异为不利差异 2 700 元，用量差异为有利差异 31 200 元。为了及时获得差异信息，进行有效的成本控制，材料价格差异应在购买原材料时计算，材料用量差异应在材料被领用投入生产时计算。在这种情况下，由于材料的购买数量不等于材料的使用量，所以预算材料的总差异就不会等于材料价格差异和材料用量差异之和，但这并不影响差异分析。

值得注意的是，有些较大金额的有利差异可能是由于购买了大量质次而廉价的原料所致，因此该有利差异对于整个企业来讲，就是一个不利的因素，它将导致日后大量质量成本的产生，直接影响到企业长远的经济利益。直接材料的用量差异应由企业的生产部门负责，其差异产生的原因也有很多。例如，产品设计结构、工人的技术熟练程度、生产设备的有效利用程度等。因此，要具体调查差异原因，明确责任归属。

（二）直接人工成本差异的分析

直接人工成本差异是指直接人工实际成本与标准成本的差异。它可以分为直接人工工资率差异（价差）和直接人工效率差异（量差）两部分。直接人工工资率差异是由实际工资率偏离标准工资率引起的；直接人工效率差异是由实际工时偏离标准工时引起的。其计算公式如下：

$$直接人工成本差异＝实际成本－实际产量下的标准成本 \quad (11-13)$$
$$直接人工工资率差异＝（实际工资率－标准工资率）×实际工时 \quad (11-14)$$
$$直接人工效率差异＝（实际工时－标准工时）×标准工资率 \quad (11-15)$$

【例 11-6】 南方公司用于生产的实际工时为 600 小时,实际每小时工资率为 0.65 元,实际产量为 200 件,其他资料如表 11-4 所示。

要求:计算直接人工成本差异并进行分析。

【解析】
$$直接人工工资率差异=(0.65-0.5)\times600=90(元)$$
$$直接人工效率差异=(600-2\times200)\times0.5=100(元)$$
$$直接人工成本差异=90+100=190(元)$$
$$总成本差异=600\times0.65-200\times0.5\times2=190(元)$$

计算表明,直接人工成本差异为不利差异 190 元,是由直接工资率的不利差异 90 元和直接人工效率的不利差异 100 元引起的。

直接人工工资率差异是公司没有按照标准成本单制订的工资支付,或者没有雇用以标准成本单制定的同种技能的工人,人力资源管理部门通常对直接人工工资率差异负责。直接人工效率差异反映了制造产品实际工时与所需标准工时之差对经营收益的影响,应由生产部门负责。但是如果差异的产生是因为其他责任中心效率低下,那么就应分清责任,合理评价业绩。

(三)制造费用差异的分析

变动性制造费用一般与以工时表现的产量成正比例关系,如果生产产品的工时与预计数发生差异,变动制造费用肯定也将发生差异。而固定性制造费用属于期间费用,与该期间的产量及工时的多少没有直接关系。所以,在分析两类制造费用差异时,使用的方法是不同的。

▶ 1. 变动性制造费用差异的分析

变动性制造费用差异由变动性制造费用效率差异(量差)和变动性制造费用耗费差异(价差)构成。

变动性制造费用效率差异是实际耗用工时脱离标准应耗工时引起的,变动性制造费用耗费差异是由变动性制造费用实际分配率脱离标准分配率引起的。其计算公式如下:

$$变动性制造费用差异=实际成本-实际产量下的标准成本 \quad (11-16)$$
$$变动性制造费用效率差异=(实际工时-标准工时)\times变动性制造费用标准分配率$$
$$(11-17)$$
$$变动性制造费用耗费差异=(实际分配率-标准分配率)\times实际工时 \quad (11-18)$$

【例 11-7】 南方公司生产产品耗用变动性制造费用的实际分配率为 2.5 元/小时,生产工时借用直接人工工时,实际工时见【例 11-6】,实际产量为 200 件,其他资料如表 11-4 所示。

要求:计算变动性制造费用差异并进行分析。

【解析】
$$变动性制造费用效率差异=(600-200\times2)\times0.8=160(元)$$
$$变动性制造费用耗费差异=(2.5-0.8)\times600=1\ 020(元)$$
$$变动性制造费用差异=160+1\ 020=1\ 180(元)$$

或者

$$变动性制造费用差异=实际成本-标准成本=600\times2.5-0.8\times2\times200=1\ 180(元)$$

计算表明,变动性制造费用差异为不利差异 1180 元,是由变动性制造费用效率差异的不利差异 160 元和变动性制造费用耗费差异的不利差异 1020 元引起的。

引起变动性制造费用不利差异的原因可能是多方面的，如构成变动性制造费用的各要素价格上涨、间接材料价格上涨、动力费用价格上涨等；或者是间接材料和人工的使用浪费、动力和设备使用的浪费等。变动性制造费用的效率差异是和变动制造费用的分配基础联系在一起的，所以，变动性制造费用分配基础的选择很重要，通常负责控制分配基础水平的部门应对变动性制造费用的效率差异承担责任。

▶ 2. 固定性制造费用差异的分析

固定性制造费用在相关范围内不随业务量的变化而变化，成本总额保持相对稳定。因此，固定性制造费用是通过固定预算进行控制的。

固定性制造费用的分析方法可以采用"二因素分析法"和"三因素分析法"。

二因素分析法是指将固定性制造费用差异分为固定性制造费用预算差异和固定性制造费用能量差异两部分，其计算公式如下：

固定性制造费用预算差异＝固定性制造费用实际发生额－固定性制造费用预算额

(11-19)

固定性制造费用能量差异＝(预算产量下的标准工时－实际产量下的标准工时)×固定性制造费用标准分配率

(11-20)

三因素分析法是指将固定性制造费用成本差异分解为预算差异、生产能力利用差异和效率差异三部分的方法，它将二因素分析法下的能量差异进一步划分为生产能力利用差异和效率差异，其计算公式如下：

固定性制造费用预算差异＝固定性制造费用实际发生额－固定性制造费用预算额

(11-21)

固定性制造费用生产能力利用差异＝(预算产量下的标准工时－实际产量下的实际工时)×固定性制造费用标准分配率

(11-22)

固定性制造费用效率差异＝(实际产量下的实际工时－实际产量下的标准工时)×固定性制造费用标准分配率

(11-23)

【例11-8】 南方公司生产的产品应负担的固定性制造费用预算总额为12 000元，预算产量为260件，固定性制造费用实际发生额为12 500元，单位产品实际工时0.9小时，实际产量240件，其他资料如表11-4所示。

要求：计算固定性制造费用差异并进行分析。

【解析】 (1) 二因素分析法计算如下。

固定性制造费用预算差异＝12 500－12 000＝500(元)

固定性制造费用能量差异＝(260×0.8－240×0.8)×22＝352(元)

固定性制造费用总成本差异＝500＋352＝852(元)

(2) 三因素分析法计算如下。

固定性制造费用预算差异＝12 500－12 000＝500(元)

固定性制造费用生产能力利用差异＝(260×0.8－240×0.9)×22
＝－176(元)

固定性制造费用效率差异＝(240×0.9－240×0.8)×22＝528(元)

固定性制造费用总成本差异＝500－176＋528＝852(元)

计算表明，三因素分析法中的生产能力利用差异和效率差异之和等于二因素分析法中的能量差异。

造成固定性制造费用差异的原因可能有管理人员工资及职工福利费的调整、折旧方法的改变和修理费用的变化等；导致固定性制造费用能量差异的原因可能有机械故障、能源短缺、设备利用程度不高、材料供应存在问题和市场销路的变化等。

五、成本差异的账务处理

在标准成本制度下，需要同时提供标准成本、成本差异和实际成本这三项成本资料。

（一）成本计算账户设置

设置"原材料""生产成本""库存商品"账户登记标准成本，无论是借方和贷方均登记实际数量的标准成本，其余额同样反映这些资产的标准成本。

设置成本差异账户分别记录各种成本差异。将实际成本分离为标准成本和有关的成本差异，标准成本数据记入"原材料""生产成本""库存商品"账户，有关的差异分别计入各成本差异账户，各差异账户借方登记超支差异，贷方登记节约差异。

（二）期末成本差异的处理

▶ 1. 结转本期损益法

按照这种方法，在会计期末将所有差异转入"本年利润"账户，或者先将差异转入"主营业务成本"，再随已销产品的标准成本一起转至"本年利润"账户。

采用这种方法的依据：本期差异应体现本期成本控制的业绩，要在本期利润上予以反映。其优点是比较简单，当期经营成果与成本控制的业绩直接挂钩，但当标准成本过于陈旧或者实际成本水平波动幅度过大时，就会因差异额过高而导致当期利润失实，同时会使存货成本水平失真。这种方法只适用于成本金额差异较小的情况。西方应用标准成本控制系统的企业多数采用此种方法。

▶ 2. 调整销货成本与存货成本法

按照这种方法，在会计期末将成本差异按比例分配至已销产品成本和存货成本，由已销产品承担的差异转入当期损益，由存货承担的部分仍留在差异账户。

采用这种方法的依据：税法和会计原则均要求以实际成本反映存货成本和销货成本。当然，这样进行差异分配计算会增加一些工作量，而且将这些费用计入存货成本也不一定合理。例如闲置能量差异是一种损失，并不能在未来换取收益，作为资产计入存货成本明显不合理，不如作为期间费用在当期参加损益汇总。

企业可以对各种成本差异采用不同的处理方法，如材料价格差异多采用调整销货成本与存货成本法，闲置能量差异多采用结转本期损益法，其他差异则可因具体企业情况而定。值得强调的是，差异处理的方法要保持历史的一致性，以便使成本数据保持可比性，并防止信息使用人发生误解。

本章小结

成本控制的概念有广义和狭义之分。广义的成本控制是对企业生产经营的各个方面、各个阶段以及各环节的所有成本的控制。狭义的成本控制是指对生产阶段产品成本的控制，比较看重对日常生产阶段产品成本的控制。

标准成本控制是以标准成本为核心，通过在事前制定标准成本，在实际执行过程中将实际成本与标准成本进行比较分析，找出差异产生的原因，并据以加强成本控制和业绩评价的一种成本控制系统。标准成本控制的内容包括标准成本的制定、成本差异的计算与分析、成本差异的账务处理三部分。标准成本通常是由直接材料、直接人工和制造费用三部分构成的。标准成本的确定取决于数量标准和价格标准两部分,是以"价格"标准乘以"数量"标准得到有关项目的标准成本。如果实际成本超过标准成本,所形成的差异称为不利差异 U,如果实际成本低于标准成本,所形成的差异称为有利差异 F。基于成本的性态分类,标准成本差异分析可以分为变动成本差异分析和固定成本差异分析两部分。变动成本差异分析包括对直接材料成本差异、直接人工成本差异和变动制造费用成本差异的分析;固定成本差异分析即固定制造费用差异分析,分析方法有二因素分析法和三因素分析法。

思考与练习

一、简答题

1. 成本控制的含义是什么?如何理解标准成本控制?
2. 标准成本差异如何分析?
3. 固定性制造费用成本差异分析都包括哪些内容?
4. 如何基于企业战略及经营目标制定目标成本?

二、计算分析题

1. 某公司生产甲产品需要使用一种直接材料 A。本期生产甲产品 1 000 件,耗用材料为 9 000 千克,A 材料的实际价格为每千克 200 元。假设 A 材料的标准价格为每千克 210 元,单位甲产品的标准用量为 10 千克。

要求:计算 A 材料的成本差异。

2. 某公司本期预算固定制造费用为 5 000 元,预算工时为 2 000 小时,实际耗用工时 1 400 小时,实际固定制造费用为 5 600 元,标准工时为 2 100 小时。

要求:计算固定制造费用成本差异。

3. 某厂本月有关预算资料及执行结果如表 11-5 所示。

表 11-5 预算资料及执行结果

项目	预算资料	执行结果
固定制造费用/元	4 000	3 980
变动制造费用/元	500	510
总工时/小时	2 500	2 200

已知标准工时为 2 000 小时,变动制造费用标准分配率为 0.25 元/小时。

要求:分析变动制造费用差异和固定制造费用差异。

在线自测

第十二章　责任会计

> **学习目标**
> 1. 了解责任会计的含义、分类及核算原则。
> 2. 掌握成本中心、利润中心和投资中心这三个责任中心的概念及内涵、计算和考核方法。
> 3. 理解内部转移价格的制定方法和制定原则。

第二次世界大战以后，科学技术迅速发展，加剧了市场竞争，一方面为资本增值、经济发展创造了更多的机会，另一方面也带来了巨大的风险。这些都促使企业不断扩大规模，使得企业各个部门的协调变得十分困难；这些都促使企业不得不分权经营，责任会计就在这一形势下产生了。本章通过阐述企业责任会计的含义以及三种责任中心的构成与各自特点，帮助我们进一步了解现代企业责任管理的内容。

第一节　责任会计概述

一、责任会计的概念

责任会计是指为适应企业内部经济责任制的要求，对企业内部各责任中心的经济业务进行规划与控制，以实现业绩考核与评价的一种内部会计控制制度。

责任会计是 20 世纪 20 年代产生并逐渐发展起来的。这一时期，成本会计得到了充分发展，其标志是以泰罗的科学管理理论为基础的标准成本制度的出现。管理科学理论的出现，使责任会计的体系得到进一步的完善。责任会计在理论和方法上的成熟，则是在 20 世纪 40 年代以后。在第二次世界大战后，企业经营日益复杂化和多样化，企业规模越来越大，组织机构复杂，传统的集中管理方式已无法满足迅速变化的市场需求，责任会计是以分权管理思想为基础，以行为科学、管理科学理论为指导而产生和发展起来的，它作为企业内部会计控制的子系统得到了理论界和实务界的普遍重视，并在企业的管理实践上取得了广泛的应用。

知识链接 12-1
责任会计的
产生与发展

二、责任会计的内容

责任会计是现代分权管理模式的产物，它是通过在企业内部建立若干个责任中心，并对其分工负责的经济业务进行规划与控制，从而实现对企业内部各责任单位的业绩考核与评价。责任会计的要点就在于利用会计信息对各分权单位的业绩进行计量、控制与考核，其主要内容包括以下几个方面。

（一）设置责任中心，明确权责范围

首先应根据企业内部管理的需要，合理设置责任中心，即将企业所属的各部门、各单位划分为若干分工明确的责任中心，并依据各责任中心经营活动的特点，明确规定这些中心负责人的责权范围及量化的价值指标，并授予他们相应的经营管理决策权，不仅使其能在权限范围内独立自主地履行职责，而且更要对其责任的完成情况进行考核和评价。

（二）编制责任预算，确定考核标准

企业的全面预算是按照生产经营过程来落实企业的总体目标和任务。而责任预算，则是按照责任中心来落实企业的总体目标和任务，即将企业的总体目标层层分解，具体落实到每一个责任中心，作为其开展经营活动、评价工作成果的基本标准和主要依据。

（三）建立跟踪系统，进行反馈控制

在预算的实施过程中，每个责任中心应建立一套责任预算执行情况的跟踪系统，定期编制业绩报告，或称"责任报告"，将实际数与预算数进行对比，据以找出差异，分析原因，并通过信息反馈，控制和调节经营活动，以保证企业总体目标的实现。

（四）分析评价业绩，建立奖罚制度

通过定期编制业绩报告，对各个责任中心的工作成果进行全面分析和评价，并按实际工作成果的好坏进行奖惩，做到功过分明、奖惩有据，最大限度地调动各个责任中心的积极性，促使其相互协调并卓有成效地开展各项活动。

三、责任会计的核算原则

责任会计是用于企业内部控制的会计，各个企业可以根据各自的不同特点确定其责任会计的具体形式。但是，无论采用何种责任会计形式，在组织责任会计核算时，都应遵循以下基本原则。

（一）目标一致原则

企业责任单位内部权责范围的确定、责任预算的编制以及责任单位业绩的考评，都应始终注意与企业的整体目标保持一致，避免因片面追求局部利益而影响整体利益。

（二）责权利结合原则

责任会计的核算应以企业内部的责任单位为对象，责任会计资料的收集、记录、整理、计算对比和分析等工作，都必须按责任单位进行，以保证责任考核的正确进行。

（三）可控性原则

对于各级责任中心被赋予的责任，应以其能够控制为前提。各责任中心只对其可控的因素指标负责，应分清可控因素和不可控因素，这样才能明确经济责任。

（四）反馈性原则

对责任预算的执行应有一套健全的跟踪系统和反馈系统，使各责任中心不仅能保持良好完善的记录和报告制度，及时掌握预算的执行情况，而且还要通过实际数与预计数的对比分析，及时发挥各责任中心的作用，控制和调节生产经营活动，以保证企业预定目标和任务的实现。

第二节 责任中心

企业为了保证预算的贯彻落实和最终实现，必须把总预算中确定的目标和任务，按照责任中心逐层进行指标分析分解，形成责任预算，使各个责任中心据以明确目标和任务。

一、责任中心的概念及类型

（一）责任中心的概念

在管理会计中，把承担一定经济责任、享有相应管理权限的企业内部责任单位称为责任中心。

凡是在管理上可以划分的、责任上可以辨认的、成绩上可以单独考核的单位，大到分公司、地区、工厂或部门，小到产品、班组甚至单体设备，都可以划分为责任中心，只要符合以下条件：

（1）有承担经济责任的主体，即责任者。
（2）具有相对独立的经营业务和财务收支活动。
（3）有考核经济责任的基本标准，即责任预算。
（4）具备承担经济责任的基本条件，即职责和权限。

（二）责任中心的类型

根据企业内部责任单位的权限范围及业务活动的特点不同，可以将企业内部的责任中心分为成本中心、利润中心和投资中心三大层次类型。

二、成本中心

（一）成本中心的概念

成本中心是指只对其成本和费用承担责任的责任中心。由于成本中心不会形成可以用货币计量的收入，因此不应当对收入、利润或投资负责。

成本中心的应用范围最广，任何对成本、费用负有责任的部门都属于成本中心。例如，企业里每一个分公司、分厂、车间都是成本中心，而它们下属的工段、班组甚至个人也是成本中心，不过所能控制的成本范围更小一些。至于企业中不进行生产活动而是提供专业性服务的职能管理部门，如计划部门、会计部门、统计部门、总务部门等，也属于广义的成本中心。成本中心所发生的各项成本，对于成本中心来说，有些是可控的，有些是不可控的。

知识链接12-2
成本中心的
设置与分类

（二）可控成本与不可控成本

建立成本中心的前提条件是确定成本标准及各成本中心的责任指标，因此，必须将成本划分为可控成本和不可控成本。可控成本是指成本中心真正能够控制和调节的、受其经营活动和业务工作直接影响的有关成本，它是衡量和考核成本中心工作业绩的主要依据；不可控成本则是成本中心无法控制和调节的，不受其经营活动和业务工作直接影响的成本。例如，在摩托车装配车间，每辆摩托车应装配一个前灯，对于装配车间的负责人来说，属于不可控成本，因为车灯的成本是由装配车间的外部因素决定的，不受该负责人的控制；但在其车间内发生的直接材料、人工耗费属于可控成本。

将成本中心的成本区分为可控成本和不可控成本不是绝对的，而是相对的。一个成本中心的可控成本往往是另一个成本中心的不可控成本；下一层次成本中心的不可控成本，对上一层次成本中心来说则可能是可控成本。例如，材料的买价和采购费用对于材料采购部门是可控成本，而对生产部门来说则是不可控成本；又如广告费，对于决定其最高限额的最高管理部门来说是可控的，而对于只能在限额内使用，不能随意增减的有关基层单位来说，就是不可控成本。还有一些成本，从较短期间来看属于不可控成本，如折旧费、租赁费等，但是从较长期间来看又属于可控成本。就一个成本中心来说，变动成本一般是可控成本，固定成本是不可控成本，但也不完全如此。例如，在手表厂的装配车间，表壳和表带属于变动成本，随着产销量的变动而按正比例变动，但如果表壳和表带是外购的，对于装配车间责任者来说就是不可控成本了；又如，车间管理人员工资属于固定成本，但车间责任者如果可以决定或影响它的发生，就可作为可控成本。

总之，判断一项成本是不是可控成本，应根据以下三个条件：

（1）成本中心能够通过一定的方式了解将要发生的成本；

（2）成本中心能够对发生的成本进行计量；

（3）成本中心能够通过自己的行为对成本加以调节和控制。

凡不能同时满足上述三个条件的成本通常为不可控成本，一般不在成本中心的责任范围内。也就是说，只有可控成本才是成本中心应当负责的成本，即责任成本。

（三）责任成本与产品成本

由于责任会计是围绕各责任中心来组织的，因此，成本资料的收集、整理和分析，不是以产品为对象，而是以各责任中心为对象。以产品为对象归集和计算的成本称为产品成本，而以责任中心为对象归集和计算的成本称为责任成本。一般来说，只有责任中心的可控成本，才能构成该责任中心的责任成本，不可控成本不能列为责任成本。因此，某责任中心的各项可控成本之和，即构成该责任中心的责任成本。

▶ 1. 责任成本与产品成本的联系

责任成本与产品成本是有联系的，表现在以下方面：

（1）成本的本质是相同的，都是由企业生产经营过程中一定量的资金耗费构成的；

（2）在一定时期内，企业发生的全部责任成本之和等于全部产品成本之和。

▶ 2. 责任成本与产品成本的区别

但责任成本与产品成本又是有区别的，主要表现在以下三个方面。

（1）产品成本是按产品核算的，将一定时期内发生的费用归集到产品中去；而责任成本是按成本中心核算的，是每个成本中心的可控成本。

（2）产品成本核算是为了确定如何对物化劳动消耗和活劳动消耗进行补偿，而责任成本核算则是为了考核各责任中心责任的完成情况，找出不足，查明原因，采取措施，降低成本。

（3）产品成本核算遵循"谁受益谁负担"的原则，承担产品成本的是"物"，而责任成本遵循"谁负责谁负担"的原则，承担责任成本的是"人"。

三、利润中心

(一) 利润中心的概念

利润中心是指对利润负责的责任中心。由于利润是收入减去成本后的差额，因此，利润中心既要对成本负责，还要对收入负责。利润中心是比成本中心更高层次的责任中心，这类责任中心往往处于企业中较高的层次，一般是有产品或劳务生产经营决策权的部门，如分厂、分公司以及有独立经营权的各部门等。作为利润中心，必须具有相对独立的收入来源，并进行全面的会计核算。

知识链接 12-3
经营利润与
责任利润

(二) 利润中心的类型

按照收入来源的性质不同，利润中心可以分为自然的利润中心和人为的利润中心两种。

自然的利润中心是指能直接对企业外部销售产品或提供劳务，并从企业外部取得独立的收入，为企业带来收益的利润中心。自然的利润中心具有很大的独立性。一般来说，一个完整的、独立的企业才能成为自然的利润中心。如具有独立收入来源的分厂、分公司等。

人为的利润中心是指不能直接对企业外部销售产品或提供劳务，只能在企业内部各责任中心之间按照内部转移价格相互提供产品或劳务而形成的利润中心。人为的利润中心往往是企业实行内部经济结算条件下的某些部门和单位，由于其产品或劳务在企业内部进行销售而形成了相对独立的收入，使其能够控制收入和利润，才形成的利润中心，所以称其为人为的利润中心。

一般来说，只要能够制定出合理的内部转移价格，就可以将企业大多数生产半成品或提供劳务的成本中心改造成人为利润中心。

(三) 利润中心的成本计算

▶ 1. 自然利润中心一般既计算可控成本，也计算不可控成本

这种方法适用于共同成本易于合理分摊或不存在共同成本分摊的情况。如果采用变动成本法，应先计算出边际贡献，再减去固定成本，才是税前利润；如果采用全部成本法，利润中心可以直接计算出税前利润。各利润中心的税前利润之和，就是企业的利润总额。

▶ 2. 人为利润中心一般只计算可控成本，不分担不可控成本

这种方法适用于共同成本难以合理分摊或不存在共同成本分摊的情况。按这种方法计算出来的盈利不是通常意义上的利润，而是相当于"边际贡献总额"。企业各利润中心的"边际贡献总额"之和减去未分配的共同成本，经过调整后才是企业的利润总额。

四、投资中心

(一) 投资中心的概念

投资中心是指对投资负责的责任中心。投资中心不仅要对成本、收入和利润负责，还要对投资效果负责。投资中心是企业最高层次的责任中心，它具有最大的决策权，也承担最大的责任。一般而言，大型集团所属的子公司、分公司、事业部往往都是投资中心。在

组织形式上，成本中心一般不是独立法人，利润中心可以是也可以不是独立法人，而投资中心一般是独立法人。

（二）投资中心与利润中心的区别

由于投资的目的是为了获得利润，因此，投资中心同时也是利润中心，但它又不同于利润中心，主要区别有两点。

▶ 1. 权利不同

利润中心没有投资决策权，它只能在项目投资形成生产能力后进行具体的经营活动；而投资中心不仅在产品生产和销售上享有较大自主权，而且能相对独立地运用所掌握的资产，有权购建或处理固定资产，扩大或缩减现有的生产能力。

▶ 2. 考核办法不同

考核利润中心业绩时，不考虑投资多少或占用资产的多少，即不进行投入产出的比较；而在考核投资中心的业绩时，必须将所获得的利润与所占用的资产进行比较。

投资中心要对投资的经济效益负责，就必须拥有充分的决策权和经营权，上一级责任中心不应随意干涉。利用投资中心进行业绩考核，往往比利润中心具有更大的可靠性。因此，投资中心已成为大型企业较多采用的形式之一。

五、成本中心、利润中心和投资中心之间的关系

成本中心、利润中心和投资中心相互间并非孤立存在，每个责任中心都要承担相应的经营责任。

最基层的成本中心应就经营的可控成本向其上层成本中心负责；上层的成本中心应就其本身的可控成本和下层转来的责任成本一并向利润中心负责；利润中心应就其本身的经营收入、成本（含下层转来成本）和利润（或边际贡献）向投资中心负责；投资中心最终就其经营的投资利润率和剩余收益向总经理和董事会负责。

总之，企业各种类型和层次的责任中心形成一个"连锁责任"网络，这就促使每个责任中心为保证经营目标一致而协调运转。

第三节 责任中心的评价与考核

责任会计以责任预算为基础，通过对责任预算的执行情况的系统反映，确认实际完成情况同预算目标的差异，并对各个责任中心的工作业绩进行考核与评价。责任中心应该定期编制责任报告反映责任预算的执行情况。责任报告也称为业绩报告、绩效报告，指根据责任会计记录编制的反映责任预算实际执行情况，揭示实际情况与预算之间的差异的内部会计报告。差异额是评价与考核责任中心经营业绩优劣的重要标志。由于各责任中心的责任范围不同，评价与考核的内容也不完全一样。

一、成本中心的评价与考核

成本中心没有收入，它的可控区域仅为成本，因而对其评价与考核的重点只能是其责任成本。通过编制责任报告可反映责任成本的执行情况及其与预算数之间的差异，并分析

产生差异的原因。

成本中心编制的责任报告也称为业绩报告，责任报告一般按其可控成本的各明细项目分别列示预算数、实际数和差异数，对于不可控成本可以不列示，或作为参考资料列出，以便有关人员和管理层了解该成本中心的成本消耗全貌。其中成本差异数是评价与考核成本中心经营业绩的重要依据。当实际数大于预算数，称为"不利差异"，表示超支或逆差；当实际数小于预算数，称为"有利差异"，表示节约或顺差。然而这仅是表面现象，责任报告应对成本差异形成的原因做出分析和说明，以便采取措施巩固成绩，纠正偏差。

成本中心的责任报告按成本中心的层次编写，并且从最底层的成本中心自下而上逐级编制，直至最高管理层。其中，除最底层的成本中心之外，各级成本中心的责任成本都应包括下级转来的责任成本和本身的可控成本。成本中心的责任报告基本内容和一般格式如表 12-1 所示。

表 12-1　××成本中心(车间)的责任报告

20×2 年×月　　　　　　　　　　　　　　　　单位：元

项　目	预　算　数	实　际　数	差　异　数
一、可控成本			
间接材料	6 000	6 500	−500
间接人工	2 000	2 300	−300
管理人员薪金	4 500	4 300	200
设备折旧费	2 000	2 000	0
设备维修费	1 000	1 300	−300
物料消耗	500	400	100
合计	16 000	16 800	−800
二、下属单位转来的责任成本			
甲工段	10 000	8 000	2 000
乙工段	11 000	10 000	1 000
合计	21 000	18 000	3 000
本车间责任成本合计	37 000	34 800	2 200

二、利润中心的评价与考核

由于利润中心既能控制成本，又能控制收入，从而可控制利润。对利润中心评价与考核的重点是其责任利润，具体指标是边际贡献和税前净利润。

利润中心编制责任报告的依据是其成本预算、销售预算和它们的实际执行情况，并计算两者的差异；责任报告应该列示销售收入、变动成本、边际贡献、固定成本和税前净利的实际数、预算数和差异数。其中，差异数是考核和评价利润中心经营业绩的重要依据。当销售收入、边际贡献和税前净利的实际数大于预算数，称为"有利差异"，反之为"不利差异"；当变动成本和固定成本的实际数大于预算数，称为"不利差异"，反之为"有利差异"。责任报告还应对各种差异形成的原因做科学分析和说明。

利润中心责任报告的基本内容和一般格式如表 12-2 所示。

表 12-2 ××公司利润中心(分公司)的责任报告
20×2 年×月　　　　　　　　　　　　　　　　　　　　　单位：元

项　目	预　算　数	实　际　数	差　异　数
销售收入	200 000	220 000	20 000
变动成本			
变动生产成本	60 000	65 000	5 000
变动销售及管理成本	40 000	41 000	1 000
变动成本小计	100 000	106 000	6 000
边际贡献	100 000	114 000	14 000
期间成本			
固定生产成本	55 000	56 000	1 000
固定销售及管理成本	12 000	14 000	2 000
固定成本小计	67 000	70 000	3 000
税前净利	33 000	44 000	11 000

三、投资中心的评价与考核

投资中心是企业较高的管理层次，如事业部、分公司、分厂等。对于投资中心的评价与考核，一般要比成本中心和利润中心复杂一些。由于投资中心实质上也是利润中心，因而对投资中心的评价与考核，要全面考核成本、利润和投资等方面的指标，重点考核投资经济效益方面的指标。通常，对投资中心的考核采用投资利润率和剩余收益两项指标。

(一) 投资利润率

投资利润率又称投资报酬率(return on investment，ROI)，指投资中心所获得的利润与投资额之间的比率，其计算公式是：

$$投资利润率=\frac{利润}{投资额}\times 100\% \tag{12-1}$$

进一步展开，可得：

$$投资利润率=\frac{销售收入}{投资额}\times\frac{利润}{销售收入}$$

$$=总资产周转率\times销售利润率 \tag{12-2}$$

或者：

$$投资利润率=\frac{销售收入}{投资额}\times\frac{成本费用}{销售收入}\times\frac{利润}{成本费用}$$

$$=总资产周转率\times销售成本率\times成本费用利润率 \tag{12-3}$$

式中，利润可使用营业净利润，也可以使用税后利润。投资额可以使用自有资本(实收资本和保留盈余)，也可以使用包括已计提固定资产折旧在内的资产总价值。在计算资产总价值时，可以取期初和期末资产原价的平均数。

投资利润率是目前许多公司十分偏爱的用以评价投资中心业绩的指标，它具有如下优点。

(1) 投资利润率能反映投资中心的综合盈利能力。投资利润率由三项指标构成，即收入、成本和投资。提高投资利润率可以通过增收节支，也可以通过减少投入资本来实现。

(2) 投资利润率具有横向可比性。作为效益指标，投资利润率体现了资本的获利能力，剔除了因投资额不同而导致的利润差异的不可比因素，有利于判断各投资中心经营业绩的优劣。

(3) 投资利润率可以作为选择投资机会的依据，这样有利于调整资本流量和存量，优化资源配置。

(4) 以投资利润率作为评价投资中心业绩的指标，有利于正确引导投资中心的管理行为，避免短期行为。这是因为这一指标反映了投资中心运用资产并使资产增值的能力，资产运用的任何不当行为都将降低投资利润率。所以，以此作为评价投资中心业绩的标准，将促使各投资中心用活闲置资产，合理确定存货，加强对应收账款及固定资产的管理，及时处理变质、陈旧过时的库存商品等。

【例 12-1】 假定某公司下属甲、乙两个分公司均为投资中心。报告期甲分公司的经营资产平均余额为 100 万元，利润为 35 万元；乙分公司的经营资产平均余额为 220 万元，利润为 40 万元。则甲、乙分公司的投资利润率分别为多少？

【解析】 　　甲分公司的投资利润率＝35÷100＝35％

乙分公司的投资利润率＝40÷220＝18.18％

这两个分公司的经济效益单从利润绝对数看，乙分公司要比甲分公司好，但从投资利润率来看就恰恰相反了。显然，甲分公司的经营业绩优于乙分公司。

投资利润率作为评价指标的不足之处是会使投资中心缺乏全局观念。各投资中心为达到较高的投资利润率，可能不愿接受获利较低的投资项目，尽管这种项目对整个企业是有利的。

【例 12-2】 假定【例 12-1】中，企业要求甲分公司计划期生产某种新产品，该产品的预计投资额是 20 万元，预计年利润将增加 6 万元，生产新产品后甲分公司计划期的预计投资利润率为多少？

【解析】 甲分公司计划期投资利润率＝(35＋6)÷(100＋20)×100％＝34.17％

由于生产新产品，甲分公司的投资利润率将下降到 34.17％，用投资利润率指标评价业绩，则说明甲分公司的经营业绩下降。甲分公司当然不会接受这一新的投资项目。但该投资项目的投资利润率达 30％(6/20)，高于企业平均的投资利润率 23.44％[(35＋40)/(100＋220)]，显然，接受该投资项目将会提高整个企业的投资利润率，因而从企业全局来看，该投资项目还是有利的。

(二) 剩余收益

为了使各投资中心的局部目标与企业的总体目标保持一致，克服仅以投资利润率考核投资中心业绩的局限性，还可采用剩余收益作为考核指标。

剩余收益(residual income，RI)是指投资中心获得的利润扣减其最低投资收益后的余额。其计算公式是：

知识链接12-4
剩余收益计算的
一种特殊类型：
经济增加值(EVA)

$$剩余收益=营业利润-(投资额×预期的最低投资收益率) \qquad (12-4)$$

这里的最低投资收益率一般是指企业各投资中心的平均利润率或整个企业的预期利润率。这一指标的含义是指只要投资收益超过平均或预期的利润额,就对企业和投资中心都有利。利用剩余收益指标来考核投资中心的业绩,不仅具有投资利润率指标同样的优点,而且还克服了投资利润率指标的缺陷。

【例 12-3】 假设【例 12-2】中,企业改用剩余收益指标考核投资中心的业绩,企业各投资中心的平均利润率为 20%,则甲分公司接受生产新产品的剩余收益为多少?

【解析】 生产新产品的剩余收益 $=6-20×20\%=2$(万元)

计算结果表明,甲分公司接受该项目,企业所得到的投资利润率将超过 20%,而且甲分公司可以增加剩余收益 2 万元,此时甲分公司就愿意接受该项目。可见,利用剩余收益指标考核投资中心的业绩,将使企业整体利益和投资中心的局部利益达到一致。

当然,上面的情况并非说明采用剩余收益作为考核指标一定比投资利润率好,要视具体情况而定。当资金比较宽裕时,一般采用剩余收益较好,因为资金较难找到市场,只要有利可图即可;而当资金比较短缺时,应尽可能充分利用资金,将其投入到最有利的项目中去,即投资利润率最高的项目,以力求获得尽可能多的利润。

投资中心的业绩评价同样以其责任报告为依据。投资中心责任报告的一部分内容同利润中心相似,即列示成本、收入和利润的预算数、实际数、差异数,此外还要列出经营资产、销售利润率、资产周转率、投资利润率以及剩余收益的预算数和实际数,以便对投资中心的业绩做出全面的评价。投资中心的责任报告格式如表 12-3 所示。

表 12-3 ××公司投资中心(分公司)的责任报告

20×2 年×月 单位:元

项 目	预 算 数	实 际 数	差 异 数
销售收入	800 000	840 000	40 000(F)
变动成本			
变动生产成本	480 000	500 000	20 000(U)
变动销售管理费用	100 000	90 000	10 000(F)
边际贡献	220 000	250 000	30 000(F)
固定成本			
固定制造费用	120 000	120 000	0
固定销售管理费用	52 000	80 000	28 000(U)
营业利润	48 000	50 000	2000(F)
经营资产平均占用额	100 000	100 000	0
销售利润率	6%	5.95%	0.05%(U)
投资利润率	48%	50%	2%(F)

续表

项　目	预　算　数	实　际　数	差　异　数
预期投资利润率(30%)			
应取得利润额	30 000	30 000	0
剩余收益	18 000	20 000	2 000(F)

注："差异"一栏中，U表示不利差异，F表示有利差异。

第四节　内部转移价格

一、内部转移价格的概念

内部转移价格简称内部价格，又称内部转让价格或内部结算价格，是指企业内部各责任中心之间转移中间产品或相互提供劳务而发生内部结算和进行内部责任结转所使用的计价标准。

内部转移价格在企业内部起到利益再分配的作用。

二、制定内部转移价格的必要性

(一) 制定内部转移价格是划分各责任中心经济责任的必要条件

划分各责任中心之间的经济责任是实行责任会计制度的重要内容，而制定合理的内部转移价格又是明确划分经济责任的必要条件。要划清各责任中心的经济责任，除正确计量和核算直接发生在各责任中心的成本外，还应合理确定由其他责任中心转来的材料、中间产品或劳务的结算价格。没有合理的内部转移价格，就无法划清各责任中心的责任界限，从而使责任会计制度流于形式。

(二) 制定内部转移价格是客观、公正考评各责任中心的基础

合理的内部转移价格，能恰当地衡量企业内部各责任中心的工作实绩，准确计算和考核各责任中心责任预算的实际执行情况。因为内部转移价格充分考虑到了各责任中心的成本费用的消耗和补偿，充分考虑到了各责任中心的经营成果同时又充分考虑到了各责任中心的客观性和公正性，因而能够对各责任中心的工作业绩进行统一的比较和综合的评价，使业绩考评公正合理。

三、内部转移价格的制定方法

(一) 按标准(定额)成本制定转移价格

以标准(定额)成本作为内部转移价格，是制定内部转移价格最简便的方法。这种方法适用于成本中心之间相互提供产品或劳务，在管理工作较好的企业里，各种产品的定额资料都比较完整，能够容易地计算出各中间产品和半成品的定额成本，而实行标准成本计算的企业则有着更为完整的标准成本资料。因此，以标准(定额)成本作为内部转移价格制定的基础，具有相对稳定和易于操作的优点，而且将管理和核算工作结合起来，

使责任清楚,避免将卖方节约或浪费的成本转嫁给买方,有利于调动买卖双方降低成本的积极性。

(二) 按标准成本加成制定转移价格

按标准成本加成制定转移价格是指根据提供产品或劳务的标准成本,加上以一定合理的成本利润率计算的利润作为内部转移价格的方法,这种方法适用于提供产品或劳务的利润中心和投资中心。其优点是能分清买卖双方的经济责任,但加成利润率的确定具有一定的主观性,一般认为以最终产品成本利润率确定较为合理,因为最终产品是各有关责任中心共同创造完成的,由此创造的利润就应按有关责任中心参加的份额进行分配,各责任中心有了相同的利益,就能相互配合,更好地发展生产。

(三) 按市场价格制定转移价格

市场价格是指以市场价作为提供产品或劳务的内部转移价格。这种方法适用于中间产品存在着一个完全竞争市场的情况,适用于独立核算的利润中心。由于各责任中心将产品或劳务提供给企业内部和外部时都采用相同的市场价格,比较客观公正,不会偏袒任何一方,最能体现责任中心的基本要求,因此,市场价格被认为是制定内部转移价格的最好基础。

知识链接 12-5
市场价格作为
内部转移价格时
应该注意的问题

以市场价格作为内部转移价格,但并不意味着两者相等。由于是内部转移,卖方可以节约一定的销售费用、广告费和运输费等,因此买方往往要求内部转移价格低于市场价格。同时还要注意,当有些产品或劳务是专门为企业内部生产和提供的,即没有外部市场,因而没有现成的市场价格,其内部转移价格的制订就无法以此为基础。

(四) 按双重价格制定转移价格

双重价格是指买卖双方分别采用不同的价格作为内部转移价格。如果卖方提供的产品或劳务的成本高于市场价格,而买方又有权向市场购买所需的半成品或劳务时,若以成本作为内部转移价格,则买方必定转向外部进货,由此造成卖方生产能力的闲置,使卖方和企业的整体利益都受损失。根据目标一致性原则,买卖双方应分别按不同的价格,即卖方以成本作为"出售"价格,而买方以变动成本或市场价格作为"购入"价格,这样既保证买卖双方的利益,又不至于损害企业整体利益。这种方法一般适用于中间产品有外部市场、卖方的生产能力不受限制,且变动成本低于市场价格的责任中心。

(五) 按协商价格制定转移价格

协商价格是指各责任中心相互提供产品或劳务,以正常的市价为基础,共同协商确定的买卖双方都愿意接受的价格作为内部转移价格。一般情况下,协商价格低于市场价格。这种方法可以兼顾买卖双方的利益并得到双方的认可,使价格具有一定的弹性。但在协商时,容易使双方争执不休,讨价还价,造成各责任中心之间的矛盾。

四、内部结算方式

内部结算是指企业各责任中心清偿因相互提供产品或劳务所发生的、按内部转移价格计算的债权、债务。

按照结算的手段不同,企业内部结算方式通常包括以下几种。

（一）内部支票结算方式

内部支票结算方式是指由付款一方签发内部支票通知内部银行从其账户中支付款项的内部结算方式。该方式包括签发支票、收受支票和银行转账三个环节，主要适用于企业内部收、付款双方直接见面进行经济往来的大宗业务结算。

（二）转账通知单方式

转账通知单方式是由收款一方根据有关原始凭证或业务活动证明签发转账通知单，通知内部银行将转账通知单转给付款一方，让其付款的一种内部结算方式。转账通知单一式三联，第一联为收款方的收款凭证，第二联为付款方的付款凭证，第三联为内部银行的记账凭证。主要适用于经常性的质量与价格较稳定的往来业务，手续简便，结算及时，但有可能拒付。

（三）内部货币结算方式

内部货币结算方式是使用内部银行发行的仅限于企业内部流通的货币进行内部结算往来的一种内部结算方式。主要适用于相对小宗的业务结算。虽然携带不便，清点麻烦，但一手交钱一手交货，不会发生拒付。

以上这些结算方式都与企业的内部银行有关，以下仅简要介绍内部银行的基本概念。

内部银行是将商业银行的基本职能与管理方法引入企业内部管理而建立的一种内部资金管理机构，主要处理企业日常的往来结算和资金调拨、运筹。其设立的目的在于强化企业的资金管理，更加明确各责任中心的经济责任，完善内部责任核算，节约资金使用，降低筹资成本。

本章小结

责任会计是用于企业内部控制的会计，它是通过在企业内部建立若干个责任中心，并对其分工负责的经济业务进行规划与控制，从而实现对企业内部各责任单位的业绩考核与评价。为了保证预算的贯彻落实和最终实现，必须把总预算中确定的目标和任务，按照责任中心逐层进行指标分析分解，形成责任预算。把拥有相应管理权限并承担一定经济责任、享有相应管理权限的企业内部责任单位称为责任中心。根据企业内部责任单位的权限范围及业务活动的特点不同，可以将企业内部的责任中心分为成本中心、利润中心和投资中心三大层次类型。

成本中心是指只对其成本和费用承担责任的责任中心，成本中心的应用范围最广。成本中心所发生的各项成本分为可控成本和不可控成本。将成本中心的成本区分为可控成本和不可控成本不是绝对的，而是相对的。一般来说，只有责任中心的可控成本，才能构成该责任中心的责任成本，不可控成本不能列为责任成本。利润中心指对利润负责的责任中心。作为利润中心，必须具有相对独立的收入来源，并进行全面的会计核算。按照收入来源的性质不同，利润中心可以分为自然的利润中心和人为的利润中心两种。一般来说，一个完整的、独立的企业才能成为自然的利润中心。人为的利润中心往往是企业实行内部经济结算条件下的某些部门和单位。投资中心指对投资负责的责任中心，投资中心是企业最高层次的责任中心。它具有最大的决策权，也承担最大的责任。投资中心同时也是利润中心，但它又不同于利润中心。

成本中心、利润中心和投资中心并非孤立存在的,每个责任中心都要承担相应的经营责任。最基层的成本中心应就经营的可控成本向其上层成本中心负责;上层的成本中心应就其本身的可控成本和下层转来的责任成本一并向利润中心负责;利润中心应就其本身的经营收入、成本(含下层转来成本)和利润(或边际贡献)向投资中心负责;投资中心最终就其经营的投资利润率和剩余收益向总经理和董事会负责。在组织形式上,成本中心一般不是独立法人,利润中心可以是也可以不是独立法人,而投资中心一般是独立法人。

责任中心应定期编制责任报告反映责任预算的执行情况。责任报告也称为业绩报告,是根据责任会计编制的记录反映责任预算实际执行情况与预算之间差异的内部会计报告。差异额是评价与考核责任中心经营业绩优劣的重要标志。对成本中心评价与考核的重点是其责任成本。责任报告一般按其可控成本的各明细项目分别列示预算数、实际数和差异数,对于不可控成本可以不列示,或作为参考资料列出。当实际数大于预算数,称为不利差异;当实际数小于预算数,称为有利差异。对利润中心评价与考核的重点是其责任利润,具体指标是边际贡献和税前净利润。利润中心编制责任报告的依据是其成本预算、销售预算和它们的实际执行情况,并计算两者的差异。当销售收入、边际贡献和税前净利的实际数大于预算数,为有利差异,反之为不利差异;当变动成本和固定成本的实际数大于预算数,为不利差异,反之为有利差异。投资中心是企业较高的管理层次,对于投资中心的评价与考核,一般要比成本中心和利润中心复杂一些,要全面考核成本、利润和投资等方面的指标,重点考核投资经济效益方面的指标。通常,对投资中心的考核采用投资利润率和剩余收益两项指标。

内部转移价格简称内部价格,是指企业内部各责任中心之间转移中间产品或相互提供劳务而发生内部结算和进行内部责任结转所使用的计价标准。内部转移价格在企业内部起到利益再分配的作用,合理的内部价格能恰当地衡量企业内部各责任中心的工作业绩,准确计算和考核各责任中心责任预算的实际执行情况。内部转移价格的制定方法有标准(定额)成本法、标准成本加成法、市场价格法、双重价格法、协商价格法等。企业内部结算方式通常包括内部支票结算方式、转账通知单方式和内部货币结算方式。这些结算方式都与企业的内部银行有关,内部银行是将商业银行的基本职能与管理方法引入企业内部管理而建立的内部资金管理机构,主要处理企业日常的往来结算和资金调拨和运筹等。

▎思考与练习▎

一、简答题

1. 什么是责任会计?责任会计的内容有哪些?
2. 简述责任中心的概念及其类型。
3. 成本中心的概念是什么?简述成本中心的评价与考核指标。
4. 利润中心的概念是什么?简述利润中心的评价与考核指标。
5. 投资中心的概念是什么?简述投资中心的评价与考核指标。
6. 简述内部转移价格的概念及制定方法。

二、计算分析题

1. 表 12-4 是某车间成本中心责任报告。

要求：请根据表中数据，计算差异并将计算结果填入表中。

表 12-4　某车间成本中心责任报告

20×2 年 6 月　　　　　　　　　　　　　　　　　　单位：元

项　　目	实　际　数	预　算　数	差　异　数
可控直接成本			
直接材料	59 000	61 000	
直接人工	32 000	31 000	
可控间接成本			
间接材料	2 500	2 400	
间接人工	1 000	1 200	
其他	600	800	
合计	95 100	96 400	

2. 已知：某公司第一车间是一个成本中心，只生产 A 产品。其预算产量为 5 000 件，单位标准材料成本为 100 元/件(100 元/件＝10 元/千克×10 千克/件)；实际产量为 6 000 件，实际单位材料成本 96 元/件(96 元/件＝12 元/千克×8 千克/件)。假定其他成本暂时忽略不计。

要求：计算该成本中心消耗的直接材料责任成本的变动额和变动率，分析并评价该成本中心的成本控制情况。

3. 已知：某公司的第二车间是一个人为利润中心。本期实现内部销售收入 500 000 元，变动成本为 300 000 元，该中心可控固定成本为 40 000 元，中心不可控但应由该中心负担的固定成本为 60 000 元。

要求：计算该利润中心的实际考核指标，并评价该利润中心的利润完成情况。

| 在线自测 |

模拟试卷

附 录

附录一 复利终值系数表

期数	1%	2%	3%	4%	5%	6%	7%	8%	9%	10%	11%	12%	13%	14%	15%
1	1.01	1.02	1.03	1.04	1.05	1.06	1.07	1.08	1.09	1.1	1.11	1.12	1.13	1.14	1.15
2	1.020 1	1.040 4	1.060 9	1.081 6	1.102 5	1.123 6	1.144 9	1.166 4	1.188 1	1.21	1.232 1	1.254 4	1.276 9	1.299 6	1.322 5
3	1.030 3	1.061 2	1.092 7	1.124 9	1.157 6	1.191	1.225	1.259 7	1.295	1.331	1.367 6	1.404 9	1.442 9	1.481 5	1.520 9
4	1.040 6	1.082 4	1.125 5	1.169 9	1.215 5	1.262 5	1.310 8	1.360 5	1.411 6	1.464 1	1.518 1	1.573 5	1.630 5	1.689	1.749
5	1.051	1.104 1	1.159 3	1.216 7	1.276 3	1.338 2	1.402 6	1.469 3	1.538 6	1.610 5	1.685 1	1.762 3	1.842 4	1.925 4	2.011 4
6	1.061 5	1.126 2	1.194 1	1.265 3	1.340	1.418 5	1.500 7	1.586 9	1.677 1	1.771 6	1.870 4	1.973 8	2.082	2.195	2.313 1
7	1.072 1	1.148 7	1.229 9	1.315 9	1.407 1	1.503 6	1.605 8	1.713 8	1.82 8	1.948 7	2.076 2	2.210 7	2.352 6	2.502 3	2.66
8	1.082 9	1.171 7	1.266 8	1.368 6	1.477 5	1.593 8	1.718 2	1.850 9	1.992 6	2.143 6	2.304 5	2.476	2.658 4	2.852 6	3.059
9	1.093 7	1.195 1	1.304 8	1.423 3	1.551 3	1.689 5	1.838 5	1.999	2.171 9	2.357 9	2.558	2.773 1	3.004	3.251 9	3.517 9
10	1.104 6	1.219	1.343 9	1.480 2	1.628 9	1.790 8	1.967 2	2.158 9	2.367 4	2.593 7	2.839 4	3.105 8	3.394 6	3.707	24.045 6
11	1.115 7	1.243 4	1.384 2	1.539 5	1.710 3	1.898 3	2.104 9	2.331 6	2.580 4	2.853 1	3.151 8	3.478 5	3.835 9	4.226 2	4.652 4
12	1.126 8	1.268 2	1.425 8	1.601	1.795 9	2.012 2	2.252 2	2.518 2	2.812 7	3.138 4	3.498 5	3.896	4.334 5	4.817 9	5.350 3
13	1.138 1	1.293 6	1.468 5	1.665 1	1.885 6	2.132 9	2.409 8	2.719 6	3.065 8	3.452 3	3.883 3	4.363 5	4.898	5.492 4	6.152 8
14	1.149 5	1.319 5	1.512 6	1.731 7	1.979 9	2.260 9	2.578 5	2.937 2	3.341 7	3.797 5	4.310 4	4.887 1	5.534 8	6.261 3	7.075 7
15	1.161	1.345 9	1.558	1.800 9	2.078 9	2.396 6	2.759	3.172 2	3.642 5	4.177 2	4.784 6	5.473 6	6.254 3	7.137 9	8.137 1
16	1.172 6	1.372 8	1.604 7	1.873	2.182 9	2.540 4	2.952 2	3.425 9	3.970 3	4.595	5.310 9	6.130 4	7.067 3	8.137 2	9.357 6
17	1.184 3	1.400 2	1.652 8	1.947 9	2.292	2.692 8	3.158 8	3.7	4.327 6	5.054 5	5.895 1	6.866	7.986 1	9.276 5	10.761 3
18	1.196 1	1.428 2	1.702 4	2.025 8	2.406 6	2.854 3	3.379 9	3.996	4.717 1	5.559 9	6.543 6	7.69	9.024 3	10.575 2	12.375 5
19	1.208 1	1.456 8	1.753 5	2.106 8	2.527	3.025 6	3.616 5	4.315 7	5.141 7	6.115 9	7.263 3	8.612 8	10.197 4	12.055 7	14.231 8
20	1.220 2	1.485 9	1.806 1	2.191 1	2.653 3	3.207 1	3.869 7	4.661	5.604 4	6.727 5	8.062 3	9.646 3	11.523 1	13.743 5	16.366 5
21	1.232 4	1.515 7	1.860 3	2.278 8	2.786	3.399 6	4.140 5	5.033 5	6.108 8	7.400 2	8.949 2	10.803 8	13.021 1	15.667 6	18.821 5
22	1.244 7	1.546	1.916 1	2.369 9	2.925 3	3.603 5	4.430 4	5.436 5	6.658 6	8.140 3	9.933 6	12.100 3	14.713 8	17.861	21.644 7
23	1.257 2	1.576 9	1.973 6	2.464 7	3.071 5	3.819 7	4.740 5	5.871 5	7.257 9	8.954 3	11.026 3	13.552 3	16.626 6	20.361 6	24.891 5
24	1.269 7	1.608 4	2.032 8	2.563 3	3.225 1	4.048 9	5.072 4	6.341 2	7.911 1	9.849 7	12.239 2	15.178 6	18.788 1	23.212 2	28.625 2
25	1.282 4	1.640 6	2.093 8	2.665 8	3.386 4	4.291 9	5.427 4	6.848 5	8.623 1	10.834 7	13.585 5	17.000 1	21.230 5	26.461 9	32.919
26	1.295 3	1.673 4	2.156 6	2.772 5	3.555 7	4.549 4	5.807 4	7.396 4	9.399 2	11.918 2	15.079 9	19.040 1	23.990 5	30.166 6	37.856 8
27	1.308 2	1.706 9	2.221 3	2.883 4	3.733 5	4.822 3	6.213 9	7.988 1	10.245 1	13.11	16.738 7	21.324 9	27.109 3	34.389 9	43.535 3
28	1.321 3	1.741	2.287 9	2.998 7	3.920 1	5.111 7	6.648 8	8.627 1	11.167 1	14.421	18.579 9	23.883 9	30.633 5	39.204 5	50.065 6
29	1.334 5	1.775 8	2.356 6	3.118 7	4.116 1	5.418 4	7.114 3	9.317 3	12.172 2	15.863 1	20.623 7	26.749 9	34.615 8	44.693 1	57.575 5
30	1.347 8	1.811 4	2.427 3	3.243 4	4.321 9	5.743 5	7.612 3	10.062 7	13.267 7	17.449 4	22.892 3	29.959 9	39.115 9	50.950 2	66.211 8

续表

期数	16%	17%	18%	19%	20%	21%	22%	23%	24%	25%	26%	27%	28%	29%	30%
1	1.16	1.17	1.18	1.19	1.2	1.21	1.22	1.23	1.24	1.25	1.26	1.27	1.28	1.29	1.3
2	1.345 6	1.368 9	1.392 4	1.416 1	1.44	1.464 1	1.488 4	1.512 9	1.537 6	1.562 5	1.587 6	1.612 9	1.638 4	1.664 1	1.69
3	1.560 9	1.601 6	1.643	1.685 2	1.728	1.771 6	1.815 8	1.860 9	1.906 6	1.953 1	2.000 4	2.048 4	2.097 2	2.146 7	2.197
4	1.810 6	1.873 9	1.938 8	2.005 3	2.073 6	2.143 6	2.215 3	2.288 9	2.364 2	2.441 4	2.520 5	2.601 4	2.684 4	2.769 2	2.856 1
5	2.100 3	2.192 4	2.287 8	2.386 4	2.488 3	2.593 7	2.702 7	2.815 3	2.931 6	3.051 8	3.175 8	3.303 8	3.436	3.572 3	3.712 9
6	2.436 4	2.565 2	2.699 6	2.839 8	2.986	3.138 4	3.297 3	3.462 8	3.635 2	3.814 7	4.001 5	4.195 9	4.398	4.608 3	4.826 8
7	2.826 2	3.001 2	3.185 5	3.379 3	3.583 2	3.797 5	4.022 7	4.259 3	4.507 7	4.768 4	5.041 9	5.328 8	5.629 5	5.944 7	6.274 9
8	3.278 4	3.511 5	3.758 9	4.021 4	4.299 8	4.595	4.907 7	5.238 9	5.589 5	5.960 5	6.352 8	6.767 5	7.205 8	7.668 6	8.157 3
9	3.803	4.108 4	4.435 5	4.785 4	5.159 8	5.559 9	5.987 4	6.443 9	6.931	7.450 6	8.004 5	8.594 8	9.223 4	9.892 5	10.604 5
10	4.411 4	4.806 8	5.233 8	5.694 7	6.191 7	6.727 5	7.304 6	7.925 9	8.594 4	9.313 2	10.085 7	10.915 3	11.805 9	12.761 4	13.785 8
11	5.117 3	5.624	6.175 9	6.776 7	7.430 1	8.140 3	8.911 7	9.748 9	10.657 1	11.641 5	12.708	13.862 5	15.111 6	16.462 2	17.921 6
12	5.936	6.580 1	7.287 6	8.064 2	8.916 1	9.849 7	10.872 2	11.991 2	13.214 8	14.551 9	16.012	17.605 3	19.342 8	21.236 2	23.298 1
13	6.885 8	7.698 7	8.599 4	9.596 4	10.699 3	11.918 2	13.264 1	14.749 1	16.386 3	18.189 9	20.175 2	22.358 5	24.758 8	27.394 7	30.287 5
14	7.987 5	9.007 5	10.147 2	11.419 8	12.839 2	14.421	16.182 3	18.141 4	20.319 1	22.737 4	25.420 7	28.395 7	31.691 3	35.339 1	39.373 8
15	9.265 5	10.538 7	11.973 7	13.589 5	15.407	17.449 4	19.742 3	22.314	25.195 6	28.421 7	32.030 1	36.062 5	40.564 8	45.587 5	51.185 9
16	10.748	12.330 3	14.129	16.171 5	18.488 4	21.113 8	24.085 6	27.446 2	31.242 6	35.527 1	40.357 9	45.799 4	51.923	58.807 9	66.541 7
17	12.467 7	14.426 1	16.672 2	19.244 1	22.186 1	25.547 7	29.384 4	33.758 8	38.740 8	44.408 9	50.851	58.165 2	66.461 4	75.862 1	86.504 3
18	14.462 5	16.879	19.673 3	22.900 5	26.623 3	30.912 7	35.849	41.523 3	48.038 6	55.511 2	64.072 2	73.869 8	85.070 6	97.862 2	112.455 4
19	16.776 5	19.748 4	23.214 4	27.251 6	31.948	37.404 3	43.735 8	51.073 7	59.567 9	69.388 9	80.731	93.814 7	108.890 4	126.242 2	146.192
20	19.460 8	23.105 6	27.393	32.429 4	38.337 6	45.259 3	53.357 6	62.820 6	73.864 1	86.736 2	101.721 1	119.144 6	139.379 7	162.852 4	190.049 6
21	22.574 5	27.033 6	32.323 8	38.591	46.005 1	54.763 7	65.096 3	77.269 4	91.591 5	108.420 2	128.168 5	151.313 7	178.406	210.079 6	247.064 5
22	26.186 4	31.629 3	38.142 1	45.923 3	55.206 1	66.264 1	79.417 5	95.041 3	113.573 5	135.525 3	161.492 4	192.168 3	228.359 6	271.002 7	321.183 9
23	30.376 2	37.006 2	45.007 6	54.648 7	66.247 4	80.179 5	96.889 4	116.900 8	140.831 2	169.406 6	203.480 4	244.053 8	292.300 3	349.593 5	417.539 1
24	35.236 4	43.297 3	53.109	65.032	79.496 8	97.017 2	118.205	143.788	174.630 6	211.758 2	256.385 3	309.948 3	374.144 4	450.975 6	542.800 8
25	40.874 2	50.657 8	62.668 6	77.388 1	95.396 2	117.390 9	144.210 1	176.859 3	216.54 2	264.697 8	323.045 4	393.634 4	478.904 9	581.758 5	705.641
26	47.414 1	59.269 7	73.949	92.091 8	114.475 5	142.042 9	175.936 4	217.536 9	268.512 1	330.872 2	407.037 3	499.915 7	612.998 2	750.468 5	917.333 3
27	55.000 4	69.345 5	87.259 8	109.589 3	137.370 6	171.871 9	214.642 4	267.570 4	332.955	413.590 3	512.867	634.892 9	784.637 7	968.104 1	1 192.533 3
28	63.800 4	81.134 2	102.966 6	130.411 2	164.844 7	207.965 1	261.863 7	329.111 5	412.864 2	516.987 9	646.212 4	806.314	1 004.336 3	1 248.854 6	1 550.293 3
29	74.008 5	94.927 1	121.500 5	155.189 3	197.813 6	251.637 9	319.473 7	404.807 2	511.951 6	646.234 9	814.227 6	1 024.018 7	1 285.550 4	1 611.022 5	2 015.381 3
30	85.849 9	111.064 5	143.370 6	184.675 3	237.376 3	304.481 5	389.757 9	497.912 9	634.819 9	807.793 6	1 025.926 7	1 300.503 8	1 645.504 6	2 078.219	2 619.995 6

附录二 复利现值系数表

期数	1%	2%	3%	4%	5%	6%	7%	8%	9%	10%	11%	12%	13%	14%	15%
1	0.990 1	0.980 4	0.970 9	0.961 5	0.952 4	0.943 4	0.934 6	0.925 9	0.917 4	0.909 1	0.900 9	0.892 9	0.885	0.877 2	0.869 6
2	0.980 3	0.961 2	0.942 6	0.924 6	0.907	0.89	0.873 4	0.857 3	0.841 7	0.826 4	0.811 6	0.797 2	0.783 1	0.769 5	0.756 1
3	0.970 6	0.942 3	0.915 1	0.889	0.863 8	0.839 6	0.816 3	0.793 8	0.772 2	0.751 3	0.731 2	0.711 8	0.693 1	0.675	0.657 5
4	0.961	0.923 8	0.888 5	0.854 8	0.822 7	0.792 1	0.762 9	0.735	0.708 4	0.683	0.658 7	0.635 5	0.613 3	0.592 1	0.571 8
5	0.951 5	0.905 7	0.862 6	0.821 9	0.783 5	0.747 3	0.713	0.680 6	0.649 9	0.620 9	0.593 5	0.567 4	0.542 8	0.519 4	0.497 2
6	0.942	0.888	0.837 5	0.790 3	0.746 2	0.705	0.666 3	0.630 2	0.596 3	0.564 5	0.534 6	0.506 6	0.480 3	0.455 6	0.432 3
7	0.932 7	0.870 6	0.813 1	0.759 9	0.710 7	0.665 1	0.622 7	0.583 5	0.547	0.513 2	0.481 7	0.452 3	0.425 1	0.399 6	0.375 9
8	0.923 5	0.853 5	0.789 4	0.730 7	0.676 8	0.627 4	0.582	0.540 3	0.501 9	0.466 5	0.433 9	0.403 9	0.376 2	0.350 6	0.326 9
9	0.914 3	0.836 8	0.766 4	0.702 6	0.644 6	0.591 9	0.543 9	0.500 2	0.460 4	0.424 1	0.390 9	0.360 6	0.332 9	0.307 5	0.284 3
10	0.905 3	0.820 3	0.744 1	0.675 6	0.613 9	0.558 4	0.508 3	0.463 2	0.422 4	0.385 5	0.352 2	0.322	0.294 6	0.269 7	0.247 2
11	0.896 3	0.804 3	0.722 4	0.649 6	0.584 7	0.526 8	0.475 1	0.428 9	0.387 5	0.350 5	0.317 3	0.287 5	0.260 7	0.236 6	0.214 9
12	0.887 4	0.788 5	0.701 4	0.624 6	0.556 8	0.497	0.444	0.397 1	0.355 5	0.318 6	0.285 8	0.256 7	0.230 7	0.207 6	0.186 9
13	0.878 7	0.773	0.681	0.600 6	0.530 3	0.468 8	0.415	0.367 7	0.326 2	0.289 7	0.257 5	0.229 2	0.204 2	0.182 1	0.162 5
14	0.87	0.757 9	0.661 1	0.577 5	0.505 1	0.442 3	0.387 8	0.340 5	0.299 2	0.263 3	0.232	0.204 6	0.180 7	0.159 7	0.141 3
15	0.861 3	0.743	0.641 9	0.555 3	0.481	0.417 3	0.362 4	0.315 2	0.274 5	0.239 4	0.209	0.182 7	0.159 9	0.140 1	0.122 9
16	0.852 8	0.728 4	0.623 2	0.533 9	0.458 1	0.393 6	0.338 7	0.291 9	0.251 9	0.217 6	0.188 3	0.163 1	0.141 5	0.122 9	0.106 9
17	0.844 4	0.714 2	0.605	0.513 4	0.436 3	0.371 4	0.316 6	0.270 3	0.231 1	0.197 8	0.169 6	0.145 6	0.125 2	0.107 8	0.092 9
18	0.836	0.700 2	0.587 4	0.493 6	0.415 5	0.350 3	0.295 9	0.250 2	0.212	0.179 9	0.152 8	0.13	0.110 8	0.094 6	0.080 8
19	0.827 7	0.686 4	0.570 3	0.474 6	0.395 7	0.330 5	0.276 5	0.231 7	0.194 5	0.163 5	0.137 7	0.116 1	0.098 1	0.082 9	0.070 3
20	0.819 5	0.673	0.553 7	0.456 4	0.376 9	0.311 8	0.258 4	0.214 5	0.178 4	0.148 6	0.124	0.103 7	0.086 8	0.072 8	0.061 1
21	0.811 4	0.659 8	0.537 5	0.438 8	0.358 9	0.294 2	0.241 5	0.198 7	0.163 7	0.135 1	0.111 7	0.092 6	0.076 8	0.063 8	0.053 1
22	0.803 4	0.646 8	0.521 9	0.422	0.341 8	0.277 5	0.225 7	0.183 9	0.150 2	0.122 8	0.100 7	0.082 6	0.068	0.056	0.046 2
23	0.795 4	0.634 2	0.506 7	0.405 7	0.325 6	0.261 8	0.210 9	0.170 3	0.137 8	0.111 7	0.090 7	0.073 8	0.060 1	0.049 1	0.040 2
24	0.787 6	0.621 7	0.491 9	0.390 1	0.310	0.247	0.197 1	0.157 7	0.126 4	0.101 5	0.081 7	0.065 9	0.053 2	0.043 1	0.034 9
25	0.779 8	0.609 5	0.477 6	0.375 1	0.295 3	0.233	0.184 2	0.146	0.116	0.092 3	0.073 6	0.058 8	0.047 1	0.037 8	0.030 4
26	0.772	0.597 6	0.463 7	0.360 7	0.281 2	0.219 8	0.172 2	0.135 2	0.106 4	0.083 9	0.066 3	0.052 5	0.041 7	0.033 1	0.026 4
27	0.764 4	0.585 9	0.450 2	0.346 8	0.267 8	0.207 4	0.160 9	0.125 2	0.097 6	0.076 3	0.059 7	0.046 9	0.036 9	0.029 1	0.023
28	0.756 8	0.574 4	0.437 1	0.333 5	0.255 1	0.195 6	0.150 4	0.115 9	0.089 5	0.069 3	0.053 8	0.041 9	0.032 6	0.025 5	0.02
29	0.749 3	0.563 1	0.424 3	0.320 7	0.242 9	0.184 6	0.140 6	0.107 3	0.082 2	0.063	0.048 5	0.037 4	0.028 9	0.022 4	0.017 4
30	0.741 9	0.552 1	0.412	0.308 3	0.231 4	0.174 1	0.131 4	0.099 4	0.075 4	0.057 3	0.043 7	0.033 4	0.025 6	0.019 6	0.015 1

期数	16%	17%	18%	19%	20%	21%	22%	23%	24%	25%	26%	27%	28%	29%	30%
1	0.862 1	0.854 7	0.847 5	0.840 3	0.833 3	0.826 4	0.819 7	0.813	0.806 5	0.8	0.793 7	0.787 4	0.781 3	0.775 2	0.769 2
2	0.743 2	0.730 5	0.718 2	0.706 2	0.694 4	0.683	0.671 9	0.661	0.650 4	0.64	0.629 9	0.62	0.610 4	0.600 9	0.591 7
3	0.640 7	0.624 4	0.608 6	0.593 4	0.578 7	0.564 5	0.550 7	0.537 4	0.524 5	0.512	0.499 9	0.488 2	0.476 8	0.465 5	0.455 2
4	0.552 3	0.533 7	0.515 8	0.498 7	0.482 3	0.466 5	0.451 4	0.436 9	0.423	0.409 6	0.396 8	0.384 4	0.372 5	0.361 1	0.350 1
5	0.476 1	0.456 1	0.437 1	0.419	0.401 9	0.385 5	0.37	0.355 2	0.341 1	0.327 7	0.314 9	0.302 7	0.291	0.279 9	0.269 3
6	0.410 4	0.389 8	0.370 4	0.352 1	0.334 9	0.318 6	0.303 3	0.288 8	0.275 1	0.262 1	0.249 9	0.238 3	0.227 4	0.217	0.207 2
7	0.353 8	0.333 2	0.313 9	0.295 9	0.279 1	0.263 3	0.248 6	0.234 8	0.221 8	0.209 7	0.198 3	0.187 7	0.176 6	0.168 2	0.159 4
8	0.305	0.284 8	0.266	0.248 7	0.232 6	0.217	0.203 8	0.190 9	0.178 9	0.167 8	0.157 4	0.147 8	0.138 8	0.130 4	0.122 6
9	0.263	0.243 4	0.225 5	0.209	0.193 8	0.179 9	0.167	0.155 2	0.144 3	0.134 2	0.124 9	0.116 4	0.108 4	0.101 1	0.094 3
10	0.226 7	0.208	0.191 1	0.175 6	0.161 5	0.148 6	0.136 9	0.126 2	0.116 4	0.107 4	0.099 2	0.091 6	0.084 7	0.078 4	0.072 5
11	0.195 4	0.177 8	0.161 9	0.147 6	0.134 6	0.122 8	0.112 2	0.102 6	0.093 8	0.085 9	0.078 7	0.072 1	0.066 2	0.060 7	0.055 8
12	0.168 5	0.152	0.137 2	0.124	0.112 2	0.101 5	0.092	0.083 4	0.075 7	0.068 7	0.062 5	0.056 8	0.051 7	0.047 1	0.042 9
13	0.145 2	0.129 9	0.116 3	0.104 2	0.093 5	0.083 9	0.075 4	0.067 8	0.061	0.055	0.049 6	0.044 7	0.040 4	0.036 5	0.033
14	0.125 2	0.111	0.098 5	0.087 6	0.077 9	0.069 3	0.061 8	0.055 1	0.049 2	0.044	0.039 3	0.035 2	0.031 6	0.028 3	0.025 4
15	0.107 9	0.094 9	0.083 5	0.073 6	0.064 9	0.057 3	0.050 7	0.044 8	0.039 7	0.035 2	0.031 5	0.027 7	0.024 7	0.021 9	0.019 5
16	0.093	0.081 1	0.070 8	0.061 8	0.054 1	0.047 4	0.041 5	0.036 4	0.032	0.028 1	0.024 8	0.021 8	0.019 3	0.017	0.015
17	0.080 2	0.069 3	0.06	0.052	0.045 1	0.039 1	0.034	0.029 6	0.025 8	0.022 5	0.019 7	0.017 2	0.015	0.013 2	0.011 6
18	0.069 1	0.059 2	0.050 8	0.043 7	0.037 6	0.032 3	0.027 9	0.024 1	0.020 8	0.018	0.015 6	0.013 5	0.011 8	0.010 2	0.008 9
19	0.059 6	0.050 6	0.043 1	0.036 7	0.031 3	0.026 7	0.022 9	0.019 5	0.016 8	0.014 4	0.012 4	0.010 7	0.009 2	0.007 9	0.006 8
20	0.051 4	0.043 3	0.036 5	0.030 8	0.026 1	0.022 1	0.018 7	0.015 9	0.013 5	0.011 5	0.009 8	0.008 4	0.007 2	0.006 1	0.005 3
21	0.044 3	0.037	0.030 9	0.025 9	0.021 7	0.018 3	0.015 4	0.012 9	0.010 9	0.009 2	0.007 8	0.006 6	0.005 6	0.004 8	0.004
22	0.038 2	0.031 6	0.026 2	0.021 8	0.018 1	0.015 1	0.012 6	0.010 5	0.008 8	0.007 4	0.006 2	0.005 2	0.004 4	0.003 7	0.003 1
23	0.032 9	0.027	0.022 2	0.018 3	0.015 1	0.012 5	0.010 3	0.008 6	0.007 1	0.005 9	0.004 9	0.004 1	0.003 4	0.002 9	0.002 4
24	0.028 4	0.023 1	0.018 8	0.015 4	0.012 6	0.010 3	0.008 5	0.007	0.005 7	0.004 7	0.003 9	0.003 2	0.002 7	0.002 2	0.001 8
25	0.024 5	0.019 7	0.016	0.012 9	0.010 5	0.008 5	0.006 9	0.005 7	0.004 6	0.003 8	0.003 1	0.002 5	0.002 1	0.001 7	0.001 4
26	0.021 1	0.016 9	0.013 5	0.010 9	0.008 7	0.007	0.005 7	0.004 6	0.003 7	0.003	0.002 5	0.002	0.001 6	0.001 3	0.001 1
27	0.018 2	0.014 4	0.011 5	0.009 1	0.007 3	0.005 8	0.004 7	0.003 7	0.003	0.002 4	0.001 9	0.001 6	0.001 3	0.001	0.000 8
28	0.015 7	0.012 3	0.009 7	0.007 7	0.006 1	0.004 8	0.003 8	0.003	0.002 4	0.001 9	0.001 5	0.001 2	0.001	0.000 8	0.000 6
29	0.013 5	0.010 5	0.008 2	0.006 4	0.005 1	0.004	0.003 1	0.002 5	0.002	0.001 5	0.001 2	0.001	0.000 8	0.000 6	0.000 5
30	0.011 6	0.009	0.007	0.005 4	0.004 2	0.003 3	0.002 6	0.002	0.001 6	0.001 2	0.001	0.000 8	0.000 6	0.000 5	0.000 4

附录三 年金终值系数表

期数	1%	2%	3%	4%	5%	6%	7%	8%	9%	10%	11%	12%	13%	14%	15%
1	1	1	1	1	1	1	1	1	1	1	1	1	1	1	1
2	2.01	2.02	2.03	2.04	2.05	2.06	2.07	2.08	2.09	2.1	2.11	2.12	2.13	2.14	2.15
3	3.030 1	3.060 4	3.090 9	3.121 6	3.152 5	3.183 6	3.214 9	3.246 4	3.278 1	3.31	3.342 1	3.374 4	3.406 9	3.439 6	3.472 5
4	4.060 4	4.121 6	4.183 6	4.246 5	4.310 1	4.374 6	4.439 9	4.506 1	4.573 1	4.641	4.709 7	4.779 3	4.849 8	4.921 1	4.993 4
5	5.101	5.204	5.309 1	5.416 3	5.525 6	5.637 1	5.750 7	5.866 6	5.984 7	6.105 1	6.227 8	6.352 8	6.480 3	6.610 1	6.742 4
6	6.152	6.308 1	6.468 4	6.633	6.801 9	6.975 3	7.153 3	7.335 9	7.523 3	7.715 6	7.912 9	8.115 2	8.322 7	8.535 5	8.753 7
7	7.213 5	7.434 3	7.662 5	7.898 3	8.142	8.393 8	8.654	8.922 8	9.200 4	9.487 2	9.783 3	10.089	10.404 7	10.730 5	11.066 8
8	8.285 7	8.583	8.892 3	9.214 2	9.549 1	9.897 5	10.259 8	10.636 6	11.028 5	11.435 9	11.859 4	12.299 7	12.757 3	13.232 8	13.726 8
9	9.368 5	9.754 6	10.159 1	10.582 8	11.026 6	11.491 3	11.978	12.487 6	13.021	13.579 5	14.164	14.775 7	15.415 7	16.085 3	16.785 8
10	10.462 2	10.949 7	11.463 9	12.006 1	12.577 9	13.180 8	13.816 4	14.486 6	15.192 9	15.937 4	16.722	17.548 7	18.419 7	19.337 3	20.303 7
11	11.566 8	12.168 7	12.807 8	13.486 4	14.206 8	14.971 6	15.783 6	16.645 5	17.560 3	18.531 2	19.561 4	20.654 6	21.814 3	23.044 5	24.349 3
12	12.682 5	13.412 1	14.192	15.025 8	15.917 1	16.869 9	17.888 5	18.977 1	20.140 7	21.384 3	22.713 2	24.133 1	25.650 2	27.270 7	29.001 7
13	13.809 3	14.680 3	15.617 8	16.626 8	17.713	18.882 1	20.140 6	21.495 3	22.953 4	24.522 7	26.211 6	28.029 1	29.984 7	32.088 7	34.351 9
14	14.947 4	15.973 9	17.086 3	18.291 9	19.598 6	21.015 1	22.550 5	24.214 9	26.019 3	27.975	30.094 9	32.392 6	34.882 7	37.581 1	40.504 7
15	16.096 9	17.293 4	18.598 9	20.023 6	21.578 6	23.276	25.129	27.152 1	29.360 9	31.772 5	34.405 4	37.279 7	40.417 5	43.842 4	47.580 4
16	17.257 9	18.639 3	20.156 9	21.824 5	23.657 5	25.672 5	27.888 1	30.324 3	33.003 4	35.949 7	39.189 9	42.753 3	46.671 7	50.980 4	55.717 5
17	18.430 4	20.012 1	21.761 6	23.697 5	25.840 4	28.212 9	30.840 2	33.750 2	36.973 7	40.544 7	44.500 8	48.883 7	53.739 1	59.117 6	65.075 1
18	19.614 7	21.412 3	23.414 4	25.645 4	28.132 4	30.905 7	33.999	37.450 2	41.301 3	45.599 2	50.395 9	55.749 7	61.725 1	68.394 1	75.836 4
19	20.810 9	22.840 6	25.116 9	27.671 2	30.539	33.76	37.378 9	41.446 3	45.018 5	51.159 1	56.939 5	63.439 7	70.749 4	78.969 2	88.211 8
20	22.019	24.297 4	26.870 4	29.778 1	33.066	36.785 6	40.995 5	45.762	51.160 1	57.275	64.202 8	72.052 4	80.946 8	91.024 5	102.443 5
21	23.239 2	25.783 3	28.676 5	31.969 2	35.719 3	39.992 7	44.865 2	50.422 9	56.764 5	64.002 5	72.265 1	81.698 7	92.469 9	104.768 4	118.810 1
22	24.471 6	27.299	30.536 8	34.248	38.505 2	43.392 3	49.005 7	55.456 8	62.873 3	71.402 7	81.214 3	92.502 6	105.491	120.436	137.631 6
23	25.716 3	28.845	32.452 9	36.617 9	41.430 5	46.995 8	53.436 1	60.893 3	69.531 9	79.543	91.147 9	104.602 9	120.204 8	138.297	159.276 4
24	26.973 5	30.421 9	34.426 5	39.082 6	44.502	50.815 6	58.176 7	66.764 8	76.789 8	88.497 3	102.174 2	118.155 2	136.831 5	158.658 6	181.870 8
25	28.243 2	32.030 3	36.459 3	41.645 9	47.727 1	54.864 5	63.249	73.105 9	84.700 9	98.347 1	114.413 3	133.333 9	155.619 6	181.870 8	212.793
26	29.525 6	33.670 9	38.553	44.311 7	51.113 5	59.156 4	68.676 5	79.954 4	93.324	109.181 8	127.998 8	150.333 9	176.850 1	208.332 7	245.712
27	30.820 9	35.344 3	40.709 6	47.084 2	54.669 1	63.705 8	74.483 8	87.350 8	102.723 1	121.099 9	143.078 6	169.374	200.840 6	238.499 3	283.568 8
28	32.129 1	37.051 2	42.930 9	49.967 6	58.402 6	68.528 1	80.697 7	95.338 8	112.968 2	134.209 9	159.817 3	190.698 9	227.949 9	272.889 2	327.104 1
29	33.450 4	38.792 2	45.218 9	52.966 3	62.322 7	73.639 8	87.346 5	103.965 9	124.135 4	148.630 9	178.397 2	214.582 8	258.583 4	312.093 7	377.169 7
30	34.784 9	40.568 1	47.575 4	56.084 9	66.438 8	79.058 2	94.460 8	113.283 2	136.307 5	164.494	199.020 9	241.332 7	293.199 2	356.786 8	434.745 1

期数	16%	17%	18%	19%	20%	21%	22%	23%	24%	25%	26%	27%	28%	29%	30%
1	1	1	1	1	1	1	1	1	1	1	1	1	1	1	1
2	2.16	2.17	2.18	2.19	2.2	2.21	2.22	2.23	2.24	2.25	2.26	2.27	2.28	2.29	2.3
3	3.505 6	3.538 9	3.572 4	3.606 1	3.64	3.674 1	3.708 4	3.742 9	3.777 6	3.812 5	3.847 6	3.882 9	3.918 4	3.954 1	3.99
4	5.066 5	5.140 5	5.215 4	5.291 3	5.368	5.445 7	5.524 2	5.603 8	5.684 2	5.765 6	5.848	5.931 3	6.015 6	6.100 8	6.187
5	6.877 1	7.014 4	7.154 2	7.296 6	7.441 6	7.589 2	7.739 4	7.892 6	8.048 4	8.207	8.368 4	8.532 7	8.699 9	8.87	9.043 1
6	8.977 5	9.206 8	9.442	9.683	9.929 9	10.183	10.442 3	10.707 9	10.980 1	11.258 8	11.544 2	11.836 6	12.135 9	12.442 3	12.756
7	11.413 9	11.772	12.141 5	12.522 7	12.915 9	13.321 4	13.739 6	14.170 8	14.615 3	15.073 5	15.545 8	16.032 4	16.533 9	17.050 6	17.582 8
8	14.240 1	14.773 3	15.327	15.902	16.499 1	17.118 9	17.762 3	18.43	19.122 9	19.841 9	20.587 6	21.361 2	22.163 4	22.995 3	23.857 7
9	17.518 5	18.284 7	19.085 9	19.923 4	20.798 9	21.713 9	22.67	23.669	24.712 5	25.802 3	26.940 4	28.128 7	29.369 2	30.663 9	32.015
10	21.321 5	22.393 1	23.521 3	24.708 9	25.958 7	27.273 8	28.657 4	30.112 8	31.643 4	33.252 9	34.944 9	36.723 5	38.592 6	40.556 4	42.619 5
11	25.732 9	27.199 9	28.755 1	30.403 5	32.150 4	34.001 3	35.962	38.038 5	40.237 9	42.566 1	45.030 6	47.638 8	50.398 5	53.317 8	56.405 3
12	30.850 2	32.823 9	34.931 1	37.180 2	39.580 5	42.141 6	44.873 7	47.787 7	50.895	54.207 7	57.738 6	61.501 3	65.51	69.78	74.327
13	36.786 2	39.404	42.218 7	45.244 5	48.496 6	51.991 3	55.745 9	59.778 8	64.109 7	68.759 6	73.750 6	79.106 6	84.852 9	91.016 1	97.625
14	43.672	47.102 7	50.818	54.840 9	59.195 9	63.909 5	69.01	74.528	80.496 1	86.949 5	93.925 8	101.465 4	109.611 7	118.410 8	127.912 5
15	51.659 5	56.110 1	60.965 3	66.260 7	72.035 1	78.330 5	85.192 2	92.669 4	100.815 1	109.686 8	119.346 5	129.861 1	141.302 9	153.75	167.286 3
16	60.925	66.648 8	72.939	79.850 2	87.442 1	95.779 9	104.934 5	114.983 4	126.010 8	138.108 5	151.376 8	165.923 6	181.867 7	199.337 4	218.472 2
17	71.673	78.979 2	87.068	96.021 8	105.930 6	116.893 7	129.020 1	142.429 5	157.253 4	173.635 7	191.734 5	211.723	233.790 7	258.145 3	285.013 9
18	84.140 7	93.405 6	103.740 3	115.265 9	128.116 7	142.441 3	158.404 4	176.188 3	195.994 2	218.044 6	242.585 5	269.888 2	300.251 2	334.007 4	371.518
19	98.603 2	110.284 6	123.413 5	138.166 4	154.74	173.354	194.253 5	217.711 6	244.032 8	273.555 8	306.657 7	343.758	385.322 7	431.869 6	483.973 4
20	115.379 7	130.032 9	146.628	165.418	186.688	210.758 4	237.989 3	268.785 3	303.600 6	342.944 7	387.388 7	437.572 6	494.213 1	558.111 8	630.165 5
21	134.840 5	153.138 5	174.021	197.847 4	225.025 6	256.017 6	291.346 9	331.605 9	377.464 8	429.680 9	489.109 8	556.717 3	633.592 7	720.964 2	820.215 1
22	157.415	180.172 1	206.344 8	236.438 5	271.030 7	310.781 3	356.443 2	408.875 3	469.056 3	538.101 1	617.278 3	708.030 9	811.998 7	931.043 8	1 067.28
23	183.601 4	211.801 3	244.486 8	282.361 8	326.236 9	377.045 4	435.860 7	503.916 6	582.629 8	673.626 4	778.770 7	900.199 3	1 040.358	1 202.047	1 388.464
24	213.977 6	248.807 6	289.494 5	337.010 5	392.484 2	457.224 9	532.750 1	620.817 4	723.461	843.032 9	982.251 1	1 144.253	1 332.659	1 551.64	1 806.003
25	249.214	292.104 9	342.603 5	402.042 5	471.981 1	554.242 2	650.955 1	764.605 4	898.091 6	1 054.791	1 238.636	1 454.201	1 706.803	2 002.616	2 348.803
26	290.088 3	342.762 7	405.272 1	479.430 6	567.377 3	671.633	795.165 3	941.464 7	1 114.634	1 319.489	1 561.682	1 847.836	2 185.708	2 584.374	3 054.444
27	337.502 4	402.032 3	479.221 1	571.522 4	681.852 8	813.675 9	971.101 5	1 159.002	1 383.146	1 650.361	1 968.719	2 347.752	2 798.706	3 334.843	3 971.778
28	392.502 8	471.377 8	566.480 9	681.111 6	819.223 3	985.547 9	1 185.744	1 426.572	1 716.101	2 063.952	2 481.586	2 982.644	3 583.344	4 302.947	5 164.311
29	456.303 2	552.512 1	669.447 5	811.522 8	984.068	1 193.513	1 447.608	1 755.684	2 128.965	2 580.939	3 127.798	3 788.958	4 587.68	5 551.802	6 714.604
30	530.311 7	647.439 1	790.948	966.712 2	1 181.882	1 445.151	1 767.081	2 160.491	2 640.916	3 227.174	3 942.026	4 812.977	5 873.231	7 162.824	8 729.986

附录四 年金现值系数表

期数	1%	2%	3%	4%	5%	6%	7%	8%	9%	10%	11%	12%	13%	14%	15%
1	0.990 1	0.980 4	0.970 9	0.961 5	0.952 4	0.943 4	0.934 6	0.925 9	0.917 4	0.909 1	0.900 9	0.892 9	0.885	0.877 2	0.869 6
2	1.970 4	1.941 6	1.913 5	1.886 1	1.859 4	1.833 4	1.808	1.783 3	1.759 1	1.735 5	1.712 5	1.690 1	1.668 1	1.646 7	1.625 7
3	2.941	2.883 9	2.828 6	2.775 1	2.723 2	2.673	2.624 3	2.577 1	2.531 3	2.486 9	2.443 7	2.401 8	2.361 2	2.321 6	2.283 2
4	3.902	3.807 7	3.717 1	3.629 9	3.546	3.465 1	3.387 2	3.312 1	3.239 7	3.169 9	3.102 4	3.037 3	2.974 5	2.913 7	2.855
5	4.853 4	4.713 5	4.579 7	4.451 8	4.329 5	4.212 4	4.100 2	3.992 7	3.889 7	3.790 8	3.695 9	3.604 8	3.517 2	3.433 1	3.352 2
6	5.795 5	5.601 4	5.417 2	5.242 1	5.075 7	4.917 3	4.766 5	4.622 9	4.485 9	4.355 3	4.230 5	4.111 4	3.997 5	3.888 7	3.784 5
7	6.728 2	6.472	6.230 3	6.002 1	5.786 4	5.582 4	5.389 3	5.206 4	5.033	4.868 4	4.712 2	4.563 8	4.422 6	4.288 3	4.160 4
8	7.651 7	7.325 5	7.019 7	6.732 7	6.463 2	6.209 8	5.971 3	5.746 6	5.534 8	5.334 9	5.146 1	4.967 6	4.798 8	4.638 9	4.487 3
9	8.566	8.162 2	7.786 1	7.435 3	7.107 8	6.801 7	6.515 2	6.246 9	5.995 2	5.759	5.537	5.328 2	5.131 7	4.946 4	4.771 6
10	9.471 3	8.982 6	8.530 2	8.110 9	7.721 7	7.360 1	7.023 6	6.710 1	6.417 7	6.144 6	5.889 2	5.650 2	5.426 2	5.216 1	5.018 8
11	10.367 6	9.786 8	9.252 6	8.760 5	8.306 4	7.886 9	7.498 7	7.139	6.805 2	6.495 1	6.206 5	5.937 7	5.686 9	5.452 7	5.233 7
12	11.255 1	10.575 3	9.954	9.385 1	8.863 3	8.383 8	7.942 7	7.536 1	7.160 7	6.813 7	6.492 4	6.194 4	5.917 6	5.660 3	5.420 6
13	12.133 7	11.348 4	10.635	9.985 6	9.393 6	8.852 7	8.357 7	7.903 8	7.486 9	7.103 4	6.749 9	6.423 5	6.121 8	5.842 4	5.583 1
14	13.003 7	12.106 2	11.296 1	10.563 1	9.898 6	9.295	8.745 3	8.244 2	7.786 2	7.366 7	6.981 9	6.628 2	6.302 5	6.002 1	5.724 5
15	13.865 1	12.849 3	11.937 9	11.118 4	10.379 7	9.712 2	9.107 9	8.559 5	8.060 7	7.606 1	7.190 9	6.810 9	6.462 4	6.142 2	5.847 4
16	14.717 9	13.577 7	12.561 1	11.652 3	10.837 8	10.105 9	9.446 6	8.851 4	8.312 6	7.823 7	7.379 2	6.974	6.603 9	6.265 1	5.954 2
17	15.562 3	14.291 9	13.166 1	12.165 7	11.274 1	10.477 3	9.763 2	9.121 6	8.543 6	8.021 6	7.548 8	7.119 6	6.729 1	6.372 9	6.047 2
18	16.398 3	14.992	13.753 5	12.659 3	11.689 6	10.827 6	10.059 1	9.371 9	8.755 6	8.201 4	7.701 6	7.249 7	6.839 9	6.467 4	6.128
19	17.226	15.678 5	14.323 8	13.133 9	12.085 3	11.158 1	10.335 6	9.603 6	8.950 1	8.364 9	7.839 3	7.365 8	6.938	6.550 4	6.198 2
20	18.045 6	16.351 4	14.877 5	13.590 3	12.462 2	11.469 9	10.594	9.818 1	9.128 5	8.513 6	7.963 3	7.469 4	7.024 8	6.623 1	6.259 3
21	18.857	17.011 2	15.415	14.029 2	12.821 2	11.764 1	10.835 5	10.016 8	9.292 2	8.648 7	8.075 1	7.562	7.101 6	6.687	6.312 5
22	19.660 4	17.658	15.936 9	14.451 1	13.163	12.041 6	11.061 2	10.200 7	9.442 4	8.771 5	8.175 7	7.644 6	7.169 5	6.742 9	6.358 7
23	20.455 8	18.292 2	16.443 6	14.856 8	13.488 6	12.303 4	11.272 2	10.371 1	9.580 2	8.883 2	8.266 4	7.718 4	7.229 7	6.792 1	6.398 8
24	21.243 4	18.913 9	16.935 5	15.247	13.798 6	12.550 4	11.469 3	10.528 8	9.706 6	8.984 7	8.348 1	7.784 3	7.282 9	6.835 1	6.433 8
25	22.023 2	19.523 5	17.413 1	15.622 1	14.093 9	12.783 4	11.653 6	10.674 8	9.822 6	9.077	8.421 7	7.843 1	7.33	6.872 9	6.464 1
26	22.795 2	20.121	17.876 8	15.982 8	14.375 2	13.003 2	11.825 8	10.81	9.929	9.160 9	8.488 1	7.895 7	7.371 7	6.906 1	6.490 6
27	23.559 6	20.706 9	18.327	16.329 6	14.643	13.210 5	11.986 7	10.935 2	10.026 6	9.237 2	8.547 8	7.942 6	7.408 6	6.935 2	6.513 5
28	24.316 4	21.281 3	18.764 1	16.663 1	14.898 1	13.406 2	12.137 1	11.051 1	10.116 1	9.306 6	8.601 6	7.984 4	7.441 2	6.960 7	6.533 5
29	25.065 8	21.844 4	19.188 5	16.983 7	15.141 1	13.590 7	12.277 7	11.158 4	10.198 3	9.369 6	8.650 1	8.021 8	7.470 1	6.983	6.550 9
30	25.807 7	22.396 5	19.600 4	17.292	15.372 5	13.764 8	12.409	11.257 8	10.273 7	9.426 9	8.693 8	8.055 2	7.495 7	7.002 7	6.566

期数	16%	17%	18%	19%	20%	21%	22%	23%	24%	25%	26%	27%	28%	29%	30%
1	0.862 1	0.854 5	0.847 5	0.840 3	0.833 3	0.826 4	0.819 7	0.813	0.806 5	0.8	0.793 7	0.787 4	0.781 3	0.775 2	0.769 2
2	1.605 2	1.585 2	1.565 6	1.546 5	1.527 8	1.509 5	1.491 5	1.474	1.456 8	1.44	1.423 5	1.407 4	1.391 6	1.376 1	1.360 9
3	2.245 9	2.209 6	2.174 3	2.139 9	2.106 5	2.073 9	2.042 2	2.011 4	1.981 3	1.952	1.923 4	1.895 6	1.868 4	1.842	1.816 1
4	2.798 2	2.743 2	2.690 1	2.638 6	2.588 7	2.540 4	2.493 6	2.448 3	2.404 3	2.361 6	2.320 2	2.28	2.241	2.203 1	2.166 2
5	3.274 3	3.199 3	3.127 2	3.057 6	2.990 6	2.926	2.863 6	2.803 5	2.745 4	2.689 3	2.635 1	2.582 7	2.532	2.483	2.435 6
6	3.684 7	3.589 2	3.497 6	3.409 8	3.325 5	3.244 6	3.166 9	3.092 3	3.020 5	2.951 4	2.885	2.821	2.759 4	2.7	2.642 7
7	4.038 6	3.922 4	3.811 5	3.705 7	3.604 6	3.507 9	3.415 5	3.327	3.242 3	3.161 1	3.083 3	3.008 7	2.937	2.868 2	2.802 1
8	4.343 6	4.207 2	4.077 6	3.954 4	3.837 2	3.725 6	3.619 3	3.517 9	3.421 2	3.328 9	3.240 7	3.156 4	3.075 8	2.998 6	2.924 7
9	4.606 5	4.450 6	4.303	4.163 3	4.031	3.905 4	3.786 3	3.673 1	3.565 5	3.463 1	3.365 7	3.272 8	3.184 2	3.099 7	3.019
10	4.833 2	4.658 6	4.494 1	4.338 9	4.192 5	4.054 1	3.923 2	3.799 3	3.681 9	3.570 5	3.464 8	3.364 4	3.268 9	3.178 1	3.091 5
11	5.028 6	4.836 4	4.656	4.486 5	4.327 1	4.176 9	4.035 4	3.901 8	3.775 7	3.656 4	3.543 5	3.436 5	3.335 1	3.238 8	3.147 3
12	5.197 1	4.988 4	4.793 2	4.610 5	4.439 2	4.278 4	4.127 4	3.985 2	3.851 4	3.725 1	3.605 9	3.493 3	3.386 8	3.285 9	3.190 3
13	5.342 3	5.118 3	4.909 5	4.714 7	4.532 7	4.362 4	4.202 8	4.053	3.912 4	3.780 1	3.655 5	3.538 1	3.427 2	3.322 4	3.223 3
14	5.467 5	5.229 3	5.008 1	4.802 3	4.610 6	4.431 7	4.264 6	4.108 5	3.961 6	3.824 1	3.694 9	3.573 3	3.458 7	3.350 7	3.248 7
15	5.575 5	5.324 2	5.091 6	4.875 9	4.675 5	4.489	4.315 2	4.153	4.001 3	3.859 3	3.726 1	3.601	3.483 4	3.372 6	3.268 2
16	5.668 5	5.405 3	5.162 4	4.937 7	4.729 6	4.536 4	4.356 7	4.189 4	4.033 3	3.887 4	3.750 9	3.622 8	3.502 6	3.389 6	3.283 2
17	5.748 7	5.474 6	5.222 3	4.989 7	4.774 6	4.575 5	4.390 8	4.219	4.059 1	3.909 9	3.770 5	3.64	3.517 7	3.402 8	3.294 8
18	5.817 8	5.533 9	5.273 2	5.033 3	4.812 2	4.607 9	4.418 7	4.243 1	4.079 9	3.927 9	3.786 1	3.653 6	3.529 4	3.413	3.303 7
19	5.877 5	5.584 5	5.316 2	5.07	4.843 5	4.634 6	4.441 5	4.262 7	4.096 7	3.942 4	3.798 5	3.664 2	3.538 6	3.421	3.310 5
20	5.928 8	5.627 8	5.352 7	5.100 9	4.869 6	4.656 7	4.460 3	4.278 6	4.110 3	3.953 9	3.808 3	3.672 6	3.545 8	3.427 1	3.315 8
21	5.973 1	5.664 8	5.383 7	5.126 8	4.891 3	4.675	4.475 6	4.291 6	4.121 2	3.963 1	3.816 1	3.679 2	3.551 4	3.431 9	3.319 8
22	6.011 3	5.696 6	5.409 9	5.148 6	4.909 4	4.69	4.488 2	4.302 2	4.13	3.970 5	3.822 3	3.684 4	3.555 8	3.435 6	3.323
23	6.044 2	5.723 4	5.432 1	5.166 8	4.924 5	4.702 5	4.498 5	4.310 6	4.137 1	3.976 4	3.827 3	3.688 5	3.559 2	3.438 4	3.325 4
24	6.072 6	5.746 5	5.450 9	5.182 2	4.937 1	4.712 8	4.507	4.317 6	4.142 8	3.981 1	3.831 2	3.691 8	3.561 9	3.440 6	3.327 2
25	6.097 1	5.766 2	5.466 9	5.195 1	4.947 6	4.721 3	4.513 9	4.323 2	4.147 4	3.984 9	3.834 2	3.694 3	3.564	3.442 3	3.328 6
26	6.118 2	5.783 1	5.480 4	5.206	4.956 3	4.728 4	4.519 6	4.327 9	4.151 1	3.987 6	3.836 7	3.696 3	3.565 6	3.443 7	3.329 7
27	6.136 4	5.797 5	5.491 9	5.215 1	4.963 6	4.734 2	4.524 3	4.331 5	4.154 2	3.990 3	3.838 7	3.697 9	3.566 9	3.444 7	3.330 5
28	6.152	5.809 9	5.501 6	5.222 8	4.969 7	4.739	4.528 1	4.334 6	4.156 6	3.992 3	3.840 2	3.699 1	3.567 9	3.445 5	3.331 2
29	6.165 6	5.820 4	5.509 8	5.229 2	4.974 7	4.743	4.531 2	4.337 1	4.158 5	3.993 8	3.841 4	3.700 1	3.568 7	3.446 1	3.331 7
30	6.177 2	5.829 4	5.516 8	5.234 7	4.978 9	4.746 3	4.533 8	4.339 1	4.160 1	3.995	3.842 4	3.700 9	3.569 3	3.446 6	3.332 1

参 考 文 献

[1] 张静，杨冰，刘金星. 新编管理会计[M]. 北京：北京大学出版社，2008.
[2] 吴大军. 管理会计[M]. 北京：中央广播电视大学出版社，1999.
[3] 苏利平. 管理会计[M]. 北京：经济管理出版社，2011.
[4] 曹海敏，朱传华. 管理会计[M]. 2版. 北京：清华大学出版社，2010.
[5] 赵健梅，邢颖. 管理会计学[M]. 北京：清华大学出版社，2010.
[6] 吴大军. 管理会计[M]. 大连：东北财经大学出版社，2010.
[7] 高树凤. 管理会计[M]. 北京：清华大学出版社，2011.
[8] 张根文，杨苏，郝晓丽. 管理会计[M]. 合肥：合肥工业大学出版社，2010.
[9] 卓敏，管理会计[M]. 合肥：中国科学技术大学出版社，2010.
[10] 齐殿伟，王秀霞. 管理会计[M]. 北京：北京大学出版社，2010.
[11] 刘继伟，于树彬，甘永生. 管理会计[M]. 北京：高等教育出版社，2004.
[12] 冯巧根. 管理会计[M]. 4版. 北京：中国人民大学出版社，2020.
[13] 孙茂竹，支晓强，戴璐. 管理会计学[M]. 北京：中国人民大学出版社，2020.
[14] 李燃，金龙华，李建民. 管理会计[M]. 西安：西北工业大学出版社，2019.
[15] 田高良，张原. 管理会计[M]. 2版. 北京：高等教育出版社，2022.
[16] 刘宗柳. 管理会计应用创新经典案例集[M]. 2版. 北京：中国财政经济出版社，2022.
[17] 单昭祥，杨国臣，薛铃琦. 新编管理会计学辅导与练习[M]. 4版. 大连：东北财经大学出版社，2022.
[18] 吴大军. 管理会计[M]. 6版. 大连：东北财经大学出版社，2021.
[19] 刘运国. 管理会计学[M]. 4版. 北京：中国人民大学出版社，2021.
[20] 袁水林. 管理会计[M]. 北京：中国财政经济出版社，2021.
[21] 唐勇军，张婕. 管理会计[M]. 北京：北京交通大学出版社，2019.
[22] 潘飞. 管理会计[M]. 4版. 上海：上海财经大学出版社，2020.
[23] 高樱，徐琪霞. 管理会计[M]. 北京：清华大学出版社，2021.
[24] 左志刚. 管理会计学[M]. 北京：经济科学出版社，2021.
[25] 张绪军，杨桂兰. 管理会计学[M]. 2版. 上海：复旦大学出版社，2020.

教师服务

感谢您选用清华大学出版社的教材！为了更好地服务教学，我们为授课教师提供本书的教学辅助资源，以及本学科重点教材信息。请您扫码获取。

❯❯ 教辅获取

本书教辅资源，授课教师扫码获取

❯❯ 样书赠送

会计学类重点教材，教师扫码获取样书

清华大学出版社

E-mail: tupfuwu@163.com
电话：010-83470332 / 83470142
地址：北京市海淀区双清路学研大厦 B 座 509

网址：http://www.tup.com.cn/
传真：8610-83470107
邮编：100084